GW00371092

mecanoo
Francine Houben

architecture must appeal to all the senses and conceptual and visual game form alone. What is never a purely intellectual, in the end is the arrangement.mecanoo. and emotion. in francine houben.mecanoo.

mecanoo

Francine Houben

Photography/Fotografie: Christian Richters

Text/Teksten: Aaron Betsky, Ruud Brouwers, Francine Houben

Content/Inhoud

Mecanoo – from fragmentation to the moulding of form

Aaron Betsky

Mecanoo – van fragmentarisch naar monumentaal

Aaron Betsky

In twenty five years, Mecanoo has evolved from the insertion of fragments to the moulding of form; from the assembly of parts to the production of singular shapes. Still evident is the contrast in materials and the quest for the perfect mould for public space. Along the way, Mecanoo has created some of the most beautiful compositions – indoors and outdoors – one can find in Dutch architecture and architecture abroad.

From the earliest projects this office produced in the early 1980s, to the latest monuments, the work has been an assembly of pieces coming from, referring to or making sense out of its context. The firm name is derived from the 'Mecanoo' construction set. And actually, Mecanoo practices architecture in the same way: assembling a coherent whole from different parts.

Francine Houben is one of the few woman architects to have reached a position of eminence in the field of architecture; this has much to do with the particular qualities of her work. With her office Mecanoo, she makes buildings whose organisation is rational and that fit into their site, but that present themselves as strong, yet fluid forms. These are neither abstract, technocratic assemblies, nor are they isolated bravura monuments. Instead, they are coherent and sensuous objects that Houben presents in sweeping, cartoon-like imagery full of strong colour. Technical, humane and playful aspects of the program are combined into one form. In our society, such a focus on form, sensuality and a de-emphasizing of technical issues while creating sensible structures, is associated – for better or for worse – with

femininity, and Houben exhibits the best qualities one could associate with this state of half of the population.

Houben's architecture has its roots in the 70s; a time when students had to decide (in the Dutch context, and particularly in the context of the Technical University of Delft, where Francine Houben studied) between the belief in the human-scale and structuralism as taught by the likes of Herman Hertzberger and Aldo van Eyck, and the belief in an 'autonomous architecture'. On an international level, the debate between the systems aesthetics of the late moderns (or 'Whites') and the historical allusions of the Postmodernists ('Greys') at times became entangled with questions about whether building should be either a technically or craft-driven activity, or a social project. Mecanoo's answer was to do 'both and'; they wanted to make a contextual and socially responsive architecture that articulated itself as complex bits and pieces and yet came together to create an iconic and clearly recognisable image. Early building designs, such as the Kruisplein housing project in Rotterdam, the competition-winning design of 1980 that was the start of Mecanoo, and the '1989 Building' at the Hillekop in Rotterdam, showed how they could do it.

It was in Francine Houben's own house, completed in Rotterdam in 1991 and recently added on to, that the fragments and free-floating planes and additions became the whole work. There were glass walls, counter-planes and bamboo sunscreens all sliding around an open, split-

---

In vijfentwintig jaar heeft Mecanoo een evolutie doorgemaakt van het inpassen van fragmenten naar het modelleren van vorm, van de assemblage van onderdelen naar het creëren van gebouwen met een uitgesproken gestalte. Wat daarbij constant is gebleven, is het spel met contrasten in materiaal en het zoeken naar de perfecte inpassing en omkleding van de openbare ruimte. Door de jaren heeft Mecanoo enkele van de mooiste en zorgvuldigste composities - zowel binnen als buiten - gecreëerd die men in de Nederlandse architectuur, en ook daarbuiten, kan vinden.

Van de eerste ontwerpen uit het begin van de jaren tachtig tot aan de monumentale bouwwerken van de laatste jaren is het werk een assemblage van onderdelen die zijn ontleend aan de context, ernaar verwijzen of er betekenis aan geven. Het bureau ontleent haar naam aan het montagespeelgoed 'Meccano'. En eigenlijk werkt Mecanoo net zo: het monteren van een samenhangend geheel uit afzonderlijke onderdelen.

Francine Houben is een van de weinige vrouwelijke architecten die in haar vakgebied een prominente positie heeft verworven en dat heeft zonder twijfel te maken met de bijzondere kwaliteiten van haar werk. Met haar bureau Mecanoo ontwerpt ze gebouwen met een rationele indeling, goed ingepast in hun omgeving en die zichzelf tonen als strakke maar tegelijkertijd ook vloeiende vormen. Het zijn geen abstracte, technocratische gebouwen of op zichzelf staande bravourestukken. Wat Houben in een vlotte, cartooneske beeldtaal vol sterke kleuren presenteert zijn samenhangende en fijnzinnige objecten. Technische, humane en speelse aspecten van de opgave worden in één vorm gecombineerd. Zo'n nadruk op vorm en sensualiteit, en

zo'n schijnbare verdoezeling van de technische aspecten in de productie van een gebruiksobject wordt – terecht of onterecht – in onze maatschappij geassocieerd met vrouwelijkheid. Francine Houben laat de beste kwaliteiten zien die men met die helft van de mensheid associeert.

Houbens architectuur is geworteld in de jaren zeventig, een tijd waarin studenten (in Nederland, en zeker aan de Technische Universiteit Delft waar Francine Houben studeerde) moesten kiezen tussen het geloof in de menselijke maat en het structuralisme - zoals gedoceerd door Herman Hertzberger en Aldo van Eyck - en het geloof in een 'autonome architectuur'. Op internationaal niveau raakte het debat tussen de systeemesthetiek van de late modernisten (de 'witte' architectuur) en de historische toespelingen van de postmodernisten (de 'grijze') soms verstrikt in kwesties als de vraag of bouwen een door de techniek dan wel het ambacht gedreven activiteit was, of juist een sociaal project. Het antwoord van Mecanoo was 'en-en-en': een op de context en de maatschappij betrokken architectuur die zich uitdrukt in complexe onderdelen en toch een iconisch en herkenbaar totaalbeeld oplevert. Vroege ontwerpen, zoals de jongeren- huisvesting aan het Kruisplein in Rotterdam, het prijswinnende ontwerp uit 1980 dat het begin van Mecanoo vormde, en het '1989-gebouw' op de Hillekop in Rotterdam laten dit al zien.

Het was in Francine Houbens eigen woonhuis in Rotterdam, voltooid in 1991 en onlangs uitgebreid, dat de fragmenten, vrij zwevende vlakken en losse onderdelen tot een geheel kwamen. Het huis is een complex van glazen muren, gesloten vlakken en bamboe-zonweringen die allemaal schuiven rond een

level space that was as free as Houben could make it. The building stands at the end of a small canal, next to a row of brick houses and manages to continue the open void created by the water while holding to the building line to its side. As with many houses built by architects for themselves, it sums up the idealised version of what Mecanoo wanted to achieve in their residential architecture of sensual rationalism.

In their work on public buildings, Mecanoo took over some of these same motifs, but also expanded on another strain in their work. Picking up on expressive modernists such as the Finnish architect Alvar Aalto, they became interested in how a sense of both community and of belonging to a place could be expressed with a large, inclusive gesture that had the shape of a wave or a fan. They also picked up on Aalto's way of contrasting tightly packed, double-loaded 'bar' buildings with free-form places of assembly. The Almelo Library of 1994 and the Isala College in Silvolde of 1995 illustrate this method of working wherein the reading room and the auditorium respectively take on the role of the special element. In the National Heritage Museum in Arnhem of 2000, this element takes on the form of a boulder that has gained its freedom from a long free-standing wall behind which is hidden a rectangular pavilion. Here the element is a collage of varied bricks made out of the clay from the Dutch rivers, joined in differentiated ways to illustrate the variety of effects possible with this standard Dutch building methodology. In all these cases, the design produces an efficient housing for functions, cloaked in a

manner that carefully considers circulation, light and the other basic elements that impact how a building is used and perceived, in combination with an expressive element articulating the communal nature of the work.

During the 1990s, Mecanoo became interested in the fragmentary and the remaining. The purest expression of this exploration was the unbuilt project for a museum and nature centre that was to be inserted into the ruins of the castle at Deurne (1994), undoubtedly one of the firm's most evocative designs. Theatre de Trust in Amsterdam (1996) and Cultural Centre Canadaplein and Theater de Vest in Alkmaar (2000) continued this exploration into renovation and alterations of existing monuments. Here Mecanoo dropped the overall orthogonal volumes and curved elements that characterised their earlier work in favour of just the sliding walls and screens. These they liberated from any sense of having a body, while often highly marking them with bright colours or strong textures. Between old and new elements, light and circulation snaked their way through space that was implied rather than enclosed.

In the same period, Mecanoo began building compositions of fragments that became self standing forms. The contrast between the multifunctional project with apartments, offices, a police station and galleries on the Rochussenstraat in Rotterdam of 1995 and the tower of the Park Hotel (1992) that faces it is instructive. While the façade of the Rochussenstraat is a continuation of the street that here

---

open split-levelruimte. Het is een huis zo vrij als Houben zich maar kon voorstellen. Het huis staat aan het eind van een sloot, naast een rij Rotterdamse bakstenen huizen; het trekt enerzijds de leegte van het water door terwijl het anderzijds de rij buurwoningen afsluit. Zoals veel woningen die architecten voor zichzelf bouwen, is dit het ideaaltype geworden van wat Mecanoo met haar sensueel-rationele woningarchitectuur wilde bereiken.

Bij het ontwerpen van openbare gebouwen gebruikte Mecanoo veel van deze elementen, maar tegelijkertijd werd een ander aspect van hun werk versterkt. Geïnspireerd door expressieve modernisten als de Finse architect Alvar Aalto raakten ze steeds meer geïnteresseerd in de mogelijkheid een gevoel van geborgenheid en gemeenschapszin uit te drukken in een groot omvattend gebaar in de vorm van een golf of een waaier. Ook volgden ze Aalto in de manier waarop hij compacte, dubbelgelaagde 'schijfgebouwen' contrasteerde met assemblages van vrije vormen. De bibliotheek van Almelo uit 1994 en het Isala College in Silvolde uit 1995 illustreren deze werkwijze, waarin respectievelijk de leeszaal en de aula de rol van het bijzondere element spelen. In het Nederlands Openluchtmuseum in Arnhem uit 2000 neemt dit element de vorm aan van een zwerfkei die zich losmaakt uit een lange, vrijstaande muur waarachter een rechthoekig paviljoen verscholen gaat. De muur verhaalt de geschiedenis van de Nederlandse bouwtraditie, die de klei van de Nederlandse rivieren gebruikte om vele soorten bakstenen te fabriceren, in de vorm van een compositie met een grote diversiteit aan regionale bakstenen, metselverbanden en vakmanschap. In al deze gevallen is het ontwerp een efficiënte functionele behuizing, in een verpak-

king waarin zorg en aandacht is besteed aan de manier waarop circulatie, licht en andere primaire elementen het gebruik en de beleving van een gebouw beïnvloeden. Dit alles combineerde Mecanoo met een expressief element dat het openbare en gemeenschapskarakter van het totale ontwerp uitdraagt.

In de loop van de jaren negentig raakte Mecanoo geïnteresseerd in de compositie van het bestaande - dat wat op een plek werd aangetroffen - en het onaffe. Het meest zuivere uitvloeisel van dit onderzoek was het onuitgevoerde ontwerp uit 1994 van een museum en centrum voor natuureducatie, dat ingevoegd moest worden in de ruïne van het kasteel in Deurne. Het is zonder twijfel een van de meest evocatieve ontwerpen van het bureau. Met Theater de Trust in Amsterdam (1996) en Cultureel Centrum Canadaplein en Theater de Vest in Alkmaar (2000) werd deze onderzoekslijn doorgetrokken naar restauraties en ingrepen in bestaande monumenten. Hier liet Mecanoo de doorgaans rechthoekige volumes en golvende elementen die kenmerkend waren voor hun eerdere werk varen, ten gunste van louter schuivende wanden en schermen. Deze werden bevrijd van het gevoel dat ze een solide vorm hadden en vaak gemarkeerd met bonte kleuren en markante texturen. Tussen de oude en de nieuwe elementen vinden licht en circulatie een weg die de architectuur aanduiden of mogelijk maken zonder deze echt te definiëren.

In dezelfde periode begon Mecanoo composities van louter fragmenten te bouwen als op zichzelf staande vormen. De contrasten tussen het multifunctionele gebouw met ondermeer woningen, kantoren, politiepost en galeries in de Rochussen-

begins to come apart into the familiar elements of screens, balconies and free planes, the hotel tower is a free form that arises between older structures. Though it may be related to earlier wave shapes, it is also deliberately fragmentary.

And Mecanoo went underground. Returning to the Technical University of Delft where Francine Houben started out, she placed the mass of the university library (1998) under a field of grass that lifts gently up over the central hall. It was a way of deferring to the adjacent Aula Building by van den Broek and Bakema (1966) and its modernist bombast, but also reground the building in the landscape. The grass roof is a fragment of the flat meadows Houben proposed for the existing buildings on the university campus. A conical tower containing reading rooms and taking the place of the traditional church steeple pierces this curved roof. An enormous blue wall covered with books stands for an emblem of learning. Here Mecanoo's work transforms from fragmentary to monumental. It marks a public place with its form as well as with the space it provides. By monumental I mean that the architecture is both a way of fixing the building's function in a historical consciousness of important building types and a way of presenting something new and larger than daily life. This magnificent non-building does that, but also leaves room for the existing world while it somehow slowly, magically rises up as an emblem of a fully coherent and mature architecture that stands for and encloses a shared space. This is also the case with the smaller underground office addition Mecanoo designed in

2000 on the Maliebaan in Utrecht at around the same time. In the last few years, Francine Houben has been pursuing more work in other countries. She is choosing a more outspoken language of forms, leading to a more self-consciously monumental, shaped and integrated architecture. It is as if all the scrims and screens, waves and rectangles, blobs and boxes and fragmentary forms are being compressed into singular forms. Certainly this process had been aided by the advent of sophisticated computer modelling techniques, but it also comes out of Houben's concern for the making of recognisable form in a world she sees as becoming increasingly complex, faster paced and difficult to comprehend.

As Curator of the First International Architecture Biennale Rotterdam in 2003 and as Professor at TU Delft since 2000, she made the argument for buildings to be as recognisable from one's daily mobility as by automobile or train. She analysed the kinds of landscapes in which we find ourselves more and more, no matter where we are in the world. She then proposed a range of typologies with which one can design the highway, ranging from the Las Vegas-typology with buildings acting as advertisements, to the Bali-typology with buildings no taller than a tree. She illustrates these ideas with simple cartoons. Houben now has a much more clear and singular focus: how can she create a "sensual modernism" that will give us understandable, humane, collective and yet open spaces?

Her answer has come in buildings that are increasingly solid, both in the literal and the metaphorical sense. The

straat uit 1995 en de toren van het Parkhotel (1992) ertegenover zijn in dit opzicht exemplarisch. Terwijl de gevelwand van de Rochussenstraat een verlenging is van de straat, die hier uiteen valt in de vertrouwde elementen van schermen, balkons en vrije vlakken, is de hoteltoren een vrije vorm die oprijst tussen bestaande gebouwen. Hoewel de vorm van de toren verwantschap vertoont met eerdere golfvormen lijkt deze ook opzettelijk fragmentarisch.

En Mecanoo ging ondergronds. Bij de TU Delft waar Francine Houben studeerde, begroef ze de grote massa van de universiteitsbibliotheek van de TU Delft (1998) onder een grasveld dat ze zorgvuldig over de centrale hal trok. Het was een manier om een *modus vivendi* te vinden met het bombastische modernisme van de naastgelegen aula van Van den Broek en Bakema (1966), maar ook om dit gebouw opnieuw te verankeren in het landschap. Het grasdak is een voortzetting van de grasvelden die zij voorstelde om de bestaande gebouwen op de campus mee te omgeven. Een kegelvormige toren met leeszalen doorboort het hellende dak en vervult de functie van de traditionele kerktoren. Een enorme blauwe boekenwand staat symbool voor het leren. Hier maakt het werk van Mecanoo de overgang van fragmentarisch naar monumentaal. Het gebouw markeert en creëert openbare ruimte. Met 'monumentaal' bedoel ik dus dat de architectuur zowel een manier is om de functie van een gebouw te verankeren in het historisch bewustzijn van belangrijke gebouwtypes, als om iets te presenteren dat nieuw is en grootser dan het dagelijks leven. Dit magnifieke gebouw dat geen gebouw wil zijn doet dat, maar laat ook ruimte voor het bestaande waaruit het bijna terloops en magisch oprijst als

symbool van een samenhangende, rijpe architectuur. Dit geldt ook voor de ondergrondse uitbreiding met kantoorruimte die Mecanoo in 2000 ontwierp op de Maliebaan in Utrecht.

In de afgelopen jaren is Francine Houben veel meer in andere landen gaan werken. Tegelijkertijd kiest ze voor een meer zelfbewuste vormentaal. Deze beide ontwikkelingen hebben geleid tot een meer zelfbewust vormgegeven en geïntegreerde architectuur. Het is alsof alle schermen en panelen, golven en rechthoeken, organische vormen, schijven en brokstukken worden samengebald in één vorm. Natuurlijk is dit proces bevorderd door de opkomst van geavanceerde digitale modelleringstechnieken, maar het vloeit ook voort uit Houbens streven naar een herkenbare architectonische vorm, in een wereld die in haar ogen ingewikkelder, sneller en moeilijker te vatten wordt.

Als curator van de Eerste Internationale Architectuur Biënnale Rotterdam in 2003, en sinds 2000 als hoogleraar aan de TU Delft, heeft ze gepleit voor een architectuur die herkenbaar is, wanneer ze wordt gezien vanuit de dagelijkse mobiliteit zoals de auto en de trein. Ze analyseert het soort landschappen waarin we, waar ter wereld ook, steeds meer verkeren. Op grond daarvan heeft ze een serie typologieën voorgesteld waarmee je de snelweg kunt vormgeven, variërend van de Las Vegas-typologie met gebouwen die reclameobjecten zijn geworden tot de Bali-typologie met gebouwen niet hoger dan een boom. Ze illustreert deze ideeën met eenvoudige cartoons. Houben heeft nu een veel meer toegespitste en heldere focus: hoe een 'sensueel modernisme' te creëren dat ons begrijpelijke, humane, collectieve en toch open ruimtes kan brengen.

genesis of this new monumentality is the small Chapel Saint Mary of the Angels in a Catholic cemetery in Rotterdam. Completed in 2001, it is no more than a continuous curve hovering over the ruins of a former church. It indicates a bounded realm, a place of contemplation and mourning. That is the essence of architecture: with one gesture, it marks and makes a place that is an intensification of the existing terrain without removing anything from it.

FiftyTwoDegrees (2007), a new office and lab building for Phillips Semiconductors (now NXP) in the Dutch town of Nijmegen continues the theme of the Delft library by lifting the nearby meadow up over much of the new program of communal spaces. Houben brought the different program elements together into one clear form that is a deformation of the existing landscape and that bridges over an existing road to the Goffert park to form the base for an iconic tower. This 17-storey building bent and leaning forward, is an enigmatic monument to the 'cutting edge' in technology. Clad in aluminium and glass plates that together create a pixel pattern, the tower is as clear a symbol of new technology as anybody in the Netherlands has made.

Houben's other foray into high-rise design, the Montevideo Tower completed in 2005, is an even clearer example of the assemblage monumentality long inherent in Mecanoo's work. Instead of trying to make a skyscraper that looks like a telescoping tower or an abstract piece of sculpture at an urban scale, Houben designed the 152-metre-high mixed-use structure as a collection of fragments of resi-

dential and office buildings, abstracted and composed into a coherent whole. The orange-red, black and silver volumes stack up together, promising a construction that is even higher than the actual behemoth while becoming a continuation of the city around it.

In all these structures, Houben seems to have condensed and perfected the methods of assembly and composition that have long marked Mecanoo's work. Now she is pushing the firm to go off in other directions as well. Mecanoo has developed a substantial practice in urban and landscape design. Instead of proposing either grand masterplans with sweeping vistas and straight boulevards, but also instead of the fragmented infill and accretionary urbanism that marks so much Dutch planning, she has proposed new parks and neighbourhoods that have a clear scale and definition, but are open for multiple uses and interpretations. The Glass Village, her proposal for the re-use of an area of intensive greenhouse cultivation in the West of the Netherlands proposes using the familiar forms that mark this landscape, but enlarging the greenhouses to several levels. They become monumental, but also more efficient. New housing and retail would then help buffer the scale of this new construction and integrate its large gestures and functions with the surrounding neighbourhoods.

In the Bijlmerpark, the crown in a large-scale urban renewal area with housing and recreation in the outskirts of Amsterdam, Houben proposed a romantic landscape that is the essence of a traditional park, abstracted, cleared out

---

Haar antwoord op dit vraagstuk komt in de vorm van veel solidere gebouwen, zowel letterlijk als figuurlijk. De kiem voor deze nieuwe monumentaliteit ligt in de kleine Kapel Heilige Maria der Engelen uit 2001 op een Rotterdamse begraafplaats. De kapel is niet meer als een doorgaande curve die zweeft boven de fundamenten van een eerdere kapel. De curve bakent een beschermd terrein af, een plek voor contemplatie en rouw. Dat is de essentie van architectuur. Met één gebaar wordt een plek gemarkeerd en vormgegeven, wordt het bestaande geïntensiveerd zonder er iets uit weg te nemen.

Het thema van de TU bibliotheek in Delft wordt doorgetrokken in FiftyTwoDegrees uit 2007, een nieuw kantoor- en laboratoriumgebouw voor Philips Semiconductors (nu NXP) in Nijmegen, waar een groot deel van het nieuwe programma voor gemeenschappelijke ruimtes ook is ondergebracht onder een opgetild grasveld. Houben bracht de verschillende programmaonderdelen samen in één heldere vorm, die het bestaande golvende landschap van het aangrenzende Goffertpark oppakt en als een brug over een bestaande verkeersweg tilt. Het nieuwe landschap dient als basis voor een iconische toren. Het geknikte gebouw, zeventien verdiepingen hoog, is een mysterieus monument, 'technologie op het scherpst van de snede'. Bekleed met platen aluminium en glas die samen een pixelpatroon vormen, is de toren een helder symbool van nieuwe technologie, het beste wat op dit gebied in Nederland is gemaakt.
De in 2005 voltooide Montevideotoren, is een nog sprekender voorbeeld van monumentale assemblage die kenmerkend is voor het werk van Mecanoo. In plaats van een traditionele wolkenkrabber te ontwerpen met een brede plint en een

smaller gedeelte in het midden, of een abstracte sculptuur op de schaal van de stad, maakte Houben van de ruim 152 meter hoge woon/werktoren een verzameling geabstraheerde volumes met appartementen en kantoren, die tot een samenhangend geheel is gecomponeerd. De oranjerode, zwarte en zilveren volumes zijn gestapeld tot een hoog oprijzende constructie, die de indruk wekt veel hoger te zijn dan hij al is en toch een voortzetting van de omringende stad vormt.

In al deze bouwwerken lijkt Houben de assemblage- en compositiemethoden, die het werk van Mecanoo kenmerken, te hebben samengebald en geperfectioneerd. Tegelijkertijd is ze altijd op zoek naar een weids spectrum. Mecanoo heeft een serieuze praktijk in stedenbouwkundig- en landschapsontwerp opgebouwd. In plaats van grootse masterplannen met weidse vergezichten en strakke boulevards, of het fragmentarische inbreien en aangroeien dat in de Nederlandse stadsontwikkeling zo veel voorkomt, heeft ze nieuwe parken en wijken voorgesteld met een heldere schaal en afbakening, waarin openheid blijft voor meerdere gebruiksmogelijkheden en interpretaties. Het Glazen Dorp, haar voorstel voor de reorganisatie van de Zuidplaspolder, een gebied met intensieve glastuinbouw in Zuid-Holland, maakt gebruik van de vertrouwde vormen die karakteristiek zijn voor dit landschap. Tegelijkertijd stapelt ze de kassen waardoor ze substantiëler en dus monumentaler worden, maar vooral ook efficiënter in grond en energiegebruik.
De toevoeging van woningen, retail en voorzieningen brengen evenwicht in de schaal van Het Glazen Dorp en integreert de grote lijnen en functies van de omliggende dorpen.

and made more forceful in its contours. She would like to use housing and parking, along with trees, to mark the edges of this new open space, again creating a sensitive, but clear transition to the existing surroundings while clearly marking and shaping the new territory she has designed.

As Houben's work is becoming more monumental and grander in its sweep (while holding onto its assembled and contextual character), she is looking for larger fields on which she can place her vision. After coming in second in several European competitions that the firm has entered in the last few years, Houben in 2005 finally won a major design commission in Lleida, Spain. La Llotja, a congress centre and theatre, hewn from local stone floats above an open public space next to the Segre River. It will support an artificial landscape on its roof from which one can view the surroundings. The design answers the grand, vertical forms of the city cathedral with a horizontal slab hollowed from underneath to accommodate large assembly spaces, supporting another place of gathering and shading yet another one below it. The architecture is singular and clear, yet also disappears into the task of marking and making public space.

Against this kind of clear monument of form stands Houben's work in Tirana, Albania. Asked by the mayor of that city to come up with urban design guidelines and then engaged by several developers, Houben formulated an urban strategy that evidenced itself in clear forms. She proposed ways of clarifying and strengthening the existing urban structure,

rather than replacing it with something new. The buildings she has designed for this new reality are three-dimensional collages, but they also have clarity, a simplicity (that also responds to local building methods) and a self-confidence that will let them be clear building blocks for a new Tirana.

In all the work, Houben is building on the immense skill at responding to, accommodating and marking developed over the twenty-five years that Mecanoo has been making buildings. She is bringing this knowledge towards a sensual singularity in form and an acute analysis that produces minimal massiveness. Her assemblage monumentality seems to be a way of space making and space marking in a manner that can help us feel at home in a fast-changing world by combining boundaries with openness. Mecanoo has transformed the assembling of parts – like its construction set namesake – to forming iconographic buildings for the Netherlands, Europe and – more recently – even for the whole world.

Aaron Betsky (1958) is director of the Cincinnati Art Museum and professor in Architecture and Design at the University of Cincinnati since 2006. Previously he was director of the Netherlands Architecture Institute (2001–2006) and curator of Architecture, Design and Digital Arts at the San Francisco Museum of Modern Art (1995–2001).

Voor het Bijlmerpark, de bekroning van een grootschalig stadsvernieuwingsproject in de Amsterdamse Bijlmermeer, ontwierp Houben een romantisch landschap dat gebaseerd is op een klassiek park, zij het geabstraheerd, opgeklaard en voorzien van krachtiger contouren. Om de grenzen van deze nieuwe openbare ruimte te markeren gebruikt ze graag woningen en voorzieningen, waarmee opnieuw een fijngevoelige, maar heldere overgang naar de bestaande bebouwing wordt gecreëerd. Hiermee krijgt het nieuw ontworpen territorium een herkenbare en overzichtelijke eigen vorm.

Terwijl Houbens werk monumentaler wordt en grootser in zijn gebaren (terwijl het zijn geassembleerde en contextuele karakter bewaart) kijkt ze uit naar mogelijkheden om haar visie op grotere schaal te realiseren. Nadat het bureau de afgelopen jaren bij meerdere Europese prijsvragen tweede was geworden, verwierf Houben in 2005 eindelijk een grote ontwerpopdracht in Lleida in Spanje: theater- en congrescentrum La Llotja. Het complex lijkt gehouwen uit de plaatselijk voorradige zandsteen en zweeft boven een openbaar plein aan de rivier de Segre. Het dak biedt plaats aan een kunstmatig tuinlandschap dat uitzicht biedt over de omgeving. Het ontwerp reageert op de voornamelijk verticale vormen van de kathedraal op de heuvel in de vorm van een horizontaal volume dat ruimte biedt aan grote vergader- en theaterruimten, en tegelijkertijd beschutting biedt aan een open ontmoetingsplek eronder. De architectuur is eenduidig en helder, maar blijft dienstbaar aan haar taak: het scheppen en markeren van openbare ruimte.

Tegenover zo'n heldere monumentale vorm staat Houbens werk in Tirana in Albanië. De burgemeester vroeg haar te

komen met richtlijnen voor de stedenbouwkundige ontwikkeling van de stad en vervolgens werd ze benaderd door verschillende projectontwikkelaars. Houben heeft voor de stad een strategie ontwikkeld die zich uit in heldere vormen. Ze reikt mogelijkheden aan voor een verheldering en versterking van de bestaande stadsstructuur en geen vervanging door iets nieuws. De gebouwen die ze voor deze nieuwe realiteit heeft ontworpen zijn driedimensionale collages, maar ze hebben een helderheid, een eenvoud, die ook beantwoordt aan de lokale bouwwijze en een onbevangenheid die ze tot sterke bouwblokken van een nieuw Tirana zullen maken.

In al het werk dat ze in de afgelopen vijfentwintig jaar met Mecanoo heeft gedaan, bouwt Houben voort op haar vermogen om te reageren, zich aan te passen en te markeren. Ze brengt deze kwaliteit naar een fijnzinnige sensualiteit in vorm en een analytische scherpte, die leidt tot een minimalistische massiviteit. Haar monumentale assemblages lijken een manier te zijn om een ruimte te vormen en te duiden, waarin we ons thuis kunnen voelen in deze snel veranderende wereld, omdat deze plek afgebakend is en toch open. Mecanoo heeft zich langzaam maar zeker getransformeerd van het assembleren van onderdelen - zoals het montagespeelgoed Meccano - naar het ontwerpen van iconen voor Nederland, Europa en - recentelijk - zelfs voor de hele wereld.

Aaron Betsky (1958) is sinds 2006 directeur van het Cincinnati Art Museum en professor Architectuur en Industrieel Ontwerpen aan de Universiteit van Cincinnati. Hij was directeur van het Nederlands Architectuurinstituut (2001-2006) en curator Architectuur, Industrieel Ontwerpen en Digitale Kunsten van het Museum of Modern Art in San Francisco (1995-2001).

Francine Houben's well-spoken modernism

Ruud Brouwers

Francine Houben's welsprekende modernisme

Ruud Brouwers

In the grand traditional congress hall in the centre of the Scottish offshore city of Aberdeen, the assembled Scots architects sat up and took good notice; Francine Houben of Mecanoo was speaking. The 1979 annual meeting was adorned with lectures from young Dutch architects already boasting respectable bodies of work. With arresting imagery, Ms Houben is explaining why the work and mentality of Charles and Ray Eames form a source of inspiration for her – you could see the audience stir. The listeners seemed to be recalling the fire and conviction that had spurred them to become architects. When Francine Houben projected images of Mecanoo's work on screen, the buzz grew, and a mixture of enthusiasm and admiration became palpable in the auditorium.

The decision of the Scottish division of the RIBA to invite successful architects from the Netherlands including Felix Claus, Kees Kaan, Wiel Arets and Francine Houben together with myself to speak about the policies of Dutch Architecture was no coincidence. Scotland's independence with its own government and a new parliament building under construction meant that it was time for an outspoken Scottish cultural policy in which architecture would play a central if not a prominent role. The comparable size and population of Scotland and the Netherlands and their close geographical proximity pointed the Scots in the direction of their Dutch neighbours. It was especially Dutch architectural policy with its generous subsidies for publications, research and projects from which they could learn a great deal. This was also a generation of talented designers for whom the economic prosperity of the time provided opportunities to work on large-scale projects. The atmosphere was that of optimism. And then a driven Francine Houben not only presented the project she designed, but also revealed sources that can nurture architects.

Francine Houben convincingly describes what is inspirational to her. This skill was not gained over the course of time, but is something she has always had. In the second half of the 1980's, Mecanoo made a study plan for the new residential neighbourhood on the terrain of the former Groothandelsmarkt (wholesale trade market) in The Hague. The city council's brief was based on a discussion about 'neighbourhood culture', and posed the question whether design could give form to this notion. Presenting her plan, Francine Houben explains what moved her to keep the neighbourhood and their dwellings visually straight and rational. Design cannot create cosiness and conviviality among neighbours, she declared frankly, what you can accomplish is a rich program so to speak; spacious dwellings with good floor plans, a lot of diverse dwellings, attractive public spaces, extensive amenities, and clear connections to the rest of the city. These conditions cannot be fulfilled if funding is given to architectural frills. The message was clear: when you incorporate layers of functionality, the culture becomes what it means to be.

What she proclaims these days is less pragmatic, although the spirit remains the same. She still speaks admiringly about the way in which the *'royal couple of arrangement'*

In de grote traditionele congreszaal tevens feestzaal in het centrum van de Schotse offshore stad Aberdeen gingen de verzamelde architecten van Schotland rechtop zitten. Hun jaarvergadering werd opgeluisterd met lezingen van zeker destijds in 1997 nog jong te noemen architecten uit Nederland met toen al respectabele werkenlijsten. Aan het woord was Francine Houben van Mecanoo. Ze legde met treffende beelden uit waarom het werk en de mentaliteit van Charles en Ray Eames een bron van inspiratie voor haar vormen. Je zag de zaal opveren. De toehoorders leken zich opeens weer het vuur en de overtuiging te herinneren waarmee ze ooit hadden besloten om architect te worden. Toen Francine vervolgens de werken van Mecanoo projecteerde werd de tinteling niet minder, enthousiasme en bewondering steeg op uit de zaal.

De beslissing van de Schotse divisie van het Britse koninklijke instituut van architecten om succesvolle architecten als Felix Claus en Kees Kaan, Wiel Arets en Francine Houben uit Nederland uit te nodigen, met mij erbij omdat ik iets kon zeggen over het Nederlandse architectuurbeleid, was niet toevallig. De zelfstandigheid van Schotland met een parlementsgebouw in aanbouw en een eigen regering vroeg ook om een uitgesproken Schots cultuurbeleid waarin de architectuur naar de opvatting van de architecten zo niet centraal dan wel prominent aanwezig zou zijn. De grootte van het land, de omvang van de bevolking en de relatieve nabijheid deden de Schotten toch al naar Nederland kijken. Het architectuurbeleid met ruimhartige subsidies voor publicaties, onderzoeksprojecten en manifestaties vormde zeker voor architecten een reden te meer om die kant uit te kijken. Bovendien was daar die generatie talentvolle ontwerpers die in de rug geblazen door economische voorspoed werkten aan omvangrijke oeuvres. De sfeer op de jaarvergadering Aberdeen was optimistisch, de toekomst tegemoet, en dan was er ook nog die gedreven Francine Houben, die niet alleen de door haar ontworpen bouwwerken kwam presenteren maar ook de bronnen ging bloot leggen waaraan architecten zich kunnen laven.

Dat kan Francine Houben heel overtuigend doen, vertellen wat haar beweegt. Deze vaardigheid is niet in de loop van de tijd verworven, maar was altijd al aanwezig. In de tweede helft van de jongste jaren tachtig maakte Mecanoo een studieplan voor een nieuwe woonwijk op het terrein van de voormalige Groothandelsmarkt in Den Haag. Aan de opdracht van het stadsbestuur lag een discussie ten grondslag over zoiets als buurtcultuur met als vraag of daaraan in een ontwerp vorm gegeven kan worden. Bij haar plan kwam Francine Houben uitleggen wat haar bewogen had om de wijk en de woningen op het oog strak en rationeel te houden. Gezelligheid of vriendschappelijke betrekkingen tussen buren kun je niet ontwerpen, verklaarde ze frank en vrij, waar je wel voor kunt zorgen is een rijk programma, dat wil zeggen, ruime woningen met goede plattegronden, veel verschillende woningen, aantrekkelijke openbare ruimten, uiteenlopende voorzieningen en vanzelfsprekende aansluitingen op de rest van de stad. Deze condities kunnen niet vervuld worden als het geld aan architectonische opsmuk wordt uitgegeven. De boodschap was duidelijk, wanneer je gelaagdheid en gebruiksmogelijkheden inbouwt dan komt de cultuur vanzelf.

Charles and Ray Eames have been able to interweave playful elements, human considerations and technical possibilities into one solution. The arrangement of form and emotion, as she calls it, inspires her, but it is more the absence of a dogmatic stance that touches her. She will not miss an opportunity to praise British artist David Hockney because of his undogmatic and optimistic approach to life and his daring to experiment. She calls his attitude an inspiring source from which she derives the energy and the endurance that are essential in the field of architecture, not only in designing buildings but especially in the realisation of the designs themselves. She innovates by taking her sources of inspiration and forming them into her own interpretation. Of course, the work of her heroes speaks to her, but it is more the mentality and attitude towards life expressed in the work that stays with her. In any case, it is evident in the extent and wide range of her oeuvre that she derives energy from each.

The quantity of designs and realised projects is impressive, especially for a 25-year period. The most astonishing aspect however is not only the length of this laundry list of work, but also its diversity; from a Catholic chapel in a cemetery, to a housing neighbourhood on a city's edge, to a city park in a post-war housing area, to a city square in a medieval town centre, to a stage set for an experimental opera, to an army barracks and living quarters that is considered to be the largest hotel in Europe, to a dwelling for her own family, to a residential tower with more than fifty different floor plans, to various theatres and the streetscaping of a historical city centre.

In the breadth of her work lies the motive for the random arrangement of this book; neither chronological nor sorted by building types like education, theatres or housing. Firstly, a current cross section was selected from her entire oeuvre, and then all subjects, large or small, realised or unrealised, were arranged alongside one another. Rather than imposing a prescribed book assembly, for example, going from small assignments to large works, this method of presenting is a reflection of her design philosophy. In this way, her architecture is expressed as an all-embracing concept that ranges from conditions for a fulfilling daily existence to architectural concepts. The book's composition also sheds light on her meticulous approach to project assignment. The explanatory project texts support this by illustrating the core of the interpretation of the project's program.

Sometimes, well-known architects are asked to design things other than buildings and urban schemes, for example vases, carpets, tableware or bathtubs. These are supposed to reflect the architect's signature or trademark style, as is the case with Alvar Aalto's curvilinear Savoy vase. For Francine Houben, this would not work, because her response to a brief does not have a predetermined visual form. Rather, she has an open approach that can be shaped by the client's passion, the nature of the brief, the function a building must fulfil, the question for what purpose or for whom these buildings are meant and finally, by the placement of the building, where it will go; it can either contribute to an urban environment or be part of a landscape.

Waarvan ze tegenwoordig getuigt is minder pragmatisch, hoewel het in de geest hetzelfde is gebleven. Nog steeds kan ze zich bewonderend uitlaten over de wijze waarop het *'koningspaar van het arrangement'* Charles en Ray Eames spelelementen, humane overwegingen en technische mogelijkheden in één oplossing hebben weten te vervlechten. Het arrangement van vorm en emotie, zoals ze het noemt, inspireert haar, maar het is vooral de afwezigheid van een dogmatische instelling die haar beroert. Ze laat niet na de Britse kunstenaar David Hockney te roemen om zijn ondogmatische en optimistische levenshouding en zijn durf om te experimenteren. Zijn instelling noemt ze een bron waar ze de energie en het uithoudingsvermogen uit put, die in het veld van de architectuur bij het ontwerpen van bouwwerken maar vooral bij het uitvoeren van de ontwerpen onontbeerlijk zijn. Ze laaft zich aan inspiratiebronnen op een afgeleide manier. Natuurlijk, ook het werk van haar helden spreekt haar aan, maar eerder toch de mentaliteit, de levenshouding die uit het werk spreekt. In elk geval wordt er energie aan ontleend, kijken we alleen maar naar de omvang en de breedte van het oeuvre.

Het aantal uitgevoerde en om wat voor reden dan ook niet uitgevoerde ontwerpen is indrukwekkend, gemaakt in amper vijfentwintig jaar. Het meest verbluffend is echter niet de lengte van de waslijst van werken, maar de breedte van het oeuvre, van een katholieke kapel op een begraafplaats tot een woonwijk aan de stadsrand, van een stadspark in een naoorlogs woongebied tot een stadsplein in een middeleeuwse binnenstad, van een decor voor een experimentele opera tot een legeringsgebouw bij een kazerne dat het grootste hotel van

Europa genoemd kan worden, van een woonhuis voor het eigen gezin tot een woontoren met meer dan vijftig verschillende plattegronden, van verschillende theaters tot de bestrating van een oude binnenstad.

In de breedte van het oeuvre ligt het motief voor de indeling van dit boek, niet chronologisch, niet naar soorten gebouwen met rubrieken als onderwijs, theaters of wonen. Eerst is uit het gehele oeuvre een actuele dwarsdoorsnede gehaald, vervolgens zijn alle ontwerpen, groot of klein, uitgevoerd of niet gebouwd, naast elkaar geplaatst. Eerder dan uit een al dan niet geforceerd aandoende constructie van een ontwikkeling die gaat van kleine opgaven naar grote werken spreekt uit deze wijze van presenteren een opvatting over ontwerpen. Architectuur komt daaruit naar voren als een veelomvattend begrip dat reikt van condities voor een waardig dagelijks bestaan tot aan bouwkundige vraagstukken. Uit de samenstelling van het boek spreekt ook de zorgvuldige benadering van een ontwerpopgave. De toelichtende teksten geven hieraan een ondersteuning door telkens de kern van de interpretatie van een opgave weer te geven.

Soms wordt aan bekende architecten gevraagd om naast gebouwen en stadsdelen ook vazen, tapijten, serviezen of badkuipen te ontwerpen. Daaruit moet dan het handschrift van de architect spreken of een stijlkenmerk van zijn oeuvre, zoals het geval is met de vaas van Alvar Aalto die een golvende omtrek heeft. Bij Francine Houben werkt dit niet zo, bij een ontwerpopgave staat de uiterlijke verschijningsvorm als herkenbaar van haar hand niet voorop. Veeleer is sprake van

The almost glowing, bright Mecanoo blue that often recurs in Francine Houben's buildings is misleading because it may leave the impression that there is a Mecanoo signature with a fixed repertoire of forms, materials and colours, while this is not what it is about. She has said about herself: "I use materials such as wood, bamboo, zinc, copper, concrete, glass and steel in a contrasting composition." This statement can also make one think that there is a signature, a planned way of working or use of materials a stencil, but this is misleading to the observer. She gives more justice to her view and working method with another statement: "Nature has an irreplaceable value and beauty, has many colours, materials and textures. I want to draw upon the wealth of water, cloudy skies, trees, leaves, grass, boulders and rocks." Look, this sounds more in tune with the open orientation with which she responds to commissions and reveals her undogmatic nature.

In what manner does Francine Houben's work reveal her evident dislike of seeing the world dogmatically? This is made clear in the way her buildings have developed more into free forms, from the geometrical into the fluid, however not as a dictate, but simply as another possibility. The gracefully arching line has been adjusted to her repertoire as well as looser arrangements, the scattering of building parts and the candour that allows for associations has been included as well. The design and construction of buildings is largely governed by conventions, ostensible regulations relating to building methods, safety and usage. To liberate oneself from this rigid system with unconstrained forms and original solutions demands great powers of persuasion, even when there is no safety risk involved. Francine Houben's work demonstrates that her persuasiveness is driven by a passion for landscapes, a pleasure in technology and a strongly developed ability to connect a variety of images and experience into a solid vision and becoming a realised design.

Sketching with the camera, she calls it herself, thirstily absorbing images ranging from how she would like to make something, to the way light falls and the special atmosphere she wishes to instil in a building. It is a wilful way of working, an experimental means of arriving at an interpretation of a brief, which allows for the freedom of coming up with unexpected combinations of ideas. The Montevideo residential tower in Rotterdam for example, calls to mind an older generation of New York skyscrapers. However, these archetypal skyscrapers played almost no role at all in developing the form of the Montevideo tower. Francine Houben envisioned the complex to feature a plinth with different urban amenities as a part of a vertically organised city – one that should avoid the appearance of a residential building. Rows of balconies tidily stacked above each other and equally spaced fenestration contradicts urban allure. The houses along the Oude Delft canal in the city of Mecanoo's hometown of Delft showed the way. All the premises are different, but when regarded simultaneously, they form a striking wall. The principal of canal houses served as the starting point for the Montevideo tower, albeit in stacked form, and also illustrates what can be called undogmatic thinking.

---

een open benadering die geleid kan worden door de bezieling van de opdrachtgever of de aard van de opgave, de functie die een gebouw moet vervullen, door de vraag waarvoor en voor wie de gebouwen bedoeld zijn, en niet in de laatste plaats door de situering, waar komen de gebouwen te staan, kunnen ze een bijdrage leveren aan een stedelijke omgeving of onderdeel uitmaken van een landschap. Het bijna oplichtende, felle *Mecanooblauw* dat nogal eens voorkomt in de gebouwen van Francine Houben is misleidend, want geeft de indruk dat er toch een Mecanoostempel bestaat met een vast repertoire van vormen, materialen en kleuren, terwijl dat niet voorop staat. Ze heeft over zichzelf gezegd: 'Ik gebruik materialen als hout, bamboe, zink, koper, beton, glas en staal in een contrastrijke compositie.' Ook deze uitspraak doet denken aan een stempel, een vooropgezette werkwijze en materiaaltoepassing, een sjabloon waarmee de beschouwer op het verkeerde been wordt gezet. Ze doet meer recht aan haar opvatting en wijze van werken met een andere uitspraak: 'De natuur is van onvervangbare waarde en schoonheid, kent vele kleuren, materialen en texturen. Ik wil putten uit de rijkdom van water, wolkenluchten, bomen, bladeren, gras, keien, rotsen.' Kijk, dit klinkt beter in overeenstemming met de open oriëntatie waarmee ze opgaven tegemoet treedt en haar hang naar een ondogmatische instelling.

Op welke wijze spreekt overigens uit het werk van Francine Houben haar uitgesproken afkeer van een dogmatische levenshouding? Dat is zichtbaar in de steeds vrijere vormen die haar gebouwen in de loop van de tijd zijn gaan aannemen, van een geometrisch stelsel is ze naar vloeiende lijnen gekomen, niet als dictaat maar als ook een mogelijkheid. De sierlijk gebogen lijn is aan het repertoire toegevoegd. Tevens toegevoegd zijn lossere arrangementen, het uit elkaar plaatsen van gebouwdelen, en de vrijmoedigheid waarmee associaties worden gelegd. Het uitvoerende bouwen en het ontwerpen van bouwwerken dat daaraan vooraf gaat wordt in sterke mate gestuurd door conventies, ogenschijnlijke wetmatigheden die veel te maken hebben met bouwkosten, methoden van bouwen, veiligheidseisen, bouwverordeningen en gebruiksvoorschriften. Aan dit starre stelsel ontkomen met ongedwongen vormen en originele oplossingen kost veel overtuigingskracht, zelfs als van veiligheidsrisico's geen sprake is. Uit het oeuvre van Francine Houben valt af te leiden dat haar overtuigingskracht succesvol aangedreven wordt door een passie voor landschappen, plezier in techniek en het sterk ontwikkelde vermogen om allerlei beelden en ervaringen met elkaar te verbinden tot een concreet sfeerbeeld dat in een ontwerp zijn beslag krijgt.

Schetsen met de camera, noemt ze het zelf, heel veel beelden opslurpen, van hoe zij iets nooit zou willen maken tot de weergave van een lichtinval en een bijzondere sfeer die ze in een gebouw tot stand zou willen brengen. Het is een eigenzinnige wijze van werken, een experimentele manier om tot een vertolking van een ontwerpopgave te komen, die de vrijheid laat voor het in gedachten leggen van onverwachte verbindingen. De woontoren Montevideo in Rotterdam bijvoorbeeld doet denken aan oudere generaties wolkenkrabbers in New York. Toch hebben bij de vraag hoe de toren vorm moest krijgen deze archetypische *skyscrapers* nauwelijks een rol gespeeld. Francine Houben zag het complex met een

Francine Houben's perception of landscape as a boundless overarching concept and especially of specific landscapes, particularly hilly ones, is prevalent in her body of work. The associative manner in which she applies undulating lines to buildings lacks any dogmatic approach. Nature is freely embraced as a mentor. Arrangement, undulation, depth, vistas and the selection of materials can be inspired by nature, depending on the brief and the site. For commissions such as Bijlmerpark in Amsterdam and the National Heritage Museum in Arnhem this approach was obvious, seasoned with the necessary ingenuity. Another approach is the accentuation of an existing landscape from which the building's form is consequently derived. This is the case with the Library for the Delft University of Technology, which punctuates the polder landscape and for the La Llotja Theatre and Conference Centre in Lleida that forms a link between the Seu Vella hill and the river Segre. Another example is the design for the World Health Organization headquarters in Geneva, a building that weaves like a veil through the woods. Landscape always plays an important role in Francine Houben's work, even in the patios of the Palace of Justice in Córdoba, Spain or the Square Westermaat Retail Park in Hengelo, the Netherlands. Francine Houben's most recent highpoint in merging landscape with building is evident in the design for the National Performing Arts Center in Kaohsiung, Taiwan, to be realised in 2012. Building and park blend. At 200 metres wide and 160 metres deep, the building's massing is inspired by the wide branched-crown of a giant banyan tree, spreading in all directions.

What significance does Francine Houben's oeuvre and work method carry for the development of architecture. As previously mentioned, she pays great attention to the specifics of each assignment above and beyond a pre-programmed approach, and has the open-mindedness allowing her to see with fresh eyes over and over again. This ability, which can be practised, ensures that buildings and landscapes acquire their own character and tone, yet are not so eccentric as to discourage the free use of a building or public space. This is the discipline side of the story, the modest craftsmanship that helps further the design.

Architectural quality is often spoken of, yet it remains unclear what quality actually means. An architect who spends his entire life designing holiday bungalows with increasing skill and know-how, as a violin maker builds his string instruments, certainly delivers a particular quality. As does the visionary, experimental and groundbreaking architect who opens up new vistas. Quality can also be achieved between these two extremes by affording a surprising perspective on an existing development or by moulding experimental outcomes into a steadfast daily practice. Francine Houben of Mecanoo operates somewhere along this line. Although an eye for pre-industrial building traditions is not lacking, particularly not in the use of material, her work is based upon modernism, the rational architecture. Working from this home base, innovation is achieved, in material terms, through the application of eco-technology and in immaterial terms through variation and differentiation. Since the start, she has left behind the drab side of modernism, the bare abstraction resulting

plintgebouw voor verschillende stedelijke voorzieningen als een deel van een verticaal georganiseerde stad die geen woningbouwachtig uiterlijk mocht krijgen. Keurig op een rij balkonnetjes boven elkaar en alle ramen op een gelijke manier ingedeeld zouden een stedelijke allure verijdelen. De grachtenhuizen aan de Oude Delft in de stad Delft waar Mecanoo gevestigd is wezen de weg. De panden zijn allemaal verschillend maar tegelijkertijd zo neutraal dat ze gezamenlijk een markante wand vormen. Het principe van de grachtenpanden heeft voor de woontoren Montevideo als uitgangspunt gegolden, zij het gestapeld gedacht, wat ondogmatisch genoemd mag worden.

De waarneming van het landschap als een onbegrensd overkoepelend begrip en beslist ook van specifieke landschappen, vooral die met heuvels, werkt door in het oeuvre van Francine Houben. De associatieve wijze waarop golvende lijnen in gebouwen toegepast worden is gespeend van een dogmatische opstelling. De natuur wordt onbelemmerd als een leermeester omarmd, zonder dat daar meteen weer een rotsvast geloof uit voortspruit dat met grote zendingsdrang uitgedragen moet worden. Rangschikking, glooiing, diepte, coulissewerking, materiaalgebruik, kunnen er door geïnspireerd zijn, maar dat is afhankelijk van de ontwerpopgave en van de situering. Voor opgaven als het Bijlmerpark in Amsterdam en het Nederlands Openluchtmuseum in Arnhem ligt deze benadering voor de hand, gekruid bovendien met de nodige vindingrijkheid. Een andere benadering komt ook voor, een accentuering van een bestaand landschap met de verschijningsvorm van het gebouw als consequentie. Dat is het geval

met de bibliotheek van de Technische Universiteit Delft die in het polderlandschap steekt, met het congrescentrum La Llotja in Lleida dat een schakel vormt tussen de berg Seu Vella en de rivier de Segre en met het ontwerp voor het hoofdkantoor van de Wereldgezondheidsorganisatie in Genève, een gebouw dat als een voile door een bos is geweven. In feite speelt het landschap bij Francine Houben altijd een rol, zelfs in de patio's van het Paleis van Justitie in Córdoba, Spanje of het winkelpark Plein Westermaat in Hengelo. Voorlopig hoogtepunt in de vereniging van landschap en gebouw in het werk van Francine Houben is het ontwerp voor het National Performing Arts Center in Kaohsiung, Taiwan, dat in 2012 uitgevoerd moet zijn. Gebouw en park schuiven ineen. Met haar afmeting van 200 meter bij 160 meter neemt het gebouw de veelvormige, wijdvertakte gestalte aan van de kroon van een reusachtige banyanboom.

Welke betekenis heeft het oeuvre van Francine Houben en haar wijze van werken voor de ontwikkeling van de architectuur? De grote aandacht die geschonken wordt aan de specifieke kanten van elke opdracht boven een voorgeprogrammeerde benadering en het uit onbevangenheid geboren vermogen om telkens weer met andere ogen te kijken zijn al genoemd. Deze opstelling, die geoefend zou kunnen worden, zorgt er voor dat gebouwen en gebieden een eigen karakter en klankkleur krijgen. Tegelijkertijd zijn ze weer niet zo eigenzinnig dat een aangenaam en onbelemmerd gebruik van een gebouw of openbare ruimte erbij in schiet. Dit is de disciplinaire kant van het verhaal, het ingetogen vakmanschap dat het ontwerpen verder helpt.

in an empty shell and endless repetition. The quality of her work lies in the advanced conjugation of dead-end modernism into an eloquent modernism giving stimulus to the development of architecture.

One final thing should be added in this attempt to objectify and characterise the work of Francine Houben. As with quality, many things can be understood from the terms differentiation and variation, from subtle difference and small changes to colourful assortments and great contrasts. In Francine Houben's work, the implementation of the brief leads to differentiation and adjustments in building mass and landscapes having been inspired by numerous associations. twenty-five years of professional experience in designing and constructing buildings produces a level of competence and insight that cannot be acquired overnight, nor can the ability to make these associations, for this is not learned and is rather a quality, a talent if you will, that could be catching, yet cannot be taken over. Childhood memories, the memory of a house next to a railway line, a city in spring, a village in Andalusia, a snow-covered landscape, the cooling towers in Limburg's mining region, a motorway in Italy, the birth of a foal in a meadow can be combined with a project's form to give the designs their own manifestation and atmosphere. This is a highly personal form of eloquence.

Ruud Brouwers (1939) is an architecture critic, editor of the 'bookazine' *Stadscahiers*, former director of the Netherlands Architecture Fund (1997–2002), one of the founders of the Netherlands Architecture Institute and originator of the *Yearbook Architecture in the Netherlands*.

Niet zelden wordt gesproken over architectonische kwaliteit, waarbij in het midden blijft wat met kwaliteit wordt bedoeld. Onder kwaliteit kunnen we verschillende dingen verstaan. Een architect die zijn hele leven met steeds grotere vaardigheid en **know how** uitgekiende vakantiebungalows ontwerpt, zoals een vioolbouwer zijn strijkinstrumenten, levert vast en zeker kwaliteit. Dat doet ook de visionaire zoeker onder de architecten, die met experimenten baanbrekend te werk gaat, onvermoede verten openlegt. Tussen de twee uitersten kan ook kwaliteit geleverd worden, door op verrassende wijze perspectieven te verlenen aan een bestaande ontwikkeling of door het kneden van experimentele uitkomsten tot een degelijke dagelijkse praktijk. Francine Houben opereert met haar Mecanoo ergens op deze lijn. Hoewel oog voor de tradities in de bouwkunst uit het pre-industriële tijdperk niet ontbreekt, zeker niet in het materiaalgebruik, is het werk geënt op het modernisme, het rationele bouwen. Vanuit deze uitvalsbasis wordt vernieuwing bereikt, materieel met het aanwenden van ecotechnologie en immaterieel met het aanbrengen van variatie en differentiatie. De grauwe kant van het modernisme, de kale bedoeling, de abstractie die uitmondt in een lege huls en eindeloze herhalingen, heeft ze van meet af aan achter zich gelaten. De kwaliteit van het werk schuilt in de geavanceerde vervoeging van het doodgelopen modernisme tot het welsprekende modernisme, waarmee een impuls gegeven wordt aan de ontwikkeling van de architectuur.

Aan de poging die met deze beschouwing is ondernomen om het werk van Francine Houben te objectiveren en te benoemen moet nog iets toegevoegd worden. Zoals onder kwaliteit kan ook onder differentiatie en variatie veel verstaan worden, van subtiele verschillen en kleine veranderingen tot een bonte samenstelling en grote contrasten. In het geval van het oeuvre van Francine Houben wordt de uitwerking van het programma die tot differentiatie leidt en de bewerkingen van de bouwmassa of een gebied die variaties laten zien, ingegeven door tal van associaties. Vijfentwintig jaar praktijkervaring in het ontwerpen van gebouwen en de uitvoering ervan leveren een vaardigheid en inzicht op die iemand zich niet zo maar kan eigen maken. Evenmin is het mogelijk om een associatievermogen alsof het leerstof is in te drinken. Het betreft hier immers een eigenschap, een talent zo men wil dat op anderen aanstekelijk kan uitwerken maar niet overgenomen kan worden. Jeugdherinneringen, de herinnering aan een huis bij een spoorlijn, een stad in het voorjaar, een nederzetting in Andalusië, een landschap bedekt met sneeuw, de koeltorens in de Limburgse Mijnstreek, een autosnelweg in Italië, de geboorte van een veulen in een weide kunnen in combinatie gebracht worden met ontwerpopgaven waardoor de ontwerpen een eigen gestalte en sfeer meekrijgen. Dit is een hoogst persoonlijke welsprekendheid.

Ruud Brouwers (1939) is architectuurcriticus, hoofdredacteur van *Stadscahiers*, voormalig directeur van het Stimuleringsfonds voor Architectuur (1997-2002), een van de oprichters van het Nederlands Architectuurinstituut en grondlegger van het *Jaarboek Architectuur in Nederland*.

10 Statements

1. Land as an expensive commodity

2. Love of nature

3. Collective responsibility for sustainability

4. Wealth of urban planning

5. Cooperation as challenge

6. Director and scriptwriter

7. Handwriting and language

8. Composition of empty space

9. Analysis and intuition

10. Arrangement of form and emotion

---

10 Statements

1. Grond als kostbaar bezit

2. Liefde voor de natuur

3. Collectieve verantwoordelijkheid voor duurzaamheid

4. Stedenbouwkundige rijkdom

5. Samenwerking als uitdaging

6. Regisseur en scenarioschrijver

7. Handschrift en taal

8. Compositie van leegte

9. Analyse en intuïtie

10. Arrangement van vorm en emotie

1. Land as an expensive commodity

The difference between Los Angeles and Tokyo is obvious to everyone.
Los Angeles, the city of the twentieth century, is designed for cars,
which are literally given more room than people are. There are more square
metres of car parks than of built-up areas.
There is an abundance of land and it is almost valueless. This is bound
to change in the twenty-first century.
Tokyo is a gigantic village of millions of people and public transport.
Every square metre has been thought about and put to use, above and
below ground. Land is very expensive, even more expensive than
the houses and buildings that stand on it.
The Netherlands is a country with a high population density and
a shortage of land. At the same time it is the country that wastes its land
because the price of land is much too low. We have to search for intelligent
solutions such as dual use of land and inventive combinations
of infrastructure and building.

1. Grond als kostbaar bezit

Het verschil tussen Los Angeles en Tokio is opmerkelijk. Los Angeles, de stad van de twintigste eeuw, is ontworpen voor de auto, die letterlijk meer ruimte krijgt dan de mens. Er is meer vierkante meter parkeerterrein dan vierkante meter bebouwd terrein.

Grond is er in overvloed en is bijna zonder waarde. In de eenentwintigste eeuw komt men hier noodgedwongen op terug.

Tokio is het gigantische dorp van de miljoenen mensen en van het openbaar vervoer. Elke vierkante meter is ingericht en bedacht, bovengronds én ondergronds. Grond is zeer kostbaar, zelfs kostbaarder dan de huizen en gebouwen die erop staan.

Nederland is het land met de hoge bevolkingsdichtheid en de schaarste aan ruimte. Tegelijkertijd is het een land dat zijn grond verkwist door een veel te lage grondprijs. We moeten op zoek gaan naar slimme oplossingen, zoals dubbel grondgebruik, inventieve combinaties van infrastructuur en bebouwing.

2. Love of nature

The Netherlands is the most malleable country in the world;
the land of water, wind and clouds. The Dutch landscape is not static,
but it is changeable with contrasting ingredients: order and chaos, polders
and lakes, canals and rivers, dykes and river flood planes, wet and dry.
With the help of engineers you can build everywhere. There are no limits,
but the land is so malleable that you can destroy it too.
Nature has an irreplaceable value and beauty with many colours,
materials and textures. The wealth of water, skies, trees and leaves, grass,
stones and rocks is an important source of inspiration in our work.

2. Liefde voor de natuur

Nederland is het maakbaarste land van de wereld,
het land van water, wind en wolken. Het Nederlandse landschap is niet
statisch, maar veranderlijk met contrasterende ingrediënten: orde en chaos,
polders en plassen, kanalen en rivieren, dijken en uiterwaarden,
nat en droog. Met behulp van ingenieurs kan je overal bouwen. Er zijn geen
limieten, maar het land is zo maakbaar, dat je het ook kapot kan maken.
De natuur is van een onvervangbare waarde en schoonheid en kent vele
kleuren, materialen en texturen. De rijkdom van water, luchten, bomen en
bladeren, gras, keien en rotsen is een belangrijke inspiratiebron in ons werk.

3. Collective responsibility for sustainability

The Netherlands is a country with a very strong tradition of collective responsibility for the management of water. Unambiguous agreements regulate the land and the water – literally, because otherwise we would all drown. The collective responsibility for water management should be extended to a collective responsibility for sustainability. After all, that too is a question of the survival of us all.

3. Collectieve verantwoordelijkheid voor duurzaamheid

Nederland is een land met een zeer sterke traditie op het gebied van de collectieve verantwoordelijkheid voor de waterhuishouding. Duidelijke afspraken reguleren het land en het water, letterlijk omdat we anders met z'n allen verzuipen. De collectieve verantwoordelijkheid voor de waterhuishouding dient uitgebreid te worden naar een collectieve verantwoordelijkheid voor duurzaamheid. Ook dat is tenslotte een kwestie van met z'n allen overleven.

4. Wealth of urban planning

It is as if we have forgotten the wealth of urban planning possibilities for housing. The house with a garden and a car in front seems to be the greatest good on earth at the moment. Society consists of very diverse families and an ageing population, and it is multicultural. The steadily expanding potential of technology, communication and services will become part of new ideas for care housing concepts and live/work/recreation housing. The embodiment of mobility, the car, requires integration in new urban planning typologies without dominating or disrupting the public space. We must design buildings and houses that, like the time-hallowed Dutch mansions, can stand up to extensive changes in use and beauty.

4. Stedenbouw-kundige rijkdom

Het lijkt alsof we de rijkdom aan stedenbouwkundige mogelijkheden voor de woningbouw zijn vergeten. Het huis met een tuin en de auto voor de deur lijkt in deze tijd het grootste goed op aarde te zijn. De samenleving bestaat uit zeer diverse gezinssamenstellingen, een vergrijzende bevolking en is multicultureel. De steeds verdergaande mogelijkheden van technologie, communicatie en dienstverlening zullen onderdeel worden van nieuwe woon-zorg-concepten en woon-werk-recreatiehuizen.

De verworvenheid van de mobiliteit, de auto, vraagt om integratie in nieuwe stedenbouwkundige typologieën zonder de openbare ruimte te domineren of te verstoren. We moeten gebouwen en huizen ontwerpen die, net als de eeuwenoude Hollandse herenhuizen, de grote veranderingen in gebruik en schoonheid aan kunnen.

5. Cooperation as challenge

Interesting developments in architecture are produced by those who manage to create the freedom to experiment and to work together within the fragmented practice of design and building. As a result of changes in the design assignments, architects increasingly carry out their profession in collaboration with other disciplines. To achieve the aesthetic of mobility, it is of great importance to work together with road and hydraulic engineers and landscape architects. This means experimenting with combined programmes, constructions, water and materials, but emphatically without the loss of the architect's own role and responsibility.

5. Samenwerking als uitdaging

Interessante ontwikkelingen in de architectuur ontstaan door diegenen die binnen de gefragmenteerde ontwerp- en bouwpraktijk de vrijheid weten te creëren om te experimenteren én samen te werken. Door verandering van de ontwerpopgaven oefent de architect steeds vaker in samenwerking met andere disciplines zijn professie uit. Om de mobiliteitsesthetiek te realiseren, is het van belang samen te werken met weg- en waterbouwers en landschapsarchitecten. Dat betekent experimenteren met gecombineerde programma's, constructies, water en materialen, maar met uitdrukkelijk behoud van de eigen rol en verantwoordelijkheid van de architect.

6. Director and scriptwriter

The Van Nelle factory, the Rietveld Schröder house and Villa Mairea are traditional examples of innovative architecture resulting from an inspiring relationship between client and architect. Times have changed and the placing of commissions has become more complex, consisting of forms of association among the government, property developers, investors and consumers. The architect no longer supplies the design alone. The architect performs the role of director and scriptwriter in a more hybrid process.

6. Regisseur en scenarioschrijver

De Van Nelle fabriek, het Rietveld Schröder-huis en Villa Mairea zijn traditionele voorbeelden van vernieuwende architectuur als resultaat van een inspirerende relatie tussen opdrachtgever en architect. De tijden zijn veranderd, het opdrachtgeverschap is diffuser geworden en bestaat uit samenwerkingsverbanden van overheid, ontwikkelaars, beleggers en gebruikers. De architect levert niet meer alleen het ontwerp. In een meer hybride proces vervult de architect de rol van regisseur en scenarioschrijver.

7. Handwriting and language

Discussion about style is interesting, but not essential in the long run. The best example of this is the composition of two houses that we developed for Alvaro Siza in The Hague: one in the style of the Amsterdam School, the other in the style of Neue Sachlichkeit. These two styles competed with one another in the 1920s and each thought it was the true one. The beauty of the project lies in the combination of introverted and extroverted, heavy and light, tactile and abstract. Style seems to be an outdated phenomenon. Architecture needs a handwriting that can write in different languages in order to be able to respond adequately to each location, assignment and culture.

7. Handschrift en taal

Discussie over stijl is interessant, maar op lange termijn niet essentieel. Het mooiste voorbeeld hiervan is de compositie van twee huizen die wij voor Alvaro Siza uitwerkten in Den Haag: één in de stijl van de Amsterdamse School en één in de stijl van de Nieuwe Zakelijkheid. Twee stijlen die elkaar bevochten in de twintiger jaren en beide dachten dat ze de waarheid in pacht hadden. De schoonheid van dit project schuilt juist in de combinatie van introvert en extrovert, zwaar en licht, tactiel en abstract. Stijl lijkt een achterhaald fenomeen. In de architectuur is een sterk handschrift nodig, dat verschillende talen schrijft om adequaat op iedere locatie, opgave en cultuur te kunnen reageren.

8. Composition of empty space

There are no rules, in fact, for making a composition. Although, there is a Japanese book that describes the rules for arranging and serving a meal. Working with unambiguous geometry and symmetry is strictly prohibited because it is not exciting. Space, or rather empty space, is an essential part of composition, rhythm and elegance. The space between contrasting forms, round and square, long and short, big and small, enhances each form, and this is true in architecture as well.

8. Compositie van leegte

Regels voor het maken van een compositie zijn er niet. Wel bestaat
er een Japans boek met regels voor het arrangeren en opdienen van eten.
Het werken met eenduidige geometrie en symmetrie is absoluut verboden,
omdat het geen spanning kent. Ruimte, of beter gezegd leegte,
is een essentieel onderdeel van compositie, van ritme en elegantie.
De ruimte tussen contrasterende vormen, rond en vierkant, lang en kort,
groot en klein, laat elke vorm op zichzelf beter tot uiting komen,
ook in de architectuur.

9. Analysis and intuition

You can try to analyse everything, but a lot is just a question of intuition. The work of David Hockney has always appealed to me. You can detect an undogmatic, optimistic attitude to life in his work and the courage to experiment in art with new techniques. An attitude like that is a source of energy and resilience within the complex force field of architectural practice. And the combination of analysis with intuition is worth its weight in gold for architecture.

9. Analyse
en intuïtie

Je kan alles proberen te analyseren, maar veel heeft gewoon met intuïtie
te maken. Het werk van David Hockney heeft mij altijd aangesproken.
In zijn werk bespeur ik een ondogmatische en optimistische levenshouding,
en de durf om met nieuwe technieken in de kunst te experimenteren.
Binnen het ingewikkelde krachtenveld van de architectuurpraktijk is
zo'n houding een bron van energie en uithoudingsvermogen. En voor
de architectuur is de combinatie van analyse en intuïtie goud waard.

10. Arrangement of form and emotion

Charles and Ray Eames were able to combine technical, human and playful aspects in a single solution. They experimented with new materials for their chairs and discovered their limitations as they went along. That led them to look for new solutions all over again. They were designers without dogmatism, and never lost sight of comfort. They are the uncrowned king and queen of arrangement. Their work has a permanent inspiring value. Their house was built in 1949 in the hills of Santa Monica near Los Angeles, set beautifully among the eucalyptus trees. It shows what happens when you combine the technical with the sensory. Architecture must appeal to all the senses. Architecture is never a purely intellectual, conceptual or visual game alone. Architecture is about combining all of the individual elements in a single concept. What counts in the end is the arrangement of form and emotion.

10. Arrangement van vorm en emotie

Charles en Ray Eames waren in staat om technische, humane en speelse aspecten in één oplossing te vervlechten. Voor hun stoelen experimenteerden zij met nieuwe materialen, waar zij al doende de beperkingen van ontdekten. Daardoor zochten zij weer naar nieuwe oplossingen. Ze waren vormgevers zonder dogmatiek en verloren het comfort nooit uit het oog. Zij zijn het ongekroonde koningspaar van het arrangement. Hun werk is van blijvende en inspirerende waarde. Hun huis uit 1949 is gebouwd in de heuvels van Santa Monica bij Los Angeles en ligt prachtig achter de eucalyptusbomen. Het laat zien wat er gebeurt als het technische en het zintuiglijke worden verbonden. Architectuur moet alle zintuigen beroeren. Architectuur is nooit een puur intellectueel, conceptueel of visueel spel alleen. In architectuur gaat het erom alle afzonderlijke elementen in één concept bij elkaar te brengen. Wat uiteindelijk telt is het arrangement van vorm en emotie.

Twelve houses and a hotel

Francine Houben

Twaalf huizen en een hotel

Francine Houben

Moving house

Architecture for me is: atmospheres, images, forms, materials, sounds, scents, landscapes and ideas. I pick up a lot of inspiration during what are often long trips through Europe, North America, South America and Asia, and of course in the architectural practice of Mecanoo. But inextricably intertwined with all that run the memories from my past, such as moving house many times. I always loved moving house: a new house, new surroundings, new worlds. I never missed the previous house. The experience of having lived in different cities and landscapes is also a major source of inspiration – hence this story.

Flat Modern

There are two photos of houses in my parents' home. One is of the house that they had built themselves, the other is of Flat Modern. My parents always told us exciting stories about Flat Modern, a former station hotel in the Stationsstraat in Sittard. It was turned into a block of flats after the war because of the housing shortage. The windows of the hotel were unusually large for a block of flats. They were even so big that one of the residents always drove his most precious possession, his car, into the living room. The former bathroom served as a kitchen. My parents were the only ones fortunate enough to own a fridge. The other residents shared this treasure. Sometimes this created confusing situations, like the time when my mother had put some breast milk in the fridge for a moment and one of the other occupants used it in the coffee.

Six round holes

My third house is the one my parents had built in Heerlen in 1959. I remember walking over the site holding my father's hand when I was four. Usually my mother did these kinds of things. She discussed with the architect, she bargained with the sub-contractor. My father had every confidence in her. It was a typical Fifties house, a composition of rough natural stone, brick in a white wash, wooden panelling and steel frames. A large and long concrete balcony ran the entire length of the house. The bedrooms were named after the colour of the linoleum on the floor. My sister and I shared the blue room. In the kitchen we had a fantastic Bruynzeel unit with bright colours: red, blue, yellow and black. A free-standing stairway stood in an enormous hall – without storm doors. The balusters had small blobs like music notes. Of course, they were painted red, blue and yellow too. You had to be careful, if you put your head between these balusters to look down, it might get stuck. When you were older, you couldn't get your head between them. The big blue steel front door in the hall with six round holes in it was impressive too. It always suggested to me that I would get another younger brother or sister. There were five of us children.

On the scooter

The nice thing about moving house often is that the different houses are connected with different stages in your life. The Limburg hills made a big impression on me. I remember

---

Verhuizen

Architectuur is voor mij: sferen, beelden, vormen, materialen, geluiden, geuren, landschappen en ideeën. Veel inspiratie doe ik op tijdens mijn soms lange reizen door Europa, Noord-Amerika, Zuid-Amerika en Azië, en natuurlijk in de architectenpraktijk van Mecanoo. Maar daar doorheen lopen onlosmakelijk de herinneringen uit mijn leven, zoals het vele verhuizen. Verhuizen vond ik altijd heerlijk: een nieuw huis, een nieuwe omgeving, nieuwe werelden. Ik had nooit heimwee naar het vorige huis. De ervaring om in verschillende steden en landschappen te hebben gewoond, is ook een grote inspiratiebron. Daarom dit verhaal.

Flat Modern

In het huis van mijn ouders staan twee foto's van huizen. De ene is van het huis dat zij zelf hebben laten bouwen en de andere van Flat Modern. Mijn ouders vertelden ons altijd spannende verhalen over Flat Modern, een voormalig stationshotel aan de Stationsstraat in Sittard, dat na de oorlog vanwege de woningnood tot woongebouw werd omgedoopt. De ramen van het hotel waren ongebruikelijk groot voor een woongebouw. Zelfs zo groot dat een van de bewoners zijn meest kostbare bezit, zijn auto, altijd de woonkamer inreed. Gekookt werd er in de voormalige badkamer. Mijn ouders waren de enigen die in het rijke bezit waren van een koelkast. De andere bewoners deelden in deze rijkdom. Soms leverde dit verwarrende situaties op. Zoals de keer dat de afgekolfde melk die mijn moeder even in de koelkast had gezet, door een andere bewoner als koffiemelk werd gebruikt.

Zes ronde gaten

Mijn derde huis is het huis dat mijn ouders in 1959 in Heerlen hebben laten bouwen. Ik herinner mij dat ik op vierjarige leeftijd aan de hand van mijn vader over de bouw liep. Gewoonlijk deed mijn moeder dit soort zaken. Zij overlegde met de architect, zij onderhandelde met de aannemer. Mijn vader had daar het volste vertrouwen in. Het was een echt jaren vijftig huis, een compositie van grove natuursteen, wit gekeimde baksteen, houten vlakken en stalen kozijnen. Over de gehele lengte van het huis was een groot, lang balkon van beton. De slaapkamers kregen de naam van de kleur van het linoleum dat op de grond lag. Met mijn zus deelde ik de blauwe kamer. In de keuken hadden we een prachtige Bruynzeelkeuken met felle kleuren: rood, blauw, geel en zwart. In een enorme hal - zonder tochtportaal - stond een vrijstaande trap. Deze trap met ruime vide was geheel omringd door stalen spijltjes. Die spijltjes hadden plaatselijke verdikkingen als muzieknoten. Ze waren natuurlijk ook in de kleuren rood, blauw en geel geverfd. Je moest uitkijken, dat als je je hoofd tussen deze spijlen stak om naar beneden te kijken, je niet vast kwam te zitten. Als je ouder werd, paste je hoofd er niet meer tussen. Indrukwekkend was ook de grote blauwstalen voordeur in de hal met zes ronde gaten erin. Bij mij wekte dit altijd de suggestie dat ik er nog een broertje of zusje bij zou krijgen. We waren met vijf kinderen.

Op de step

Het leuke van vaak verhuizen is dat de diverse huizen aan verschillende fases in je leven zijn gebonden. Zo hebben de

that, when I was four, I didn't dare to go down a slope because I found it too steep. When I went back later, it turned out to be a mound less than a metre high.

I know The Hague mainly from the scooter. I scooted to school via the enlarged ribbon park of the Van Hoogenhoucklaan and Arensdorp Park. I crossed at Oud's Shell building. My youngest brother always went to the Hubertus Park. We threw our scooters down below the steps in what we regarded as an enormous dune and raced one another up the steps to the panoramic platform on top. It had a view of the whole of The Hague.

Back door

My fifth house is in Groningen. I lived in the wonderful surroundings of Helpman in a Thirties semi-detached house with a big garden. There were a lot of rooms in the house. The rooms were a bit dark, but that didn't really matter very much. I was always outdoors – on the way to school, playing sports, in the street, in the garden, or in the sports fields near the school. We had a big house but we lived in the kitchen. You always entered the house through the back door. I can't remember ever going in through the front door.

Noise barrier

My eighth house is alongside the busiest railway line in the Netherlands. Less than fifteen metres away, the trains thundered over a concrete viaduct that had been thought up in the Sixties by proud civil engineers. The view from the three windows on the first floor was broken by stripes of Dutch Rail yellow and the Prinsenhof in Delft. They were old sliding windows without double glazing. At the time the whole street protested against the building of a noise barrier which the Law on Noise Pollution laid down. We won. You lived here precisely because you preferred not to live in a cramped street with neighbours on the other side and because it gave you a view over the city. The train was a part of the deal. Very dynamic. It gave me the feeling that you could take the train to Paris just like that.

This old residence was used differently each time. First two families lived in it, then a commune. Then when everyone wanted to live more privately again, the house was turned into three individual units. At a certain moment a part of the house was converted into a firm of architects. We kept on making changes to the house to adapt it to our latest insights and expectations for the future.

Nomad

My ninth house is a loft in Rotterdam. I felt like a nomad who spends most of her time working, travelling and staying in hotels a lot. This loft was the ideal place for me. Plenty of room and the bare necessities like a bed, a comfortable chair, a table and a TV. That was all. I usually ate out. The wide Vierambachtstraat with trams and many kinds of foreign shops emphasised my feeling of being a free metropolitan.

heuvels in Limburg grote indruk op mij gemaakt. Ik herinner mij dat, toen ik vier was, ik een helling niet af durfde, omdat ik die te steil vond. Toen ik daar jaren later ging kijken, bleek het slechts een heuveltje van nog geen meter hoog te zijn.

Den Haag ken ik eigenlijk vooral op de step. Ik stepte via het verdiepte lintpark van de Van Hoogenhoucklaan en park Arendsdorp naar school. Bij het Shellgebouw van Oud stak ik over. Met mijn jongste broertje ging ik altijd naar het Hubertus-park. Onderaan de trappen van het - in onze ogen - enorme duin gooiden we onze step neer om vervolgens een wed-strijdje te doen wie het eerst via al die trappen boven was op het uitkijkplatform. Daar keek je uit over heel Den Haag.

Achterdeur

Mijn vijfde huis staat in Groningen. Ik woonde in de prachtige omgeving van Helpman in een jaren dertig twee-onder-een-kap-huis met een grote tuin. Het huis had vele kamers. Die kamers waren wat donker, maar eigenlijk maakte mij dat niet zoveel uit. Ik was altijd buiten. Ik was of naar school, of aan het sporten, op straat, in de tuin, of op de sportvelden rond de school. Ons huis was groot, maar we leefden in de keu-ken. Je ging altijd achterlangs het huis binnen. Ik kan mij niet herinneren dat ik ooit door de voordeur naar binnen ben gegaan.

Geluidsscherm

Mijn achtste huis ligt aan de drukste spoorlijn van Nederland. Op nog geen vijftien meter afstand denderden de treinen over een betonnen viaduct voorbij, dat in de jaren zestig door trotse civiel-ingenieurs was bedacht. Het uitzicht door de drie ramen op de eerste verdieping werd afgewisseld door strepen NS-geel en de Prinsenhof in Delft. Het waren oude schuiframen met enkel glas. De hele straat heeft indertijd geprotesteerd tegen het geluidsscherm dat volgens de Wet Geluidshinder gebouwd moest worden. Wij wonnen. Je woonde hier juist omdat je het heerlijk vond niet in een benauwde straat met overburen te wonen en omdat je juist over de stad kon uitkijken. Die trein nam je op de koop toe. Heel dynamisch. Het gaf me het gevoel dat je zo de trein naar Parijs kon nemen.

Dit oude herenhuis werd steeds op een andere manier gebruikt. Eerst woonden er twee gezinnen, daarna een woon-groep. Toen iedereen weer meer op zichzelf wilde wonen, werd het huis omgetoverd tot drie individuele units. Op een gegeven moment is een deel van het huis als architecten-bureau ingericht. We bleven maar verbouwen om het huis steeds aan te passen aan onze laatste inzichten en toekomst-verwachtingen.

Nomade

Mijn negende huis is een loft in Rotterdam. Ik voelde mij een nomade die vooral werkt, reist en veel in hotels verblijft. Deze loft was de ideale plek voor mij. Heel veel ruimte en wat noodzakelijke voorzieningen als een bed, een luie stoel, een tafel en een televisie. Verder was alles leeg. Eten deed ik vooral buitenshuis. De ruime Vierambachtstraat met trams en de vele soorten uitheemse winkels onderstreepte mijn vrije gevoel een metropoolbewoner te zijn.

Dutch skies

My eleventh house is a flat on the eleventh floor, with a view through nine metres of glass in Delft-Zuid. A Seventies concrete standard high-rise district which everyone who doesn't live there complains about. Nonsense. It was a wonderful apartment. A well-designed ground plan with sliding doors between the rooms. All very compact. You could connect all the rooms with one another. My oldest daughter learned to walk here. She raced through the house on her cross-bike. When we wanted to go to the slide, we took the lift down to go to the playground. The view was fabulous. Once again the luxury of no neighbours facing you, watching the sun, rain and storm passing over the Dutch landscape and making out the lighthouses of the Hook of Holland and Scheveningen on the horizon.

Bamboo screen

Now I live in my twelfth house. You can see the eleven previous ones in it. It was designed to be able to see the Dutch landscape and the Dutch skies. All the rooms are interconnected by doors that look like panels. The children bike and play all over the house. My bedroom is designed like a hotel room. There are different levels not only in the house but also in the garden. The house is a composition of different materials: natural stone, concrete, glass, steel, wood. Hard and soft, simple and expensive, but always beautiful. It is a house with a front door, a back door and even a side door. It is a house to live, work and play in. The view of the northern side of the lake gives you a sense of being on holiday. In the studio on the ground floor you are a part of a closed, balanced Japanese garden. A zinc fence reflects the waving bamboo. A small swimming pool has been made in the wooden platform above the ditch. If you pull the plug out, the water runs into the ditch. The details of the house make you feel a part of the outside world while you are inside. Only a sheet of glass protects you from rain, wind and unwanted visitors. The moving bamboo screen regulates light, sun and privacy, so that the house not only radiates an atmosphere of openness, but also creates a mood of intimacy inside.

Adventure

A total of twelve houses and a hotel. I have not described all of them. They are important to me. They make me oppose the dogmatic and no-risk way in which a single image of a house is dictated by the regulations and the market parties: a house with a garden in a residential neighbourhood. I like houses in busy, noisy and dynamic parts of the city, high-rise flats with a view that are also suitable to live in with children, lofts, apartments with big halls and above all no storm doors, residences that you can occupy in different ways each time, houses with front doors at the back, and industrial premises that can be turned into surprising homes. I love introverted and extroverted neighbourhoods, exciting and boring ones, in the city and in the suburbs. And sometimes with small, rolling hills, even if they are only a metre high.

Hollandse luchten

Mijn elfde huis is een flat op elf hoog, met glas en uitzicht over een breedte van negen meter in Delft-Zuid. Een jaren zeventig 'Jantje Beton' hoogbouwwijk waarop iedereen die er niet woont moppert. Onzin. Het was een heerlijk appartement. Een mooie plattegrond met schuifdeuren tussen de kamers. Alles compact bij elkaar. Alle ruimtes kon je met elkaar verbinden. Mijn oudste dochter leerde hier lopen. Met haar fietsje croste ze door het huis. Als we naar de glijbaan wilden namen we de lift naar beneden om naar het speeltuintje te gaan. Het uitzicht was fabuleus. Weer die heerlijke rijkdom om geen overburen te hebben, om zon, regen en storm over het Hollandse landschap te zien trekken en aan de horizon de vuurtorens van Hoek van Holland en Scheveningen te ontdekken.

Scherm van bamboe

Ik woon nu in mijn twaalfde huis. De elf vorige huizen zijn erin terug te lezen. Het is een huis ontworpen om het Hollandse landschap en de Hollandse luchten te zien. Alle kamers zijn door middel van deuren die lijken op panelen met elkaar verbonden. De kinderen fietsen en spelen door het hele huis. De ouderslaapkamer is als een hotelkamer ontworpen. Niet alleen in het huis, maar ook in de tuin zijn niveauverschillen. Het huis vormt een compositie van verschillende materialen: natuursteen, beton, glas, staal en hout. Hard en zacht, eenvoudig en kostbaar, maar altijd mooi. Het is een huis met een voordeur, een achterdeur en zelfs een zijdeur. Het is een woon-werk-recreatiehuis. Het uitzicht op het noorden over de Plas geeft je het gevoel op vakantie te zijn. In de studio op de begane grond ben je onderdeel van een besloten, uitgebalanceerde Japanse tuin. Een zinken schutting reflecteert het wuivende bamboe. In de houten vlonder boven de sloot is een klein zwembadje gemaakt. Als je de stop eruit trekt, valt het water in het water van de sloot. De detaillering van het huis maakt dat je je binnen onderdeel voelt van buiten. Slechts een plaat glas houdt regen, wind en ongewenste bezoekers tegen. Het bewegend bamboescherm regelt licht, zon en privacy, zodat het huis niet alleen een sfeer van openheid uitstraalt, maar binnen ook een sfeer van intimiteit gecreëerd kan worden.

Avontuur

Uiteindelijk zijn het twaalf huizen en een hotel. Ik heb ze niet allemaal beschreven. Ze zijn voor mij belangrijk. Ze leiden ertoe dat ik mij verzet tegen de dogmatische en risicoloze manier waarop door regels en marktpartijen een eenduidig beeld van wonen wordt gedicteerd: een huis met een tuin in een wijk. Ik houd van woningen op drukke, lawaaierige en dynamische plaatsen in de stad, van hoge flats met vergezichten die ook geschikt zijn om er met kinderen te wonen, van loft-woningen, van appartementen met grote hallen en vooral geen tochtportalen, van stadshuizen die je steeds op een andere manier kan bewonen, van huizen met 'achteromvoordeuren' en bedrijfsgebouwen die verrassende woonhuizen worden. Ik houd van introverte en extroverte wijken, spannende en saaie wijken, in de stad en aan de rand van steden. En soms met kleine, glooiende heuveltjes, die misschien maar een meter hoog zijn.

Analysis and intuition, dreams about innovation

Speech by Prof. ir Francine M.J. Houben at the 162nd Dies Natalis (anniversary) of the Technical University Delft, 9 January 2004

Analyse en intuïtie, dromen over innovatie

162e Dies Natalis, uitgesproken door Prof. ir Francine M.J. Houben aan de Technische Universiteit Delft, 9 januari 2004

Intuition

You can try to describe everything, but a lot simply has to do with intuition. The work of David Hockney has always appealed to me. In his work I sense an undogmatic and optimistic attitude to life, and the courage to experiment. Within the complicated field of force of architectural practice such an attitude is a source of energy and stamina. For architecture the combination of analysis and intuition is invaluable.[1]

'Analysis and intuition, dreams about innovation' is what the title of this address becomes. The theme of intuition in particular keeps me occupied from the moment I leave the Rector Magnificus's room. The Rector has invited me for the 162nd Dies Natalis of the TU Delft. Is intuition something vague or mysterious here at the Delft University of Technology? How has it actually developed in my own work? I'll take you along in my musings over the proposition that intuition plays a much more important role in architectural innovation and scientific development than we would generally like to acknowledge in the western tradition of our scientific methodology.

Reflections on Delft 1974–2004

I have a special bond with this university where, since 2000, I have held a chair in Architectural Design and the Aesthetics of Mobility in the Faculty of Architecture. The moment I entered the huge maquette hall of the Architecture building in 1974, I decided to study architecture in Delft. They were very nerve-wracking years of study. To be honest, I don't remember much of the lectures. I do remember cycling every day, in all weather, to the very last building on the Mekelweg. It was an inspiring time in this school building, designed by the architects Van den Broek and Bakema. It's perhaps not a beautiful building, but as a place for study, holding parties and organising exhibitions it was eminently suitable. I began to appreciate the building more and more. Eating was not done in the canteen, drawing or studying was rarely done in the study rooms. Everything took place informally at tables in the hall and in the corridors. That's where the discussions took place, that's where we talked about design, politics and music. These are the spaces that made the school a whole, made it a source of inspiration. I later used my experience of this building as an important source of inspiration in designing the concept for the Faculty of Economics and Management in the Uithof in Utrecht.

We were enterprising. If there was nothing we fancied among the available courses then we simply organised it ourselves. We sought out the teachers who inspired us and, with them, thought up the design assignments that we considered essential. The teachers I remember most are the ones who showed us everything by architects like Loos and Le Corbusier, the Smithsons and the Eameses, Jean Prouvé and Gaudi, and taught us about the famous European urban and housing traditions. We travelled around the world so we could see it all ourselves. Analysis and intuition were never dealt with in the lectures, but, depending on the teacher,

Intuïtie

Je kunt alles proberen te omschrijven, maar veel heeft gewoon met intuïtie te maken. Het werk van David Hockney heeft mij altijd aangesproken. In zijn werk bespeur ik een ondogmatische en optimistische levenshouding, en de durf om te experimenteren. Binnen het ingewikkelde krachtenveld van de architectuurpraktijk is zo'n houding een bron van energie en uithoudingsvermogen. En voor de architectuur is de combinatie van analyse en intuïtie goud waard.[1]

'Analyse en intuïtie, dromen over innovatie' wordt de titel van de rede. Vooral het onderwerp intuïtie houdt mij bezig vanaf het moment dat ik de kamer van de rector magnificus verlaat, die me heeft gevraagd voor de 162e Dies Natalis van de TU Delft. Is intuïtie iets vaags of mysterieus hier aan de Technische Universiteit Delft? Hoe heeft het zich eigenlijk in mijn eigen werk ontwikkeld? Ik neem u mee in mijn overpeinzingen over de stelling dat intuïtie een veel belangrijkere rol in de vernieuwing van de architectuur en in de ontwikkeling van de wetenschap speelt dan wij doorgaans in de westerse traditie van onze wetenschapsmethodologie willen erkennen.

Reflectie Delft 1974 – 2004

Ik heb een speciale band met deze universiteit waar ik sinds 2000 de leerstoel Architectonisch Ontwerpen en Mobiliteitsesthetiek aan de Faculteit voor Bouwkunde bekleed. Het moment dat ik in 1974 de immense maquettehal van het gebouw voor Bouwkunde betreed, besluit ik in Delft architectuur te gaan studeren. Het wordt een zeer enerverende studententijd. Eerlijk gezegd zijn de colleges mij niet zo bijgebleven. Ik herinner mij elke dag door weer en wind te fietsen naar het allerlaatste gebouw aan de Mekelweg. Het is een inspirerende tijd in dit onderwijsgebouw ontworpen door de architecten Van den Broek en Bakema. Het is misschien geen mooi gebouw, maar om er te studeren, feesten te houden en tentoonstellingen te organiseren is het uitermate geschikt. Ik ga het gebouw steeds meer waarderen. Er wordt niet in de kantine gegeten, er wordt nauwelijks op de studiezalen getekend of gestudeerd. Alles vindt informeel plaats aan tafels in de hal en in de gangen. Dáár vinden de discussies plaats, dáár wordt over ontwerpen, politiek en muziek gesproken. Dat zijn de ruimtes die van de school een geheel, een inspiratiebron maken. De ervaring van dit gebouw gebruik ik later als een belangrijke inspiratiebron voor het ontwerpconcept voor de Faculteit voor Economie en Management in de Uithof in Utrecht.

We zijn ondernemend. Als er bij het onderwijsaanbod niets van onze gading is dan organiseren we het gewoon zelf. We zoeken de docenten op die ons inspireren en bedenken met hen ontwerpopgaven die we essentieel vinden. Die docenten zijn mij bij gebleven die ons alles laten zien van de architecten Loos en Le Corbusier, The Smithsons en Eames, Jean Prouvé en Gaudi, en ons onderwijzen in de beroemde Europese stedenbouw- en woningbouwtraditie. We reizen de hele wereld af om het allemaal zelf te kunnen zien. In colleges wordt niet over analyse en intuïtie gesproken. Bij de ontwerpprojecten wordt, afhankelijk van de docent, meer of minder

intuition was to a greater or lesser extent allowed or stimulated through the design projects. Our quest was for urban renewal, the renewal of housing and the architectural imagination that goes with it: that's the innovation that was the social issue at the time! Every age has its own innovation question.

In 1980 I won, together with Henk Döll and Roelf Steenhuis, the competition for young people's housing on the Kruisplein.[2] The competition epitomised the great need for innovative housing in a prominent urban renewal location in Rotterdam. In 1984, after the specifications and working drawings were ready, the construction of the large complex in the centre of Rotterdam was underway and my own office, Mecanoo architecten, had already gotten off to a successful start. I just had time to graduate as a construction engineer, the title given to an architect.

Architecture as hobby

At that time the Delft University of Technology was a campus with each faculty and its students confined to its own building, its own restaurant, its own library and its own discipline. Students from other faculties seemed to think that they were doing real studies and that we – architecture students – were just hobbyists and perhaps didn't even really belong to the university.

These Delft 'hobbyists' went far: in a very short time Delft produced a relatively large number of architects with international reputations and Dutch architecture became known around the world as innovative. Apart from Mecanoo, I could name Benthem and Crouwel, Neutelings and Riedijk, Christiaanse, Van Egeraat, MVRDV, DKV, Spuybroek, Van Dongen, Oosterhuis and many others in their wake.

In practice, unlike at the university, we appeared to collaborate surprisingly productively with all the other engineers, such as structural engineers, installation consultants, energy experts, building managers and builders, and this enabled us to imagine and realise the most fantastic projects. The architect mainly plays a leading and coordinating role in an organised, multidisciplinary design process, whereby each person contributes his knowledge and then build on this together. The Delft University of Technology Library, an innovative building using grass and glass and with sophisticated eco-technology, is a good example of this.

In 1999, partly on the basis of this experience, I introduced the term 'Integral Art of Construction'. There were opportunities for interesting and valuable developments in architecture in places where the current fragmented design and building practice was broken through. A surprising combination of disciplines led to inventiveness and new insights.[3] In 2001 this integral art of construction became one of the guiding principles for the design of the new campus of the Delft University of Technology, the heart of the campus being formed by two organic buildings with collective facilities where students and staff from different faculties can meet. The faculties' teaching and research buildings are situated around these in a rational grid structure.[4]

intuïtie bij het ontwerpen toegelaten of gestimuleerd. We zijn op zoek naar de vernieuwing van de stad, de vernieuwing van de woningbouw en de architectonische verbeeldingskracht die daarbij hoort: dát is de innovatie die op dat moment maatschappelijk aan de orde is! Elke tijd kent zijn eigen innovatieopgave.

In 1980 win ik samen met Henk Döll en Roelf Steenhuis de prijsvraag Jongerenhuisvesting Kruisplein.[2] Het is de prijsvraag die symbool staat voor die broodnodige innovatie van de woningbouw op een prominente stadsvernieuwingslocatie in Rotterdam. In 1984 heb ik pas tijd om af te studeren als bouwkundig ingenieur, zoals de titel voor architect luidt, nadat bestek en werktekeningen klaar zijn, de bouw van het grote complex in het centrum van Rotterdam in volle gang is en het eigen bureau Mecanoo architecten reeds een succesvolle start heeft.

Bouwkunde een hobby

De Technische Universiteit Delft is in die tijd een campus, waarbij elke faculteit met zijn studenten opgesloten zit in zijn eigen gebouw, in zijn eigen restaurant, in zijn eigen bibliotheek en in zijn eigen discipline. Studenten van de andere faculteiten geven mij het idee dat zij een echte studie doen en dat wij - bouwkundestudenten - een hobby hebben en misschien zelfs wel niet aan de universiteit horen.

Die Delftse hobbyisten schoppen het later ver: Delft brengt in korte tijd een relatief groot aantal architecten voort met internationaal aanzien en de Nederlandse architectuur wordt wereldwijd als innovatief beschouwd. Ik noem naast Mecanoo: Benthem en Crouwel, Neutelings en Riedijk, Christiaanse, Van Egeraat, MVRDV, DKV, Spuybroek, Van Dongen, Oosterhuis en in hun kielzog nog vele anderen.

In de praktijk blijken wij - in tegenstelling tot op de universiteit - verrassend productief samen te werken met al die andere ingenieurs, zoals constructeurs, installatieadviseurs, energiedeskundigen, bouwmanagers en bouwers, en zijn wij in staat de meest fantastische projecten samen te bedenken en te realiseren. De architect speelt veelal een leidende en coördinerende rol in een georganiseerd, multidisciplinair ontwerpproces, waarbij ieder zijn kennis inbrengt en daar gezamenlijk op voortbouwt. De TU-Bibliotheek in Delft, een innovatief gebouw van gras en glas met een uitgekiende ecotechnologie, is daar een goed voorbeeld van.

In 1999 introduceer ik mede gebaseerd op deze ervaring het begrip 'Integrale Ingenieurskunst'. Interessante en waardevolle ontwikkelingen in de architectuur krijgen een kans op die plaatsen waar de huidige gefragmenteerde ontwerp- en bouwpraktijk wordt doorbroken. Een verrassende combinatie van disciplines leidt tot inventiviteit en nieuwe inzichten.[3] In 2001 wordt deze integrale ingenieurskunst een van de leidende motieven voor het ontwerp van de nieuwe campus van de Technische Universiteit Delft, waarbij het hart van de campus wordt gevormd door twee organische gebouwen met collectieve voorzieningen waar studenten en staf van de verschillende faculteiten elkaar kunnen ontmoeten. De onder-

Logic dominant

From these musings about my Delft experiences, back to analysis and intuition. That analysis is an important means of attaining results may be obvious at a university where reason, methodology, technology, mathematics, numbers, in short logic, seem to be the dominant tradition. Intuition only appears to play an acknowledged role with artists. Western culture is dominated by the separation between art and science. Science is not artistic and art not scientific. And while art studies were originally deliberately included in the universities, architecture invented the hybrid term 'research by design' in order to justify itself scientifically and to continue being part of the university.[5] Attempts were made to place design phases in a logical process and to justify everything on the basis of functional considerations. Notions like emotion and aesthetics are difficult to express in words; there is still a prevalent dogma that aesthetics has no function.

Should purely technical studies ignore such things as intuition and emotion? No, you would say if you look at history. Fifty years ago the Groningen physicist Frits Zernicke was awarded the Nobel Prize for physics for a mental leap that led to the invention of the phase contrast microscope. This chance discovery became the basis for modern biology. "The limits of the human mind are amazing; it quickly takes over ideas from others, but sees new connections only very slowly", said Zernicke in 1953 in his Nobel speech about the mental leap he had made in 1930.[6] Many scientific and artistic discoveries are made by chance. Think of Fleming's penicillin, Röntgen's rays. Science has never been built on logic alone, but has always allowed the gift of intuition.

Innovation

In the Netherlands the call for innovation is high on the agenda of the business world, the universities and politics. With sufficient experience, knowledge, expertise and analytical capacity, intuition is, in addition to analysis, essential for exploring the future and for innovation. This in combination, of course, with a social vision and a future in which technology will have more and more influence on our daily lives. If we perform well as engineers, then it is extremely pleasant and comfortable for society. Innovation has to do with the power of the imagination and is inextricably connected with inspiration and intuition. In contrast to earlier times, when it could still be said that there was often an individual process of innovation – the brilliant inventor – the modern approach has become a multidisciplinary process that, when possible, proceeds according to a rigid, controlled plan with occasional bursts of acceleration and slowing down. And intuition, I would argue, is part of this.

Intuition

What is intuition actually? According to the dictionary, it is the apprehension of a truth not based on reasoning. Or: insight without thinking; the ability to sense immediately. To this I would add four examples:

---

wijs- en onderzoeksgebouwen van de faculteiten liggen er in een rationele gritstructuur omheen.[4]

Logica dominant

Van deze overpeinzingen over mijn Delftse ervaringen terug naar analyse en intuïtie. Dat analyse een belangrijk middel is om tot resultaat te komen, mag voor de hand liggen aan een universiteit waar traditioneel de ratio, de methodologie, de techniek, de wiskunde, de cijfers kortom de logica lijkt te domineren. Intuïtie lijkt alleen een erkende rol bij kunstenaars te spelen. Binnen de westerse cultuur is de scheiding tussen kunst en wetenschap dominant. Wetenschap is niet artistiek en kunst niet wetenschappelijk. En dat terwijl oorspronkelijk de kunstopleidingen bewust in de universiteiten waren opgenomen. Bouwkunde bedenkt als tussenvorm 'research by design' om zich wetenschappelijk te kunnen verantwoorden en om bij de universiteit te blijven horen.[5] Men probeert ontwerpstappen in een logisch proces te plaatsen en alles uit functionele overwegingen te verantwoorden. Men heeft moeite begrippen als emotie en esthetiek onder woorden te brengen, er heerst immers het dogma dat esthetiek geen functie heeft.

Zouden de puur technische opleidingen zaken als intuïtie en emotie willen ontkennen? Nee zou je zeggen als je in de geschiedenis duikt. De Groningse fysicus Frits Zernicke kreeg vijftig jaar geleden de Nobelprijs voor de Natuurkunde voor een gedachtesprong, die leidde tot de uitvinding van de fasecontrast-microscoop. Deze toevallige vinding werd de basis voor de moderne biologie. "Verbazend zijn de beperkingen van de menselijke geest, die snel ideeën van anderen overneemt, maar slechts heel traag nieuwe verbanden ziet", sprak Zernicke in 1953 bij de Nobellezing over de gedachtesprong die hij al in 1930 maakte.[6] Veel wetenschappelijke en artistieke vondsten zijn op intuïtieve wijze gedaan. Denk aan de penicilline van Fleming, de stralen van Röntgen. De wetenschap heeft nooit alleen op logica gebouwd, maar ook altijd de gave van de intuïtie toegelaten.

Innovatie

De roep om innovatie staat in Nederland hoog op de agenda van het bedrijfsleven, van de universiteiten en van de politiek. Bij voldoende ervaring, kennis, vakmanschap en analytisch vermogen is intuïtie naast analyse essentieel voor het exploreren van de toekomst en voor innovatie. Dit uiteraard in combinatie met een maatschappelijke visie en een toekomst waarin de techniek steeds meer invloed zal hebben op ons dagelijks leven. Als we het als ingenieurs goed doen, is dat buitengewoon prettig en comfortabel voor de samenleving. Innovatie heeft met verbeeldingskracht te maken en is onlosmakelijk verbonden met inspiratie en intuïtie. In tegenstelling tot vroeger waar vaak nog sprake was van een individueel innovatieproces - de geniale uitvinder - is de moderne benadering een multidisciplinair proces, dat als het even kan, volgens een strakke, beheerste planning verloopt met sprongen van versnelling en vertraging daarin. En intuïtie hoort daarbij, wil ik beweren.

Through his undogmatic attitude to life and his courage to experiment, the British painter David Hockney creates a lot of space for intuition in his work.

The internationally renowned Dutch mathematician Prof. N.G. de Bruijn (in 1946 appointed as the first professor in applied mathematics in Delft) regarded intuition as the unconscious, the experiences you've gone through earlier in your life, in your youth perhaps, which later come up again and lead to unexpected combinations. De Bruijn acknowledged the important role played by intuition in major developments in information science.[7]

Herbert Simon, winner of the Nobel Prize for economics in 1978, proposed that intuition is not a mystery and that it is possible to develop and stimulate your intuition. The more experience, skill and expertise you gain, the more space is freed up in your head for intuition.

The computer in any case still has no intuition. But the race is on to develop search engines that can make intuitive combinations.

Practical experience

As a professor of practice one of your tasks is to reflect upon your own experience. For this lecture, I have tried to analyse how intuition played a role in three projects.

Delft University of Technology Library

On starting the project I dreamt of a building with books, books and even more books and magnificent, circular reading rooms. A building where you can see, feel and smell books. The gulf between dream and reality turns out to be vast: according to the brief, all the books are placed in a depot. Only when you request a book by computer do you get it in your hands. We seem to be on the verge of a library without books. When I walked across the site I realised that in my student days there was a lot of grumbling in the University quarter. It was too windy, it was unsociable, the buildings were too modern and there were too few female students. I didn't think the buildings were so ugly. The teachers said, "Just wait till the trees have grown. Then it'll be something".

Twenty years later the trees had indeed grown. Yet the quarter has not changed fundamentally in those twenty years. I wanted to bring a campus feeling to the University quarter. I dreamt of sloping lawns, solitary trees, blossom, diagonal paths. I wanted a campus where old and new buildings stand, an area where you can take a break from study and enjoy sitting outdoors. But that auditorium by Van den Broek and Bakema radiated inviolability, tolerating no building next to it. It looks like a spaceship, descending on an unearthly Mars. It is a brutalist, concrete building on a concrete base. The form of the building was a bit like a frog. My first thought was that the frog needs grass.

Intuïtie

Wat is intuïtie eigenlijk? Volgens Van Dale: onmiddellijke, niet op redenering berustende overtuiging van een waarheid. Of: inzicht zonder nadenken; vermogen tot snel aanvoelen.

Ik voeg hier vier invalshoeken aan toe.

De Britse schilder David Hockney schept door zijn ondogmatische levenshouding en zijn durf om te experimenteren veel ruimte voor intuïtie in zijn werk.

De internationaal vermaarde Nederlandse wiskundige prof. N.G. de Bruijn (in 1946 benoemd in Delft als eerste hoogleraar in de toegepaste wiskunde) beschouwt intuïtie als het onbewuste, de ervaringen die je eerder in je leven - misschien in je jeugd - hebt meegemaakt, die later weer boven komen en waarmee je onverwachte combinaties gaat maken. De Bruijn erkent de belangrijke rol van intuïtie bij de grote ontwikkelingen in de informatica.[7]

Herbert Simon, die in 1978 de Nobelprijs voor de economie ontving, stelt dat intuïtie geen raadsel is en dat je intuïtie kan ontwikkelen en stimuleren. Naarmate je meer ervaring, vakmanschap en expertise hebt ontwikkeld, komt er in je hoofd meer ruimte voor intuïtie vrij.

De computer kent in ieder geval nog geen intuïtie. Maar men is hard op weg zoekmachines te ontwikkelen, die intuïtieve combinaties kunnen maken.

Praktijkervaring

Als praktijkhoogleraar heb je onder andere als taak om op je eigen ervaring te reflecteren. Speciaal voor deze lezing heb ik geprobeerd te analyseren hoe intuïtie een rol heeft gespeeld in een drietal projecten.

Bibliotheek Technische Universiteit Delft

Bij het starten van het ontwerp droom ik van een gebouw met boeken, boeken en nog eens boeken en van prachtige, ronde leeszalen. Een gebouw waar je de boeken kan zien, voelen en ruiken. De kloof tussen droom en werkelijkheid blijkt groot: volgens het programma van eisen worden alle boeken in een magazijn opgesteld. Alleen als je een boek per computer opvraagt, krijg je het overhandigd. Het beeld van een bibliotheek zonder boeken lijkt nabij. Als ik over de locatie loop realiseer ik mij dat in mijn studententijd veel op de TU-wijk werd gemopperd. Het waait er teveel, het is er ongezellig, de gebouwen zijn te modern en er zijn maar weinig vrouwelijke studenten. De gebouwen zijn nog zo lelijk niet, denk ik. De docenten zeggen "Wacht maar tot de bomen gegroeid zijn. Dan wordt het wel wat."

Twintig jaar later zijn de bomen inderdaad gegroeid. Toch is de wijk in die twintig jaar niet fundamenteel veranderd. Ik wil een campusgevoel in de TU-wijk brengen. Ik droom van glooiende grasvelden, solitaire bomen, bloesem, diagonale paden. Ik wil een campus waarop oude en nieuwe gebouwen staan, een gebied waar je tussen het studeren door even

The auditorium, the frog, is set onto a large field of grass. We lifted up one edge of the grass field like a sheet of paper, put columns under it and filled the elevations with glass: a building of grass and glass. A building that doesn't want to be a building, but a landscape that you can walk across, or sit in the grass and read a book. As a contrast in the landscape there comes a cone, a form determined by constructive logic. The cone as a symbol of technology, but also of peace and contemplation. Like a pushpin it pins down the 'endless form of the landscape'.

I find it moving to see all these students sitting in and on the building: at last, a campus feeling in Delft as well as a place where students from all disciplines come together.

I now realise that I would not have been able to design this building without the experience of my own time as a student in Delft. I also realise that I couldn't have thought it up in my student days. As Simon says: because of a logical lack of professional knowledge and experience at that time. Of course you can also see limited professional knowledge and experience in our first building, the young people's housing project on the Kruisplein in Rotterdam. It remains somewhat stiff and I see it more as a realised maquette. The language of forms is still restricted to the modernism that we learned from our teachers. There was hardly any room for intuition; we had our hands and head full just to get the project done.

Chapel Saint Mary of the Angels, Rotterdam

It is November 1998 and I'm about to leave for Venice. The telephone rings and it's Father Joost de Lange on the line, asking if I would perhaps like to design a chapel for a cemetery. It has to be ready for use in the year 2000.

He doesn't want to tell me the location yet. We make an appointment for after my return. In Venice the request doesn't leave me alone: a chapel for the year 2000! I'm there with the art historian Jan van Adrichem, who acts as my guide for three days, taking me to the many chapels and churches in Venice, talking about Byzantine Gothic, early and high Renaissance, Baroque and Rococo, about Titian's paintings with their dramatic light effects, about the fourteen stations of the Cross and the Maria Chapel. I study the floor plans and the light. In every chapel I sit for a while dreaming. What atmosphere do I want to achieve? What do I see as specific about a funeral ceremony?

After three days the architecture historian asked me with a smile how my chapel will look. I was cautious but very determined in my answer. "I have a dream that is not yet complete, because the location is lacking, but I know the ingredients. It should be a jewel case, with a large expressive roof, a golden sky and a beam of light. I'm thinking of a blue, continuous, narrative wall. And the chapel will be part of a route, which is itself part of a ceremony. A ceremony of standing still, reflecting and then continuing again, to sym-

---

lekker buiten kan gaan zitten. Maar die aula van Van den Broek en Bakema straalt onaantastbaarheid uit en verdraagt geen ander gebouw naast zich. Het lijkt op een ruimteschip, neergedaald op het onaardse Mars. Het is een brutalistisch, betonnen gebouw op een betonnen grondvlak. De vorm van het gebouw heeft iets weg van een kikker. Mijn gedachte was: de kikker heeft gras nodig.

De aula, de kikker, wordt op een groot grasveld gezet en als een velletje papier tillen we het grasveld aan een kant op, zetten er kolommen onder en vullen de gevels met glas: een gebouw van gras en glas. Een gebouw dat geen gebouw wil zijn, maar een landschap, waar je overheen kan lopen, in het gras kan zitten en een boek lezen. Als contrast in het landschap komt er een kegel, een vorm bepaald door constructieve logica. De kegel als symbool van techniek, maar ook van rust en contemplatie. Als een punaise pint hij de 'oneindige vorm van het landschap' vast.

Voor mij is het ontroerend als ik al die studenten in en op het gebouw zie zitten: eindelijk een campusgevoel in Delft en tevens een plek waar de studenten van alle disciplines bij elkaar komen. Nu realiseer ik mij nu dat ik dit gebouw zonder de ervaring van mijn eigen Delftse studententijd niet had kunnen ontwerpen. Ik realiseer mij ook dat ik het niet in mijn studententijd had kunnen bedenken. Om met Simon te spreken: wegens een logisch gebrek aan vakkennis en ervaring toen. De beperkte vakkennis en ervaring kan je natuurlijk ook aflezen aan ons eerste gebouw, de Jongerenhuisvesting aan het Kruisplein in Rotterdam. Het is nog wat houterig, ik beschouw het meer als een gerealiseerde maquette. De vormentaal beperkt zich nog

tot het modernisme dat we van onze docenten geleerd hebben. Ruimte voor intuïtie was er nauwelijks, we hadden onze handen en ons hoofd vol om het project voor elkaar te krijgen.

Kapel Heilige Maria der Engelen, Rotterdam

Het is november 1998 en ik sta op het punt naar Venetië te vertrekken. De telefoon gaat en ik heb pastoor Joost de Lange aan de lijn met de vraag of ik misschien een kapel wil ontwerpen voor een begraafplaats. In het jaar 2000 moet hij in gebruik worden genomen. De locatie wil hij nog niet vertellen. We maken een afspraak voor na mijn terugkomst. In Venetië laat de vraag mij niet los: een kapel voor het jaar 2000! Ik ben er met kunsthistoricus Jan van Adrichem. Vervolgens voert hij mij drie dagen langs de vele kapellen en kerken van Venetië. Hij vertelt over de Byzantijnse Gotiek, vroege en hoge Renaissance, Barok en Rococo, over de schilderijen van Titiaan met hun dramatische lichteffecten, over de veertien staties en de Mariakapel. Ik bestudeer de plattegronden en het licht. In elke kapel blijf ik dromend zitten. Welke sfeer wil ik bereiken? Wat is voor mij het specifieke van een begrafenisceremonie?

Na drie dagen vraagt de architectuurhistoricus mij lachend hoe mijn kapel eruit gaat zien. Ik ben voorzichtig, maar heel beslist in mijn antwoord. "Ik heb een droom die nog niet compleet is, want de locatie ontbreekt, maar de ingrediënten weet ik. Het moet een juwelendoosje worden, met een groot expressief dak, een gouden hemel en een lichtstraal. Ik denk

bolise life going on. I don't want the chapel to be a dead end. And it should feel intimate, whether it's for ten or a hundred people".

Immediately upon my return I met the pastor and his board at the bishopric. Spontaneously I told them about my Venetian dream.

Afterwards I visited the Roman Catholic cemetery for the first time. I went through a wall with a gatehouse and entered an atmosphere of mortality, old trees and graves. In the centre there's a chapel about to collapse and along the edge a dilapidated arcade. In the gatehouse hang photographs of another chapel. I was curious about the history. It appeared that in 1869 there was a Neo-Gothic chapel there. This chapel began to lean and sink into the soft Rotterdam subsoil and the decision was made to demolish it. In 1963 a new chapel was built on the vaulting of the old chapel: a building in the form of a large Indian teepee, covered with copper, with a clock in the peak. Would you believe it, this second chapel also suffered from problems with the foundations, with the threat again of collapse, and the building had to be demolished.

The third chapel, based on my Venetian dream, has been built on top of the remains of the first chapel. Although the builder is convinced that the foundations of the first chapel can be used, the governors decide for emotional reasons to make new foundations. In the clocktower we hang the clock from the second chapel.

I now realise that I could not have designed the chapel without my own Catholic background. I had no need to go into Catholic ideas and ceremonies, for I already knew them unconsciously. My head was completely free; I didn't even have the ballast of knowing the location. This fact, combined with the trip to Venice and the presence of the art historian, was what made the dream possible. At the consecration of the chapel, the Bishop of Rotterdam, Van Luyn, smiled when he called this experience a vision.

Tall Jan and Tall Lies, Heerlen

On the 18th of December 2002 I took photographs from the car on the way to Heerlen. We had been invited to enter a competition to design the tallest housing block in Heerlen, intended to be a new icon for the city. I come from the Limburg landscape with its rolling hills and solitary trees. I was born in Sittard and spent my childhood in Heerlen – at that time the fastest growing city in the Netherlands – in a beautiful neighbourhood with a tactile and optimistic architecture. Our family left Heerlen in 1963, just before the decline of the mines.

Our design shows Tall Jan and Tall Lies, once the two tallest chimneys in Heerlen, dancing together on the city's most important square, right next to the Municipal Theatre designed by the architect Peutz. Tall Jan and Tall Lies touch each other in their dance, so that the form of the building is reminiscent of a cooling tower. Where the two towers touch each other the elevator shaft of one tower changes over to

---

aan een blauwe, continue, verhalende wand. En de kapel wordt onderdeel van een route die zelf weer onderdeel van een ceremonie is. Een ceremonie van stilstaan, reflectie én vervolgens weer doorgaan, als symbool van het leven dat doorgaat. Ik wil géén doodlopende kapel. En het moet er intiem zijn, of het nu voor tien of honderd mensen is." Meteen na terugkomst ontmoet ik op het bisdom de pastoor en zijn bestuur. Spontaan vertel ik hen mijn Venetiaanse droom.

Vervolgens bezoek ik voor het eerst de rooms-katholieke begraafplaats. Ik ga door een muur met een poortgebouw en kom in een sfeer van vergankelijkheid, oude bomen en graven. In het midden staat een kapel op instorten, langs de rand een bouwvallige arcade. In het poortgebouw hangen vergeelde foto's van een andere kapel. Ik word nieuwsgierig naar de geschiedenis. In 1869 blijkt er al een neogotische kapel te zijn geweest. De kapel zakte scheef weg in de zachte Rotterdamse ondergrond en er werd tot sloop besloten.

In 1963 wordt op de gewelven van de oude kapel een nieuwe gebouwd: een gebouw in de vorm van een grote indianentent, bedekt met koper, met in de nok een klok. Het is niet te geloven, maar ook deze tweede kapel krijgt funderingsproblemen. Weer dreigt instortingsgevaar en ook deze kapel moet worden afgebroken.

De derde kapel gebaseerd op mijn Venetiaanse droom wordt boven op de restanten van de eerste kapel gezet. Hoewel de constructeur ervan overtuigd is dat de fundering van de eerste kapel gewoon kan worden gebruikt, besluit het bestuur

op emotionele gronden tot een nieuwe fundering. In de klokkentoren hangen we de klok van de tweede kapel.

Nu realiseer ik mij dat ik deze kapel niet zonder mijn eigen katholieke achtergrond had kunnen ontwerpen: in het gedachtegoed van het geloof en de ceremonies heb ik mij niet hoeven te verdiepen, onbewust kende ik die. Mijn hoofd was volkomen vrij, ik had zelfs de ballast van het kennen van de locatie niet. Dit gegeven in samenhang met de combinatie met de reis naar Venetië, en de aanwezigheid van de kunsthistoricus maakte deze droom mogelijk. De bisschop van Rotterdam, Van Luyn, noemde deze ervaring bij de inzegening van de kapel glimlachend een visioen.

Lange Jan en Lange Lies, Heerlen

Op 18 december 2002 maak ik foto's uit de auto op weg naar Heerlen. We zijn uitgenodigd voor een competitie om het hoogste woongebouw van Heerlen te ontwerpen, dat een nieuw icoon voor de stad moet worden. Ik kom uit het Limburgse landschap met zijn glooiende heuvels en solitaire bomen. Ik werd geboren in Sittard en woonde als kind in Heerlen - in die tijd de snelst groeiende stad van Nederland - in een mooie wijk met een tactiele en optimistische architectuur. Ons gezin vertrok in 1963 uit Heerlen net voor de teloorgang van de mijnen.

In ons ontwerp dansen Lange Jan en Lange Lies, ooit de twee hoogste schoorstenen van Heerlen, samen op het belangrijkste plein van de stad, direct naast de Stadsschouwburg van

the other. This forms the basis for a lucid and logical layout for the floor plan: two types of apartments, which can be made larger or smaller by shifting the floor plan in relation to the elevator shaft. The two towers have 31 and 25 floors respectively and a height of more than 100 metres.

The jury expressed a preference for our design because of its idiosyncrasy and the reference to Heerlen's mining past. In their opinion, the design fulfilled, in a masterly way, the wish to provide Heerlen with a new icon. The metaphor of Tall Jan and Tall Lies gave the design an original place-bound aura, in which the population can also recognise the history of the mining past.

Looking back, I now know how it works: as an office we have a lot of technical knowledge and experience with highrise buildings. So I don't have to engross myself in that. This knowledge and experience give me the freedom, as De Bruijn says, to make unexpected combinations with my childhood memories. Essential to this is also that I know Heerlen from its optimistic time and have only visited the city sporadically since then. I cannot and will not make the design refer to the depressing time which the city has also known.

Analysis

In the three designs I have shown you, intuition played an important role. Intuition is only a small moment, of course, compared to the many years that are needed with a multidisciplinary team to get a project realised. Another condition

is that the client believes in the plan.

It is certainly not the case that intuition plays an important role in every design. There are many assignments where you produce a design simply by analysing the brief well and complying with what is asked for. An intuitive moment rarely occurs when the brief does not lend itself to it. These are perhaps the most common cases. I'll give you two examples, both of them in Switzerland.

World Health Organization headquarters, Geneva

The World Health Organization has its headquarters in Geneva. It wanted a new building designed for ONUSIDA – which is concerned with the worldwide fight against AIDS – and for its own expansion. In 2002 ten international architects were invited and each received a detailed brief. Two themes were important: the creation of a comfortable work environment for the personnel and to make a building designed to last. The location for the new building is precisely opposite the present headquarters, designed by Tschumi, in park-like surroundings with villas. For the inhabitants of the neighbourhood it was important that the trees are preserved. The client indicated a rectangular envelope within which the design was to be realised.

I am aware that a design for a well-detailed 'box', as architects call a rectangular volume, fits the present Swiss architectural climate. But my analysis was: if you want to spare the trees,

architect Peutz. Lange Jan en Lange Lies raken elkaar in hun dans, waardoor de vorm van het gebouw ook aan een koeltoren doet denken. Waar beide torens elkaar raken, gaat de liftschacht van de ene toren over in de andere. Dit vormt de basis voor een heldere en logische opzet van de plattegrond: twee woningtypes, die door het verschuiven van de plattegrond ten opzichte van de liftschacht groter dan wel kleiner zijn. De twee torens tellen respectievelijk 31 en 25 verdiepingen en hebben een hoogte van ruim 100 meter.

De jury spreekt haar voorkeur uit voor ons ontwerp vanwege de eigenzinnige architectuur en de referentie aan het Heerlense mijnbouwverleden. Het ontwerp voldoet naar hun mening op meesterlijke wijze aan de wens om Heerlen een nieuw icoon te geven. De metafoor van Lange Jan en Lange Lies geeft het ontwerp een originele plaatsgebonden uitstraling, waarin de bevolking ook de geschiedenis van het mijnverleden kan herkennen.

Nu ik terugblik weet ik hoe het werkt: als bureau hebben wij veel technische kennis en ervaring met hoogbouw. Dus daar hoef ik mij niet in te verdiepen. Deze kennis en ervaring geven mij de vrijheid om, zoals De Bruijn zegt, onverwachte combinaties te maken met mijn jeugdherinneringen. Essentieel daarin is ook dat ik het Heerlen uit de optimistische tijd ken en slechts sporadisch de stad daarna heb bezocht. Ik kan en wil met het ontwerp niet refereren aan de depressieve tijd, die de stad ook gekend heeft.

Analyse

Bij de drie ontwerpen die ik u liet zien, speelde intuïtie een belangrijke rol. Intuïtie is natuurlijk maar een klein moment vergeleken met het jarenlange traject, dat je vervolgens met een multidisciplinair team nodig hebt, om het werk te realiseren. Voorwaarde is ook dat een opdrachtgever in het plan geloofd.

Het is zeker niet zo dat bij alle opgaven intuïtie een belangrijke rol speelt. Er zijn veel opgaven waarbij je tot een ontwerp komt door gewoon het programma van eisen goed te analyseren en te beantwoorden aan wat er gevraagd wordt. Een intuïtief moment komt er nauwelijks in voor, omdat de opgave er zich niet voor leent. Misschien zijn dit wel de meest voorkomende opgaven. Ik geef u hiervan twee recente voorbeelden, beide in Zwitserland.

Hoofdkantoor Wereldgezondheidsorganisatie, Genève

De Wereldgezondheidsorganisatie heeft haar hoofdkantoor in Genève. Zij wil voor ONUSIDA - die zich wereldwijd bezighoudt met de bestrijding van AIDS - en voor haar eigen uitbreiding een nieuw gebouw laten ontwerpen. Tien internationale architecten worden in 2002 uitgenodigd en krijgen een gedetailleerd programma van eisen. Twee thema's zijn daarin belangrijk: het creëren van een comfortabele werkomgeving voor het personeel en het maken van een duurzaam gebouw. De locatie van de nieuwbouw ligt precies tegenover het huidige hoofdkantoor, ontworpen door de

why not make a building that winds precisely between the trees? And so it was decided. We designed a building that entered into a relationship with the surrounding greenery. The new office, with a long, organically designed glass facade, winds freely through the greenery. The reflection of the surrounding greenery in the glass makes the building and the park become one. A relationship is created from outside to inside, as well as from inside to outside. People inside the building remain constantly involved with the garden outside. The building's skin is constructed from two glass facades, which function as a so-called climate facade. In the winter the air between the two facades is warmed up and used to heat the office spaces by means of natural ventilation. In the summer the buffer space is used to extract warm air from the offices. In addition, direct sunlight boosts the air extraction, thereby creating a cooler indoor climate in the offices. The four floors of offices, with the office programme precisely incorporated in a logical way, are situated above a set back ground floor in which all the communal functions are assembled. This floor is connected via a sloping line with the entrance to the World Health Organisation headquarters.

Our plan won the first prize, but we had to share it with an Austrian office that designed a beautifully detailed box. This office was awarded the job of elaborating the plan.

We had exceeded the building envelope somewhere by a few centimetres. Painful, because in the Netherlands that would have been no problem at all, but in Switzerland it was taboo. Apparently we had too little experience with Swiss culture.

Novartis, Basel

In 2003 we were once again invited for a competition in Switzerland. The pharmaceutical firm Novartis asked five international architects to design an innovative laboratory with a knowledge centre. It had to fit within the new urban development plan for the next 35 years for this large international firm's campus in Basel. The location was again a rectangular building envelope. After our experience in Geneva we decided to follow the envelope exactly.

We carefully analysed the brief and the ideological wishes of Novartis's board of directors. It was meant to become an international laboratory for highly innovative research.

The board of directors spoke about people being able to meet each other in the corridors, about the possibility of open offices, about a warm and human building; a building that reflects the change that the Novartis company has undergone – from a chemical firm to a company involved with research into products to make people better worldwide. Art and the use of natural materials are meant to play an important role in the building.
All these ingredients were included in our design for the building. The laboratories are located in a logical, rational way in relation to each other. The offices are within walking distance of the laboratories in a more playful manner so that visual contact is possible between the floors, even through to the knowledge centre. We followed and interpreted the brief exactly. The moment the five architects

architect Tschumi, in een parkachtige omgeving met villa's. Belangrijk voor de bewoners uit de buurt is dat de bomen gehandhaafd blijven. De opdrachtgever heeft een rechthoekige envelop aangegeven waarbinnen het ontwerp gerealiseerd moet worden.

Ik realiseer mij dat een ontwerp als een goed gedetailleerde 'doos', zoals architecten een rechthoekig volume noemen, in het huidige Zwitserse architectonische klimaat past. Maar mijn analyse is: als je de bomen wilt sparen, waarom maak je dan niet een gebouw dat precies tussen de bomen doorslingert? En aldus wordt besloten. We ontwerpen een gebouw dat een relatie aangaat met het omringende groen. Het nieuwe kantoor, met een lange, organisch vormgegeven glasfaçade, slingert zich vrij tussen het groen door. Door de reflectie van het omringende groen in het glas worden het gebouw en het park een geheel. Er ontstaat een relatie van buiten naar binnen, maar ook van binnen naar buiten. Wie zich in het gebouw bevindt blijft voortdurend betrokken bij de tuin buiten.

De huid van het gebouw is opgebouwd uit twee glasgevels, die functioneren als een zogenaamde klimaatgevel. In de winter wordt de lucht tussen de twee gevels opgewarmd en gebruikt om de kantoorruimten, door middel van natuurlijke ventilatie, bij te verwarmen. In de zomer wordt de bufferruimte gebruikt om de warme lucht uit de kantoorruimten af te voeren. Daarnaast versterkt de zoninstraling deze luchtafvoer, waardoor een koeler binnenklimaat in de kantoorruimten ontstaat. De vier kantooretages, met daarin op logische wijze precies het kantoorprogramma verwerkt, bevinden zich boven een

verdiepte, begane grond, waarin alle gemeenschappelijke functies zijn verzameld. Deze verdieping is via een glooiende lijn verbonden met de ingang van het hoofdkantoor van de Wereldgezondheidsorganisatie.

We winnen de eerste prijs met ons plan, maar moeten die delen met een Oostenrijks bureau, dat een mooi gedetailleerde doos heeft ontworpen. De opdracht om het plan uit te werken gaat naar dit bureau. Wij hadden namelijk ergens de bouwenvelop met een paar centimeter overschreden. Pijnlijk, in Nederland zou dat geen enkel bezwaar zijn geweest, maar in Zwitserland is dat onbespreekbaar. We hadden blijkbaar onvoldoende ervaring met de Zwitserse cultuur.

Novartis, Bazel

We worden in 2003 weer uitgenodigd voor een competitie in Zwitserland. Het farmaceutische concern Novartis vraagt vijf internationale architecten een innovatief laboratorium te ontwerpen met een kenniscentrum. Het moet passen binnen het nieuwe stedenbouwkundig plan voor de komende 35 jaar voor de campus van dit grote internationale bedrijf in Bazel. De locatie is weer een rechthoekige bouwenvelop. Na onze ervaring in Genève besluiten we precies die envelop te volgen. We analyseren heel goed het programma van eisen en de ideologische wensen van de Raad van Bestuur van Novartis. Het moet een laboratorium worden waar zeer innovatief onderzoek in zal plaats vinden. De Raad van Bestuur spreekt over mensen die elkaar kunnen ontmoeten in de wandelgangen, over de mogelijkheid van open kantoren, over een warm en

were supposed to present their plans, the board of governors decided – for reasons of their own – to allow the decision to be determined by the users. They choose a traditional, sixties-style laboratory floor plan, with a glass facade around it. They felt that they could work the best on their technical innovation in that type of laboratory building. We left Basel richer in experience, but disillusioned.

Logical with hindsight

Following De Bruijn and Simon's point of view it is logical, with hindsight, that the two designs in Switzerland barely had an intuitive moment. There was no unconscious reminder of the location or the assignment (following De Bruijn), and perhaps we still had too little experience and expertise in working in the Swiss culture to create space in the mind (following Simon) or simply to be able to judge the client correctly. The computer was not yet so far developed that it could help us in this.

Women

Intuition is often characterised as a special characteristic of women. An often-heard belief is that women dare to trust their intuition more than men. If you have listened well to my story, then intuition is not something mysterious, something that men have to be afraid of, but actually something that is very easy to transform. At least with hindsight, in my experience. Antonia Korvezee, the first woman to be appointed as professor in theoretical chemistry in Delft

in 1953, would turn in her grave if she knew that in Delft there are still so few female professors, particularly in technology and the natural sciences.[8] Does this percentage perhaps have something to do with fear of intuition?

Conclusion

Hockney arrives at new insights and works of art through his undogmatic attitude to life and passion for experimenting. Zernicke discovered a new technique through an unorthodox mental leap. De Bruijn uses his intuition in his mathematical analyses to make unexpected combinations, leading to new applications in the information sciences. Through his experience Simon attains a freedom of thought that gives him the chance to intuitively develop new economic insights. Intuition plays a decisive role in my architecture practice, either by turning the idea around (TU library), or by realising a fantasy (the chapel), or through the sensitivity of the surroundings and history (Heerlen).

Whoever still doubts the argument of this address that innovative architecture and science is to a large extent founded on intuition seriously fails to do justice to the essence of the university of the future.

Wishes for the future

This 162nd Dies Natalis is primarily a birthday party and so best wishes are appropriate here. I wish the Delft University of Technology a future with a campus where, in addition to

---

menselijk gebouw. Een gebouw dat de omslag die het Novartis concern heeft gemaakt - van een chemisch concern naar een bedrijf dat onderzoek doet naar producten om mensen wereldwijd beter te maken - uitstraalt. In het gebouw zou kunst een belangrijke rol moeten spelen en de toepassing van natuurlijke materialen.

Al deze ingrediënten nemen wij mee in het ontwerp van ons gebouw. De laboratoria worden op een logische, rationele wijze ten opzichte van elkaar gesitueerd. De kantoren liggen op loopafstand van de laboratoria op een meer speelse manier zodat er ook visueel contact tussen de verdiepingen mogelijk is, zelfs tot in het kenniscentrum. We volgen en interpreteren het programma van eisen precies. Op het moment dat de vijf architecten de plannen moeten presenteren besluit de Raad van Bestuur – om hen moverende redenen – de gebruikers de keuze te laten bepalen. Die kiezen een traditionele, zestiger jaren, laboratoriumplattegrond, met daar omheen een glazen gevel. In dat laboratoriumgebouw voelen ze zich het best om aan hun technische innovatie te werken. Een ervaring rijker, een illusie armer verlaten wij Bazel.

Achteraf logisch

Als je de invalshoeken van De Bruijn en Simon volgt is het achteraf logisch dat de beide ontwerpen in Zwitserland nauwelijks een intuïtief moment kennen. Er is geen onbewuste herinnering aan de locatie of de opgave (volgens De Bruijn), en wellicht is er nog te weinig ervaring en expertise in het werken in de Zwitserse cultuur om ruimte te scheppen in de

geest (volgens Simon) of om gewoon de opdrachtgever goed in te kunnen schatten. De computer is nog steeds niet zover dat die er ons bij kan helpen.

Vrouwen

Intuïtie is vaak als een bijzondere eigenschap van vrouwen gekenschetst. Vrouwen durven er meer op te vertrouwen dan mannen is een veelgehoorde opvatting. Als u goed naar mijn verhaal hebt geluisterd, is intuïtie niet iets mysterieus, iets waar mannen bang voor hoeven te zijn, maar eigenlijk iets dat zeer goed te herleiden is. Achteraf in ieder geval is mijn ervaring. Antonia Korvezee, in 1953 als eerste vrouw benoemd tot hoogleraar in de theoretische scheikunde in Delft, zou zich in haar graf omdraaien als ze wist dat er in Delft nog steeds zo weinig vrouwen tot het hoogleraarambt worden geroepen in het bijzonder in de techniek en de natuurwetenschappen.[8] Heeft dit percentage misschien ook iets met angst voor intuïtie te maken?

Conclusie

Hockney komt tot nieuwe inzichten en kunstuitingen door zijn ondogmatische levenshouding en experimenteerdrift. Zernicke vindt een nieuwe techniek door een onorthodoxe gedachtesprong, De Bruijn benut in zijn wiskundige analyses zijn intuïtie voor onverwachte combinaties leidend tot nieuwe toepassingen in de informatica. Simon komt via zijn ervaring tot een vrijheid van denken die hem de kans biedt via zijn intuïtie nieuwe economische inzichten te ontwikkelen. In mijn

skills (these can be learned at any high school), inspiration, intuition and creativity are taught as the basis for innovation, ground-breaking science and social development. And architecture is a prominent part of this. A university can never reap the rewards in the short term. The university derives its greatest value for the future from educating talented people, with great analytical and intuitive gifts. The university should offer room for this – spiritually and physically! The harvest will then be great!

That's what I have to say.

Notes

1. Houben, Francine/Mecanoo Architecten, Statement 9 in: *Composition, Contrast, Complexity,* NAi Publishers, Rotterdam 2001
2. Mulder, Jan, Wytze Patijn, Cocky Blauw, Arnold Reyndorp, Rint de Vries, *Prijsvraag Jongerenhuisvesting Kruisplein*, Dros-projektgroep Het Oude Westen, Rotterdam, (c 1982)
3. Houben, Francine, Mecanoo architecten, 'Ingenieurskunst en mobiliteitsestetiek', in: *Architectuur en de openbare ruimte, De dynamische delta 2,* Ministerie van Verkeer en Waterstaat, Den Haag 1999
4. TU Delft Vastgoed, Mecanoo architecten, ING Vastgoed, *TU Delft Masterplan,* DUP Satellite, Delft University Press, Delft 2002
5. Foqué, Richard, 'On the true meaning of Research by Design', in: *Research by Design, Transaction on Architectural Education,* no. 11, Delft University Press, November 2000. Foqué elaborates the concept of research through design, which he sees as a hybrid of scientific research and art.
6. Werner, Marcus, 'Contrast om door een ringetje te halen, Nobelprijswinnaar Frits Zernicke in Groningen herdacht', in: *de Volkskrant,* 22 November 2003
7. Bruijn, Prof. N.G. de, 'Wiskunde en Kunst, in: *Wetenschap en Kunst, Verslag van een dialoog,* Koninklijke Nederlandse Akademie van Wetenschappen, Springer 1998
8. Noordenbos, dr. Greta, *Marie & Irène Curie,* Uitg. Eburon, Delft 2003

architectuurpraktijk speelt intuïtie een doorslaggevende rol, óf door het omkeren van het idee (TU-Bibliotheek), óf door het realiseren van een droombeeld (de kapel), óf door de sensitiviteit van de omgeving en de geschiedenis (Heerlen).
Wie nog twijfelt aan de stelling van deze rede dat innovatieve architectuur en wetenschap in belangrijke mate stoelen op intuïtie doet het wezen van de universiteit van de toekomst ernstig tekort.

Wensen voor de toekomst

Deze 162e Dies Natalis is vooral een verjaardagsfeestje en daarbij horen goede wensen. Ik wens de Technische Universiteit Delft een toekomst toe met een campus waar naast vakmanschap - dat kan je op iedere Hogeschool leren - ook bevlogenheid, intuïtie en creativiteit worden onderwezen als basis voor innovatie, grensverleggende wetenschap en maatschappijontwikkeling. En bouwkunde hoort daar prominent bij. Een universiteit kan nooit vruchten op korte termijn plukken. Voor de toekomst ontleent de universiteit haar grootste waarde aan het opleiden van getalenteerde mensen, met grote analytische en intuïtieve gaven. De universiteit moet daarvoor ruimte bieden – geestelijk en fysiek!
De oogst zal groot zijn!

Ik heb gezegd.

Noten

1. Houben, Francine / Mecanoo Architecten, Statement 9 in: *Compositie, Contrast, Complexiteit,* Rotterdam, NAi Uitgevers, Rotterdam 2001
2. Mulder, Jan, Wytze Patijn, Cocky Blauw, Arnold Reyndorp, Rint de Vries, *Prijsvraag Jongerenhuisvesting Kruisplein*, Dros-projektgroep Het Oude Westen, Rotterdam z.j. (±1982)
3. Houben, Francine, Mecanoo architecten, 'Ingenieurskunst en mobiliteitsestetiek', in: *Architectuur en de openbare ruimte, De dynamische delta 2,* Ministerie van Verkeer en Waterstaat, Den Haag 1999
4. TU Delft Vastgoed, Mecanoo architecten, ING Vastgoed, *TU Delft Masterplan,* DUP Satellite, imprint van Delft University Press, Delft 2002
5. Foqué, Richard, 'On the true meaning of Research by Design', in: *Research by Design, Transaction on Architectural Education,* nr. 11, Delft University Press, November. 2000. Foqué heeft het concept van onderzoek door ontwerp uitgewerkt en ziet dit als een tussenvorm tussen wetenschappelijk onderzoek en kunst.
6. Werner, Marcus, 'Contrast om door een ringetje te halen, Nobelprijswinnaar Frits Zernicke in Groningen herdacht', in: *de Volkskrant,* zaterdag 22 november 2003
7. Bruijn, Prof. N.G. de, 'Wiskunde en Kunst', in: *Wetenschap en Kunst,* Verslag van een dialoog, Koninklijke Nederlandse Akademie van Wetenschappen, Springer 1998
8. Noordenbos, dr. Greta, *Marie & Irène Curie,* Uitg. Eburon, Delft 2003

Mecanoo House of Cards

On the occasion of being awarded the South-Holland Culture Prize, Francine Houben devised an educational project for secondary schools. Many kids in their teens are starting to think about what they want to become. Like that of doctor, vet, schoolteacher or policeman, the profession of architect is popular. Architects are nowadays characterised as pop stars who design extravagant museums. Francine Houben wanted to show both the versatility as well as the fundamentals of the profession.

A teaching package was put together for pupils: the documentary film *Focused Insight*, the interactive CD-Rom *Focused Insight 2* and the Mecanoo House of Cards. Ireen van Ditshuysen's film follows Francine Houben in the city of Tirana in Albania, where she is working on the reconstruction of the city. These images alternate with shots of Francine Houben's work in the Netherlands, such as the chapel in Rotterdam, the TU library in Delft and Montevideo in Rotterdam.

Mecanoo House of Cards consists of 36 cards with pictures of buildings, studies and maquettes, sketches and artists' impressions, materials and details. By linking cards together – according to visual associations or by colour, for example – structures are formed. Mecanoo House of Cards was inspired by Ray Eames's House of Cards. An accompanying booklet explains what there is to see on the cards. House of Cards is a game for children, but also an aesthetic object for adults.

Mecanoo House of Cards

Ter gelegenheid van de Cultuurprijs van de provincie Zuid-Holland bedacht Francine Houben een educatief project voor middelbare scholieren. Op tienerleeftijd bedenken veel kinderen wat ze willen worden. Net als het beroep dokter, dierenarts, schooljuf of politieagent is het beroep van architect populair. Architecten worden tegenwoordig geprofileerd als popsterren die extravagante musea ontwerpen. Francine Houben wilde de veelzijdigheid en het basale van het vak laten zien.

Er werd een pakket voor scholieren samengesteld: de documentaire *Scherp Zicht*, de interactieve cd rom *Scherp Zicht 2* en de Mecanoo House of Cards. Voor de documentaire volgde Ireen van Ditshuysen Francine Houben in de stad Tirana in Albanië, waar ze aan de wederopbouw van de stad werkt. Deze beelden wisselde ze af met het werk van Francine Houben in Nederland, zoals de kapel in Rotterdam, de TU bibliotheek in Delft en Montevideo in Rotterdam.

Mecanoo House of Cards bestaat uit 36 kaarten met afbeeldingen van gebouwen, studies en maquettes, schetsen en sferen, materialen en details. Door de kaarten te schakelen - op bijvoorbeeld beeld-associaties of op kleur - kunnen bouwconstructies worden gevormd. Mecanoo House of Cards is geïnspireerd op het House of Cards van Ray Eames. Een bijbehorend boekje geeft uitleg over wat er op de kaarten is te zien. House of Cards is een speelobject voor kinderen, maar ook een esthetisch object voor volwassenen.

Chapel Saint Mary of the Angels, Rotterdam

Timeless   What is the proper form for a new, twenty-first century chapel in a nineteenth-century Roman Catholic cemetery in Rotterdam? Mecanoo's answer is that it should be timeless – a contemporary structure that looks like a jewel case, an extra-ordinary building like a precious casket, with beautiful light inside and a shaft of light, and a remarkable roof with a heavenly gold ceiling. The chapel should be designed as part of a ceremony, of a journey undertaken, in this last resting place designed as a campo santo. After entering the chapel the ceremony takes place, after which the procession continues through another door. Indoors the atmosphere must always be intimate regardless of the number of people attending. Finally the chapel is built on a site with a history that needs to remain visible.

Many languages   The chapel consists of a space without any pillars. The organic form inspires meditation: a continuous curving wall without any windows and apparently without doors, raised 70 centimetres above the ground. The wall is deep blue and contains texts from the Requiem mass in many languages, alluding to the fact that the cemetery is located in a multicultural neighbourhood. The entrance and the exit situated opposite one another form part of the wall and are executed as pivoted doors. The roof floats like a slightly folded sheet of paper over the structure. The golden ceiling is lit from within by a lamp. Light enters the building both through the sheet of glass at the plinth and through the strip under the roof. A shaft of light enters the chapel through an opening in the roof, and is accentuated when incense is burned. In the floor, inlaid stone elements indicate the spots for the congregation and for the priest. The chapel is crowned with a modest bell tower.

Palimpsest   The chapel is located centrally in the cemetery. Two previous chapels have stood on this site – a neo-Gothic structure of 1869 and a pyramid-shaped building of 1963. Both structures collapsed due to poor foundations in the soft soil. The new chapel has been given a solid foundation within the bounds of the original chapel. This results in a chapel with a palimpsest-like nature. The ground plan of the first chapel becomes visible in the soil by exposing remains of its wall. The soil is as though it were scratched away after which the new chapel has been planted on its surface.

Kapel Heilige Maria der Engelen, Rotterdam

Van alle tijden   Wat is in de eenentwintigste eeuw de verschijningsvorm van een nieuwe kapel op een rooms-katholieke begraafplaats uit de negentiende eeuw in Rotterdam? Het antwoord op deze vraag van Mecanoo klinkt als van alle tijden: het moet een hedendaags bouwwerk zijn dat eruit ziet als een juwelenkistje, een bijzonder gebouw als een kostbaar doosje, met mooi licht binnen en een lichtbundel, en met een expressief dak dat voor een gouden hemel als plafond zorgt. Op de als campo santo ontworpen doden-akker moet de kapel een onderdeel zijn van een ceremonie, van een tocht die wordt afgelegd. Na het betreden van de kapel volgt een plechtigheid waarna de stoet door een andere deur weer verder gaat. Binnen moet de sfeer altijd intiem zijn, ongeacht of er veel of weinig mensen aanwezig zijn. Ten slotte, de kapel staat op een plaats met een geschiedenis die in beeld moet blijven.

Vele talen   De kapel bestaat uit een kolomvrije ruimte. De organische vorm wekt op tot meditatie: een doorgaande gebogen muur, 70 centimeter opgetild boven de grond, zonder ramen en ogenschijnlijk ook zonder deuren. De muur, intens blauw, draagt teksten uit het Requiem in vele talen; een verwijzing naar de multiculturele wijk waarin de begraafplaats ligt. De entree en de daar tegenover gelegen uitgang zijn delen van de muur die als taatsdeuren zijn uitgevoerd. Het dak zweeft als een licht gebogen vel papier boven het bouwwerk. Het goudkleurige plafond wordt van binnenuit met lampen aangelicht. Zowel door de strook glas aan de voet van het gebouw als door de strook onder het dak stroomt daglicht binnen. Door een opening in het dak valt een lichtbundel in de kapel, die een accent krijgt als wierook wordt gebrand. In de vloer geven met natuursteen ingelegde gedeelten de plaatsen aan voor de begrafenisgangers en het gedeelte voor de priester. Een bescheiden klokkentoren bekroont de kapel.

Palimpsest   De kapel staat centraal in de begraafplaats. Twee keer eerder heeft op deze plaats een kapel gestaan, een neogotische uit 1869 en een uit 1963 in de vorm van een piramide. Beide bouw-werken zijn door zwakke funderingen in de slappe grond bezweken. Binnen de omtrek van de eerste kapel heeft de nieuwe kapel een degelijk fundament gekregen. Deze situering levert een palimpsest op. In de grond is de plattegrond van de eerste kapel zichtbaar gemaakt door muurresten bloot te leggen. De aarde is als het ware afgekrabd waarna op het vlak de nieuwe kapel is neergezet.

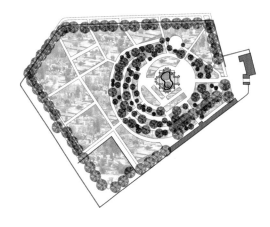

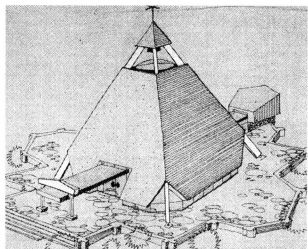

First chapel built in 1869/Eerste kapel gebouwd in 1869

Second chapel built in 1963/Tweede kapel gebouwd in 1963

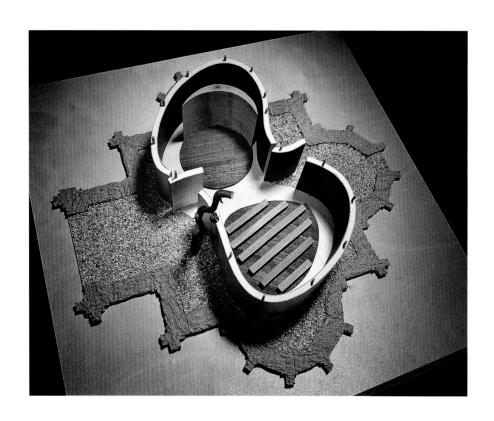

Francine Houben writes Requiem texts on the wall/Francine Houben schrijft teksten uit het Requiem op de muur

Consecration of the chapel on 30 May, 2001 by the Bishop of Rotterdam, Mgr. A.H. van Luyn

Inzegening van de kapel op 30 mei 2001 door de Bisschop van Rotterdam, Mgr. A.H. van Luyn >

Castle ruins with museum, Deurne

Beauty Half a century after fire reduced the Castle of Deurne to a ruin in 1944, the local authority decided that both the castle and its surroundings should be restored as a heritage site. The aim of the commission was to create a design with the castle as the starting point, for a museum, an art school and a centre for nature studies. In the design the function of the ruin has been preserved – *plus belle que la beauté est la ruine de la beauté* (more beautiful than beauty is the decline of beauty). A conversion would encroach on its architectural power and cultural importance. Today the ruin is still a ruin, but not because the plan was realised. Another source of inspiration for the design is the landscape – the reason for building the castle on this site in the fifteenth century. De Peel, east of Eindhoven, was a virtually impenetrable moorland – the Romans charted it as a *locus paludosus* or marshy plain. The castle serves as a landmark for the road through this terrain.

Contrast Next to the ruin is a 'Dinghuis', a seventeenth-century city hall that also served as a courthouse. The outside has been carefully restored to its original state. In the interior the elements of the old walls and pitched roof structure are exposed. The resulting contrast gives the nature studies centre a unique character. To the rear of the building an extension in the form of large painting studios houses the art school. The museum has been given a new, contemporary building. In the metal facade an 1850 map of the Heerlijkheyt Deurne – the manor of Deurne – is engraved as contrast and historical reference. In all the rooms the incidence of daylight and the view outside can be variably regulated by opening or closing windows and skylights. The three buildings stand, each with its own history and character, on a wooden courtyard, forming a choreography, a *pas de trois*.

Marshland The wooden platform serving as a central courtyard alludes to the beams, planks and bridges used in former times to create a route through the marshlands. The moat has been expanded into a shallow pool with various overgrown islands. This boggy terrain is an echo or reflection of the impenetrable region of earlier times. It also works as an overture to the nature studies centre, making a central theme of the variety of marshland flora and fauna.

Kasteelruïne met museum, Deurne

Schoonheid Een halve eeuw nadat het Kasteel Deurne in 1944 door brand tot een ruïne verviel, bedacht het bestuur van de gemeente Deurne dat het kasteel en zijn omgeving een culturele bestemming moesten krijgen. De opdracht luidde: ontwerp, uitgaande van het kasteel, onderdak voor een museum, een vrije kunst-academie en een centrum voor natuureducatie. In het ontwerp heeft de ruïne de functie van ruïne behouden: *plus belle que la beauté est la ruine de la beauté* (mooier dan de schoonheid is het verval van de schoonheid). Een verbouwing tast de architectonische kracht en de culturele betekenis van de ruïne aan. Thans is de ruïne nog steeds een ruïne, maar niet omdat het plan ooit is uitgevoerd. Een andere inspiratiebron voor het ontwerp is het landschap, dat in de vijftiende eeuw de aanleiding vormde voor de bouw van het kasteel op deze plaats. De Peel, ten oosten van de stad Eindhoven, was vroeger een vrijwel ondoordringbaar hoogveengebied. De Romeinen hebben het in kaart gebracht als *locus paludosus*, moerassige plaats. Het kasteel markeert een weg door de streek.

Contrast Naast de ruïne staat een dinghuis, een gemeenschapsgebouw uit de zeventiende eeuw dat ook dienst deed als rechtbank. De buitenkant wordt door zorgvuldige restauratie in de oude staat gebracht. Binnen worden de oude muren en de kapconstructie elementair in het zicht gebracht. De contrastwerking geeft het centrum voor natuureducatie een eigen karakter. Aan de achterzijde biedt een uitbreiding in de vorm van ruime schilderateliers een onderkomen aan de kunstacademie. Het museum krijgt een nieuw, eigentijds gebouw. In de metalen gevel is als verwijzing naar de geschiedenis en als contrast een kaart uit 1850 gegraveerd van de Heerlijkheyt Deurne. In alle vertrekken kan de toetreding van daglicht en het uitzicht op verschillende manieren georganiseerd worden door ramen en daklichten te openen of te sluiten. De drie bouwwerken staan met hun eigen levensgeschiedenis en verschijningsvorm aan een houten plein, vormen met elkaar een choreografie, een *pas de trois*.

Drassig Het hout van het plein verwijst naar de balken, planken en bruggen waarmee vroeger een weg door het veengebied werd gemaakt. De slotgracht van weleer is vergroot, tot een ondiepe plas met verschillende begroeide eilanden. Dit zompige, drassige gebied is een echo, een weerspiegeling van het ontoegankelijke gebied van weleer. Tevens is het een opmaat voor het centrum voor natuureducatie, dat de veelsoortigheid van dierlijk en plantaardig leven in waterrijk gebied tot centraal thema kan maken.

Ruin (l), nature studies centre (m) and museum (r)/Ruïne (l), centrum voor natuureducatie (m) en museum (r)

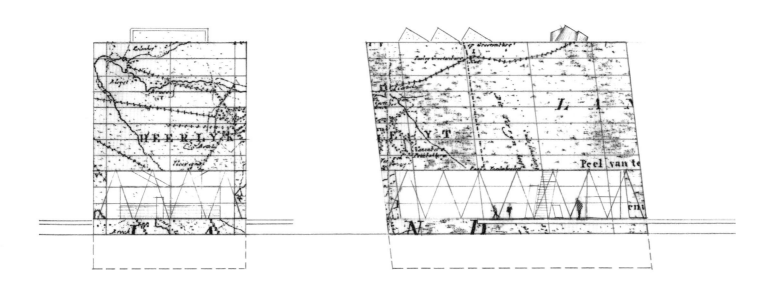

Residential area Prinsenland, Rotterdam

A sense of neighbourhood
A large part of Rotterdam lies east of the A16 motorway. The East Ringvaart neighbourhood in Prinsenland with its 550 housing units, mainly in the public sector, belongs to this sizable part of town. In drawing up a plan for this district, Mecanoo was confronted with an old chestnut in architecture – that of large numbers. When a hundred of more or less the same housing units and parking lots are built, how is it possible to introduce variations, differences and those specific touches that give residents a sense of neighbourhood? The approach lies in using the polder landscape as the underlying structure and the early garden cities as inspiration. The aim was to provide those growing up here with treasured childhood memories.

Children
Firstly the lake, the Ringvaartplas, was dug. Then rows of single family units were laid out in four virtually identical parts of the neighbourhood running from north to south. The units on the north side along the local road work as a dyke. The remaining rows are placed on footpaths and at angles to each other. Each of these four parts has a central area with a collective garden running down to the lake. The soil for this results from making the homes with splendid lakeside aspects narrower than usual and higher to compensate. The gardens are different – French, Dutch, Japanese and English. In the design of the layout, the prime consideration was the children, but even if there were to be a decline in the number of children in the district, the residents would still be able to enjoy the vistas of the changing seasons. Water, trees, the jointly owned gardens, the layout of the little rows of houses, the materials and colours of the buildings – all these features make this a friendly neighbourhood.

Unity
A fifth part of the district was developed differently and was given a few apartment buildings, making space for another little park. A tower element on a building that seems moored like a cruise ship gives the district even more character. The materials and colours of the buildings give the neighbourhood a unified appearance, with white plaster on the southern facades and terracotta colours on the northern ones. Another typical feature is the combination of wood and masonry in the end elevations. Contrary to the norm in Holland, the storage sheds are not built in the garden behind, but against the front sides of the houses, so that the private gardens contribute to the green character of the district. The expressive concrete caps of the units on the paths and various other details also make for variety within the unified whole.

Woonbuurt Prinsenland, Rotterdam

Buurtgevoel
Een omvangrijk gedeelte van Rotterdam ligt oostelijk van de A16. In dit uitgestrekte stadsdeel ligt de Ringvaartplasbuurt Oost in Prinsenland met 550 woningen, voornamelijk sociale woningbouw. Mecanoo zag zich bij het ontwerpen van deze buurt geconfronteerd met het grote getal, een erkend vraagstuk in de architectuur. Wanneer honderden min of meer dezelfde woningen en parkeerplaatsen worden gemaakt, hoe kunnen dan toch variaties, verschillen en specifieke toetsen worden aangebracht, die bij de bewoners een buurtgevoel oproepen? Met het polderlandschap als onderligger en de vroege tuinsteden als inspiratiebron is dit vraagstuk hier het hoofd geboden. De ambitie luidde: wie hier als kind opgroeit, neemt dierbare herinneringen mee.

Kinderen
Eerst is de Ringvaartplas gegraven. Daarna zijn in vier vrijwel identieke gedeelten van de buurt van noord naar zuid rijtjes eengezinswoningen gerangschikt. De woningen aan de noordkant langs de wijkweg vormen een afschermende dijk. De overige rijtjes zijn geknikt ten opzichte van elkaar aan voetpaden geplaatst. Elk van deze vier buurtdelen heeft een middengebied met een collectieve tuin die naar de plas voert. De grond hiervoor is gewonnen door de woningen die riant aan de plasrand staan smaller te maken dan gebruikelijk, en ter compensatie ook hoger. De tuinen zijn verschillend: Frans, Hollands, Japans en Engels. Bij de inrichting is vooral aan kinderen gedacht, maar ook als de buurt nog eens kinderarm wordt zal de wisseling van de seizoenen hier voor alle bewoners een belevenis blijven. Water, bomen, de collectieve tuinen, de compositie van de rijtjes woningen, de materialen en kleuren van de gebouwen zorgen voor een vriendelijke buurt.

Eenheid
Een vijfde deel van de buurt is anders uitgewerkt en kreeg enkele appartementengebouwen, wat voor de buurt nog een parkje oplevert. Een torenelement op een gebouw dat als een cruiseschip ligt afgemeerd, voegt weer andere associaties toe aan de buurt. Met de materialen en kleuren van de bouwwerken wordt de buurt tot een eenheid gemaakt: wit stucwerk op het zuiden, terracotta-achtige kleuren op het noorden. Een ander kenmerk is de combinatie van hout en metselwerk in de kopgevels. Anders dan gewoonlijk in Nederland zijn de bergingen niet achter in de tuin geplaatst maar tegen de voorkanten van de woningen, waardoor de privé-tuinen bijdragen aan het groene karakter van de buurt. De expressieve betonnen petten van de woningen aan de paden en verschillende details zorgen binnen het geheel weer voor verscheidenheid.

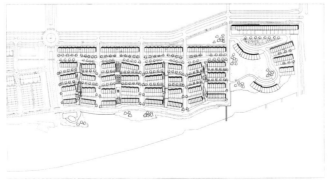

Theatre and congress centre La Llotja, Lleida, Spain

Mise-en-scène The mountain La Seu Vella and the river Segre mark the high and low points of the mountainous landscape surrounding Lleida, Catalonia's second city, after Barcelona. La Llotja is situated close to the Segre, just outside the city centre. This large congress centre and theatre will be flanked by two new residential buildings. Mecanoo has interpreted Lleida's landscape as an exciting backdrop for the site of this complex: the vertical residential blocks contrasting with the horizontal stress of the congress centre. The complex works at three different scales: at the regional scale as a visual link between the river and the mountain; at the urban scale the two towers form a balanced composition with the river; and at the street scale the congress centre's cantilevered volumes form a canopy that protects against the sun and rain.

Foyers The large low-lying sandstone building appears to have been hewn directly from the Spanish earth. The building's form allows for a large rooftop garden and its protruding volumes provide shelter for a piazza for events, with the steps of the neighbouring building serving as a stage. The parking is underground; loading and unloading of vehicles takes place at second basement level where the theatre's stage, dressing rooms and restaurant kitchen are located. At the heart of the building is a light well in which a flight of steps climbs gently to the foyer on the *piano nobile* with the entrances to the theatre, the congress hall and a multifunctional hall. A second flight of stairs leads to other conference rooms and the La Llotja lounge club with a panoramic window. The complex can be seen as several different buildings linked by sound-absorbing foyers.

Roof garden Differentiation and orientation within the building are provided by colour. The multifunctional hall is gold, the club is blue and the theatre walls are covered in red velvet. The roof is also full of colour with pergolas supporting a selection of climbing plants including wisteria, clematis and bougainvillea. The garden, with mirador, is both beautiful and functional: the plants help to keep the roof cool in the summer, they provide an attractive view for neighbours and a pleasant promenade for visitors to the centre.

Theater en congrescentrum La Llotja, Lleida, Spanje

Mise-en-scène De berg Seu Vella en rivier de Segre markeren in de hoogte en de laagte het bergachtige landschap waarin Lleida ligt, na Barcelona de tweede stad van Catalonië. Op de oever van de Segre, iets buiten het centrum van de stad, komt La Llotja. Dit grote congrescentrum met theater wordt geflankeerd door twee eveneens nieuwe woongebouwen. Mecanoo heeft het landschap van Lleida opgevat als een boeiend decor waarvoor het trio is neergezet, iets van de rivier af: de woongebouwen strak verticaal, het congrescentrum vormenrijk horizontaal. De mise-en-scène is op drie schaalniveaus uitgewerkt. Op de grote schaal van een streek gezien is het ensemble een verbindende schakel tussen de rivier en de berg. Op het niveau van de stad bekeken vormt La Llotja met de twee woongebouwen en de rivier een uitgewogen compositie. Op de maat van de straat geven de uitkragingen van het congrescentrum beschutting tegen zon en regen zoals bomen dat doen.

Foyers Het grote zandstenen liggende bouwwerk lijkt aan de Spaanse aarde te zijn ontsproten. De vorm van het gebouw levert op het dak een grote tuin op terwijl onder de uitkragingen een plein begint voor evenementen met de trappen van het naastgelegen gebouw als tribune. Het parkeren vindt ondergronds plaats, het lossen en laden van vrachtwagens op -2, waar de vloer van het theaterpodium ligt met de kleedkamers en de restaurantkeuken. In een lichthof in het midden van het gebouw loopt een luie trap omhoog naar de foyer op de bel-étage met de toegangen tot het theater, tevens congreszaal, en een multifunctionele hal. Een tweede trap voert naar andere congreszalen en de lounge Club La Llotja met een panoramavenster. Het bouwwerk bevat in feite verschillende gebouwen die door geluid absorberende foyers aaneengeschakeld zijn.

Daktuin Kleuren zorgen in het gebouw voor onderscheid en oriëntatie. De multifunctionele hal is goudkleurig, de club is blauw terwijl in het theater de wanden met rood fluweel zijn overtrokken. Ook het dak is kleurrijk, met pergola's en een selectie van kruipers en klimmers als blauwe regen, clematis en bougainville. De tuin met mirador is aangenaam en nuttig, de begroeiing houdt in de zomer het dak koel, levert een mooi uitzicht op voor de omwonenden en is wandelgebied voor de congresgangers.

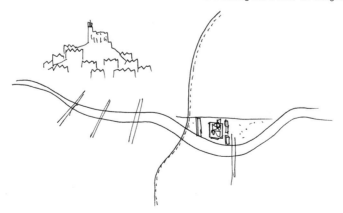

The surrounding landscape with River Segre as stage for La Llotja

Het omliggende landschap met rivier de Segre als décor voor La Llotja

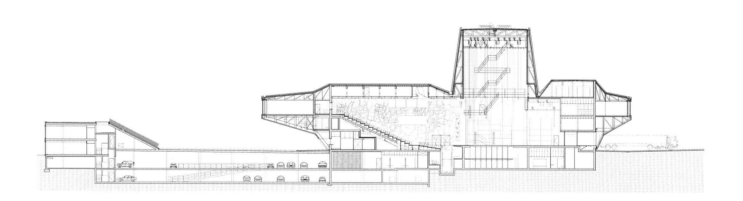

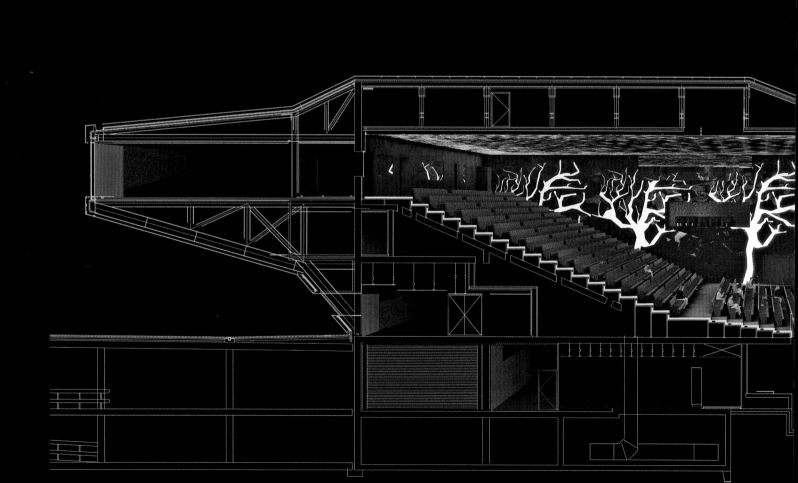

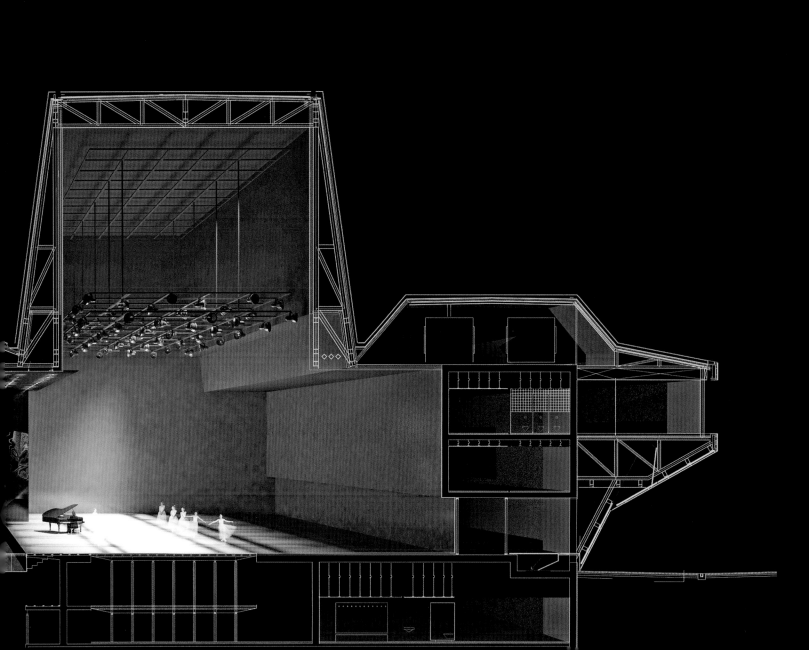

Learning Centre, École Polytechnique Fédérale de Lausanne, Switzerland

Learning Centre, École Polytechnique Fédérale de Lausanne, Zwitserland

Identity

The EPFL is a leading centre for progressive environmental studies. This polytechnic university is also recognised for its lively campus. Situated on the banks of Lake Geneva with the Alps as a backdrop it is a place where students and lecturers come together not only for study and research but also for social and cultural exchange. With the competition design for a large learning centre, Mecanoo aimed to express the strong dual identity of a building that is both dynamic and forward thinking.

Masterpiece

The slopes of an artificial hill form an inviting place for outdoor recreation. Opposite the campus' central square, a large wedge has been cut into the hill, forming a new open space ringed by a library, shops, cafés, offices for student societies and the large entrance hall of the study centre in the hill. Above the hill rises a technological masterpiece, an 'eco-engineered' sustainable building. Around a tall central hall, the 'Wing' rotates on a ring of ball bearings at the same speed as the earth – fifteen degrees per hour, thus keeping the large glazed main facade constantly ahead of the sun's path. By avoiding direct sunlight the building does not require shading and therefore daylight can be used to an optimum with air conditioning set to its most energy efficient. The three boomerang shaped windows in the wing's skin allow natural daylight to penetrate throughout the building.

Piano Nobile

Above the entrance hall and the rotating mechanism, the 'Wing' has four floors. The first of which, actually the *piano nobile*, has terraced floors that provide generous views throughout the interior. Long tables, easy chairs and smaller rooms can be used for study, reading and meetings. An atrium houses stairs that lead to seminar rooms and faculty accommodation. On the uppermost level is a comfortable restaurant with a panoramic window.

Identiteit

De EPFL staat hoog aangeschreven als een centrum voor milieutechnische vernieuwingen. Deze technische universiteit is ook bekend door de levendige sfeer op de campus. Op de oevers van het Meer van Genève met de Alpen als décor treffen studenten en docenten elkaar voor studie en onderzoek en tevens voor sociaal en cultureel verkeer. Met het prijsvraagontwerp voor een omvangrijk Learning Centre heeft Mecanoo zich tot doel gesteld om deze sterke tweeledige identiteit tot uitdrukking te brengen. Het bouwwerk en zijn omgeving moeten dynamisch en geavanceerd zijn.

Wonderwerk

De glooiingen van een kunstmatig opgeworpen heuvel nodigen uit tot vertreding en verblijf buiten. Tegenover het centrale plein van de campus is een grote taartpunt uit de heuvel weggesneden. De uitsnede vormt een contraplein met bibliotheken, winkels, café's, bureaus van studentenverenigingen en de grote entreehal van het studiecentrum in de heuvel. Boven de heuvel verheft zich een technisch wonderwerk, een *eco engineered* duurzaam gebouw. Om een hoge centrale hal heen roteert de *Wing* op een ring van kogellagers met de snelheid van de aarde, vijftien graden per uur, steeds met de grote glazen voorgevel voor de zon uit. Door de directe straling van de zon te vermijden kunnen zonneschermen achterwege blijven en kan het daglicht optimaal benut worden met de *airco* in de spaarstand. Drie boomerangvormige vensters in de huid van de *Wing* brengen overal daglicht binnen.

Bel-étage

De *Wing* telt boven de entreehal en de draairing vier bouwlagen. De eerste, feitelijk de bel-étage, heeft terrasvormige vloeren waardoor het mogelijk is het interieur volledig te overzien. Lange tafels, luie stoelen en kamers kunnen geuikt worden voor studeren, lezen en vergaderen. In de vide leiden trappen naar boven waar colleges worden gegeven en de staf huist. Bovenin zit een comfortabel restaurant met panoramavenster.

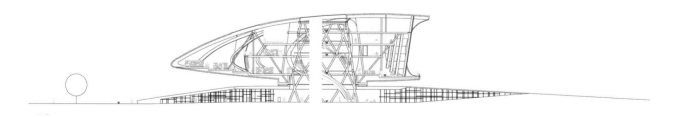

Inside you may wonder – as Copernicus might have – is it the building that is turning or the world …

The wing rotates at the same speed as the earth/De vleugel roteert met de snelheid van de aarde

The Citadel, Alexander military barracks, The Hague

De Citadel, Alexanderkazerne, Den Haag

Dune landscape
The Alexander barracks is situated in the transitional zone between the urban built-up area of The Hague and the coastal dunes. There are three major buildings in this district: the International Criminal Court, a military office complex, and a hotel with 750 rooms, sports halls and a restaurant for officers of the Army, Navy and Military Police. Mecanoo has produced a master plan using the dune landscape as the theme. The three buildings are planned as autonomous villages in the dunes. The first part of the Citadel comprises 440 hotel rooms on a single corridor. The programme for one of the largest hotels in Europe raises an important architectural question, that of repetition. The aim is not to make a large building look small, still less to gloss over the number of rooms, but rather to give repetition its own identity.

Angle shifts
The ground plan is a square pulled out of shape so that the sides have different lengths. On the exterior a kink in the longest side and the angle shifts produce varying perspectives. Seen from inside, this results in unexpected views of the dunes. Mecanoo has constructed enormous dunes in the inner courtyard high enough to prevent any *Rear Window* effects. Slender footbridges create shortcuts across the courtyard and three- and four-storey elevations alternate. In the corners of the building 'squares' for informal encounters are created, identified by the colours of the support structures and the stairwells. Two of these corners form juncture points for the next stage in the development. The facades with orange-red brickwork, horizontal lines and overhangs are a gesture of homage to The Hague School. The whole complex has a similar atmosphere to the Benoordenhout district in The Hague, with its green-clad streets and abundance of brickwork.

Portals
A great deal of attention has been paid to the design of the corridors. The individual room doors have been set in glass portals with slight variations in colour. The glass allows daylight to reach the central corridor. The solid wooden doorjambs and sand-coloured floors give the corridor a sturdy, but pleasant, atmosphere.

Duinlandschap
De Alexanderkazerne ligt op de overgang van de stedelijke bebouwing van Den Haag en de duinen van de kuststrook. In dit gebied komen drie grote gebouwen: het Internationaal Strafhof, een militair kantorencomplex en een legeringsgebouw met 750 kamers, sportzalen en een restaurant voor officieren van Landmacht, Marine en Marechaussee. Geënt op het duinlandschap heeft Mecanoo hiervoor eerst het masterplan gemaakt. De drie gebouwen zijn als op zichzelf staande dorpen in het duingebied geprojecteerd. Vervolgens is het eerste deel van de Citadel uitgevoerd, 440 hotelkamers aan een gang. Het programma voor een van de grootste hotels van Europa stelt het architectonische vraagstuk van de herhaling. Het is niet de bedoeling om een groot gebouw klein te laten lijken, evenmin om het aantal kamers te verdoezelen. De opgave is eerder om de herhaling een eigen karakteristiek gezicht te geven.

Hoekverdraaiingen
De plattegrond is een scheef getrokken vierkant, waardoor de zijden verschillend zijn. Een knik in de langste zijde en de hoekverdraaiingen leveren aan de buitenzijde van het gebouw wisselende perspectieven op. Van binnenuit gezien ontstaan hierdoor onverwachte doorzichten naar het duinlandschap. Het binnenterrein heeft volwassen duinen die door hun hoogte *Rear Window* effecten voorkomen. Ranke voetbruggen maken snel doorsteken mogelijk. Drie en vier bouwlagen wisselen elkaar af. In de hoeken van het gebouw liggen ontmoetingspleinen die door de kleuren van de dragers en de trappenhuizen worden gemarkeerd. Twee van deze hoeken zijn de aanhechtingspunten voor de volgende fase. De buitengevels met oranjerode bakstenen, horizontale belijningen en overstekken zijn een eerbetoon aan de Haagse School. Het geheel ademt de sfeer van het Benoordenhout in Den Haag, een wijk met groen aangeklede straten en veel baksteen.

Portalen
Veel aandacht is besteed aan de vormgeving van de gangen in het gebouw. De kamerdeuren zijn in glazen portalen geplaatst, die licht van kleur verschillen. Door het glas komt daglicht in de middengang. De stevige houten deurposten en de zandkleurige vloeren geven de gangen een stoere maar tegelijkertijd behaaglijke atmosfeer.

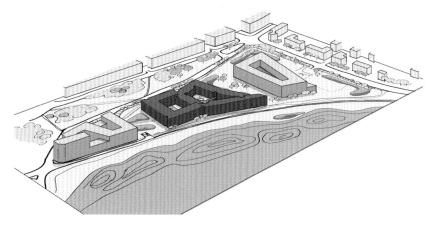

Master plan with office building (l), The Citadel 1st and 2nd phase (m), International Sentence Court (r)

Masterplan met kantoorgebouw (l), De Citadel 1e en 2e fase (m), Internationaal Strafhof (r)

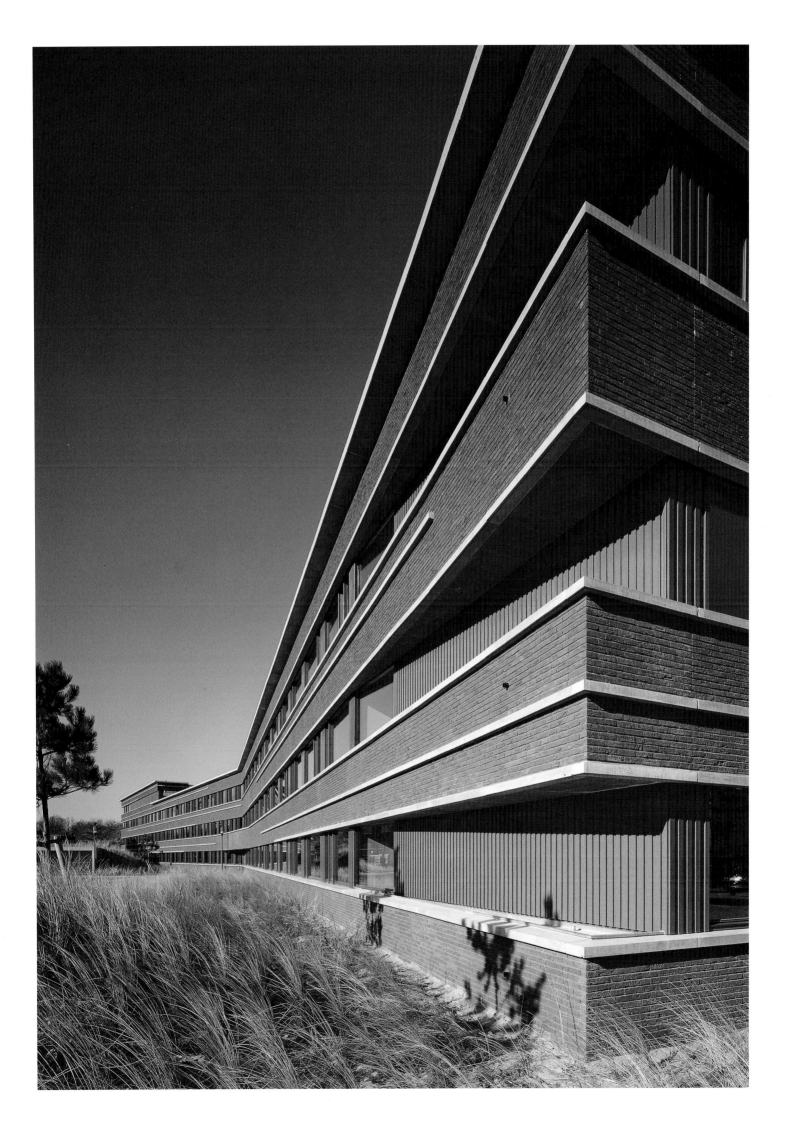

Primary schools, multifunctional centre, day-care centre and sports hall Hogeveld, The Hague

Basisscholen, multifunctioneel centrum, kinderdagverblijf en sporthal Hogeveld, Den Haag

Combined brief   Wateringse Veld is a large new urban expansion area south of The Hague composed of row houses with gardens. Hogeveld forms part of this area, arranged in a tight grid of orthogonal blocks on both sides of a wide tree-lined avenue. One of these blocks contains several neighbourhood facilities: two primary schools, a multifunctional centre, a day-care centre and a sports hall. The separate clients for each of these buildings decided to entrust the design to a single architect. The combined brief gave Mecanoo the opportunity to create an informal public space with a more freely designed ensemble within the taut grid. Mecanoo was mindful to give each part of the ensemble a recognisable identity, set apart by situation, form and detailing, without breaking the unity of the whole.

Kinks   The programme is grouped into three parts, allowing for a free composition in the allocated rectangular plot. Row houses and an apartment building roughly define the rectangle's straight border. Within the rectangle, seemingly accidental but in fact carefully considered irregular kinks in Mecanoo's volumes result in asymmetrical squares and cut-throughs. The aim is to achieve the optimal sense of space. The sports hall and the facility for a day-care centre and after-school centre form a cluster around a generous patio for the smaller children. The 9-metre-high Olympic-standard sports hall is suited to all sports. The sports café next to the glazed entrance hall looks out on the public square, designed for youth recreation. The multifunctional centre juts into the apartment building occupying a corner of the rectangle, with its large windows looking out onto the avenue. On ground level, the linked schools also penetrate the apartment building with their play rooms, thus avoiding an unbalanced alignment.

Sahara sand   The facilities are distinct in their siting, their location on the squares, their partial alignment with the tree-lined avenue and their materials. They also form a clearly recognisable ensemble with the use of Sahara sand-coloured bricks of varying shapes and sizes. Differences in the positioning of the large expanses of glass make for further variety and contrast.

Bundeling   Wateringse Veld is een omvangrijke nieuwe stadsuitbreiding ten zuiden van Den Haag met veel woningen in rijen met tuintjes. Onderdeel van dit gebied is Hogeveld, strak geordend in een grid. Door het midden van Hogeveld loopt een brede bomenlaan met aan weerszijden rechthoekige bouwblokken. In één van de blokken zijn een aantal voorzieningen bijeengeschoven: twee basisscholen, een multifunctioneel centrum, een kinderdagverblijf en een sporthal. De verschillende opdrachtgevers hebben deze voorzieningen in één ontwerpende hand gelegd. De bundeling bood Mecanoo de mogelijkheid om met een vrij gevormd ensemble binnen het rechthoekige patroon een ongedwongen openbare ruimte te maken. Mecanoo hield zich voor ogen dat binnen de ensemblewerking de verschillende voorzieningen ten opzichte van elkaar herkenbaar moesten zijn, zich door situering, vorm en details onderscheiden zonder uit de toon te vallen.

Knikken   Het programma is in drie delen gegroepeerd, waarmee binnen de gegeven rechthoek een vrije compositie is gemaakt. Rijen woningen en een appartementengebouw markeren goeddeels de kaarsrechte buitenzijde van de rechthoek. Binnen de rechthoek leveren de ogenschijnlijk toevallig maar in werkelijkheid nauwkeurig gemodelleerde vrije vormen van de volumes van Mecanoo asymmetrische pleinen en doorsteken op. Heel precies is naar een optimale ruimtewerking gezocht. Het kinderdagverblijf, annex naschoolse opvang, vormt met de sporthal een cluster, waarin voor de kleine kinderen een ruime patio ligt. De 9 meter hoge sportzaal met olympisch keurmerk is geschikt voor alle sporten. Het sportcafé naast de glazen entreehal kijkt uit op het openbare plein dat voor jongeren is ingericht. Het multifunctionele centrum schuift onder het appartementengebouw en vult met grote vensters aan de laan een hoek van de rechthoek in. De aan elkaar gekoppelde scholen steken op de begane grond met de speellokalen eveneens door het appartementengebouw heen, waarmee een eenzijdige oriëntatie wordt vermeden.

Saharazand   De voorzieningen onderscheiden zich door situering, ligging aan de pleinen, gedeeltelijke oriëntatie op de brede bomenlaan en door materialen. Toch zijn ze als ensemble herkenbaar door de baksteen met de kleur van Saharazand, toegepast in uiteenlopende formaten. Verschillen in de positionering van de grote glasvlakken leveren weer afwisseling en onderscheid op.

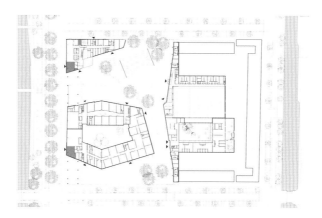

Classroom/schoollokaal >

Day-care centre/Kinderdagverblijf

School and sports square/School- en sportplein

Patio day-care centre/Patio kinderdagverblijf

Olympic-standard sports hall/Sporthal met olympisch keurmerk

< Entrance to sports hall/Entrée sporthal

Municipal offices and train station, Delft

Centuries
In the city centre of Delft runs a railway viaduct that divides the city in two. The planned construction of a railway tunnel will remove this barrier. In its stead there will be an expansion of the inner city along with a park and a promenade. A station foyer in combination with offices for 1000 municipal employees will be built on top of an underground railway station. The inner city of Delft reflects its past. Another facet of the city is the campus of the Delft University of Technology on the edge of the inner city, holding the promise of future developments. The starting point for Mecanoo's design is an interweaving of history and future.

Delft Blue
Travellers arriving at the station will experience Delft as a city not only of technological ingenuity but also one with a rich history. A vaulted ceiling on which a scene is depicted in Delft Blue crowns the impressive space. The ceiling of the station foyer continues above the city hall, where daylight enters from three sides and a winding counter separates visitors from the municipal employees. The city hall and the station foyer are separated from each other by an elongated nucleus of shops, stairs, lifts and glass walls. The vaulted ceiling remains in sight from anywhere within the building. The space and the facilities allow travellers to view the city from the station foyer, a new version of the *View of Delft*.

Diamond
The glass skin reflects the Dutch skies while simultaneously giving the building transparency. Incisions form a pattern of alleyways, inspired by the intricate structure of canals and little streets in old Delft. The facades in the alleyways bring daylight into the offices. The reflections and facets give the building the appearance of a diamond. The horizontal division of the building, with its set-back glass plinth and raised offices, makes a clear distinction between public and private. The first floor contains multifunctional spaces, a restaurant and conference rooms. Voids and spy holes offer views of the station foyer and the city hall.

Stadskantoor en stationshal, Delft

Eeuwen
Een spoorwegviaduct deelt de binnenstad van Delft in tweeën. Met de aanleg van een spoortunnel gaat deze barrière verdwijnen. In de plaats daarvan komen een uitbreiding van de binnenstad, een park en een singel. Boven op een ondergronds spoorwegstation moet een stationshal komen in combinatie met een stadskantoor voor 1000 medewerkers van de gemeente. In de binnenstad van Delft weerspiegelt zich het verleden. Dat is één kant van de stad. In de campus van de Technische Universiteit Delft aan de rand van de binnenstad schuilt de belofte van toekomstige ont--wikkelingen. Dat is het andere gezicht van de stad. Als uitgangspunt voor het ontwerp is gekozen voor een actuele verweving van geschiedenis en toekomende tijd.

Delfts Blauw
In de stationshal ervaart de reiziger dat Delft een stad is van technisch vernuft en bovendien een stad met een rijk verleden. Een gewelfd plafond voorzien van een tafereel uitgevoerd in Delfts Blauw bekroont de imposante ruimte. Het plafond van de stationshal loopt door boven de stadshal in het stadskantoor. In de stadshal, waar van drie kanten het daglicht invalt, scheidt een slingerende balie de bezoekers van de medewerkers van de gemeente. De stadshal en de stationshal worden van elkaar gescheiden door een langgerekte kern met winkels, trappen, liften en glazen wanden. Van alle kanten blijft het gewelfde plafond steeds in het zicht. De ruimte en de voorzieningen zijn zo georganiseerd dat de reiziger vanuit de stationshal een blik op de stad kan werpen, *het gezicht op Delft* in een nieuwe versie.

Diamant
De glazen huid weerspiegelt de Hollandse wolkenluchten en maakt tegelijkertijd het gebouw transparant. Insnijdingen vormen een patroon van stegen, geïnspireerd op de fijnmazige structuur van grachten en straatjes in het oude Delft. De gevels in de stegen brengen daglicht in de kantoren. Door de weerspiegelingen en de facetten manifesteert het gebouw zich als een diamant. De horizontale opdeling van het volume, in een terugliggende glazen plint en een opgetilde kantoorwereld, geeft een onderscheid aan tussen het publieke deel beneden en het afgesloten deel boven. Op de eerste verdieping liggen multifunctionele ruimtes, een restaurant en vergaderzalen. Vides en kijkgaten bieden doorzichten naar stationshal en stadshal.

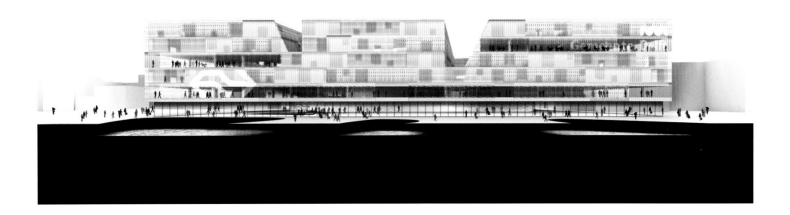

The vaulted ceiling of the station hall/Het gewelfde plafond van de stationshal

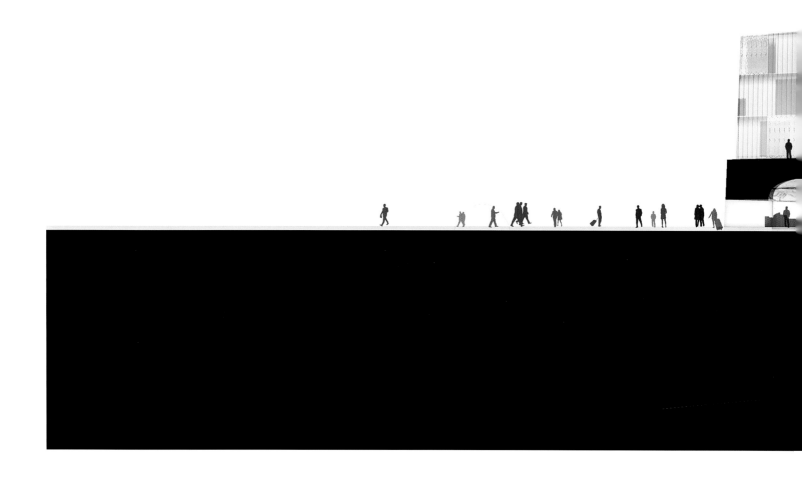

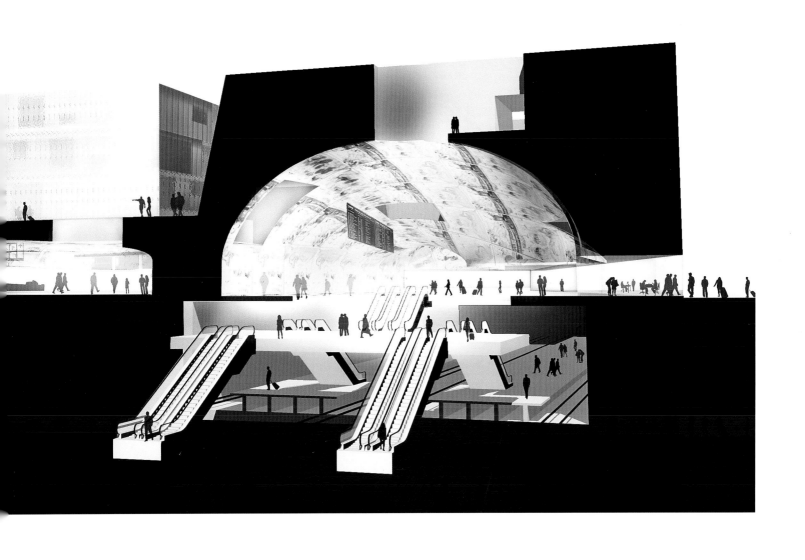

Headquarters BBC Scotland, Glasgow, U.K.

Media City A vibrant Media City is planned for the south bank of the River Clyde near Pacific Bay, scene of Glasgow's docklands and shipyards during the Industrial Revolution. In 2001, internationally renowned architecture firms were invited to take part in a competition to design the new headquarters of BBC Scotland, the first element of the new Media City. Mecanoo was awarded second prize – a good result, but it meant that the design would not be implemented. Mecanoo's design reflected three principles: a vision about the workplace of the future; that the project should forge close ties between the broadcasting company and the public; and that it should be an example of sustainable construction. In former times harsh working conditions and environmental pollution were the prevailing features of this district.

Crossing paths Under a large rectangular glass cloche a polymorphous and multicoloured open world unfolds. People strolling along the banks of the river will have a view of the sports studio and the huge production studio. It will be possible to gain unimpeded views into the interior from all sides. An indoor street three storeys high, running from the main entrance to the east side of the building that looks out across the river, links up the different departments and provides the building with daylight. This is where the staff cross paths. The office departments are also open, with a view to meetings and informal contact. All these elements reinforce the notion that an unrestrained exchange of information, knowledge, and ideas is the foundation of any productive and successful firm. Where security, confidentiality and production conditions permit, the building is open to visitors. The broadcasting company after all is not a closed shop, but a part of society.

Views The roof pavilion also emanates the idea that meetings and the spontaneous exchange of information benefit a company and society as a whole. There is a helicopter landing site on the roof. The company restaurant and the BBC Club are situated on a long narrow roof garden in the pavilion with a view of the river and the city. Two conference rooms with sliding and folding partitions are also located in the roof pavilion. A hall with a panoramic outlook can be converted into a large number of small, intimate spaces.

Hoofdkantoor BBC Schotland, Glasgow, Groot-Britannië

Media City Op de zuidoever van de rivier de Clyde ter hoogte van Pacific Bay, waar in het industriële tijdperk de zeehavens en scheepswerven van Glasgow lagen, moet een bedrijvige Media City verrijzen. Het nieuwe hoofdkwartier van de BBC Schotland vormt hiervoor de aanzet. In 2001 werden internationaal befaamde architectenbureaus uitgenodigd om deel te nemen aan een ontwerpwedstrijd voor dit gebouw. Mecanoo won de tweede prijs, een mooi resultaat, maar zag hiermee haar ontwerp niet uitgevoerd. Mecanoo koos voor drie uitgangspunten: een visie op de werkplaats van de toekomst, het project moet kansen bieden voor een hechte band tussen omroepbedrijf en het publiek en het moet een voorbeeld zijn van duurzaam bouwen. Vroeger heersten in dit gebied rauwe arbeidsomstandigheden en een ernstig milieubederf.

Ontmoeting Onder een grote rechthoekige glazen stolp ontvouwt zich een veelvormige en veelkleurige, open wereld. Wandelaars langs de rivieroever hebben zicht op de sportstudio en de grote productiestudio. Aan de verschillende zijden kan onbelemmerd een blik naar binnen worden geworpen. Een interne straat van drie bouwlagen hoog, die loopt van de hoofdingang naar de oostkant van het gebouw met uitzicht op de rivier, brengt daglicht naar binnen en koppelt de afdelingen aan elkaar. Hier komen de medewerkers elkaar tegen. Ook de bureauafdelingen zijn open, op contact ontmoeting ingericht. Al deze elementen geven gestalte aan de gedachte dat een ongedwongen uitwisseling van informatie, kennis en ideeën de basis vormt voor een productief en succesvol bedrijf. Voor zover de veiligheid, vertrouwelijkheid en productieomstandigheden dat toestaan, staat het gebouw open voor bezoekers. De omroep is immers geen gesloten bolwerk, eerder een deel van de samenleving.

Uitzicht Ook het dakpaviljoen geeft uitdrukking aan de opvatting dat ontmoetingen en een spontane uitwisseling van informatie vruchten afwerpen voor een bedrijf en de samenleving. Op het dak is een helikopterlandingsplaats. In het paviljoen liggen het bedrijfsrestaurant en de BBC Club aan een langgerekte daktuin met uitzicht op de rivier en de stad. Twee conferentieruimtes hebben schuifwanden en vouwschermen. Een zaal met weids uitzicht kan veranderd worden in tal van kleine, intieme ruimtes.

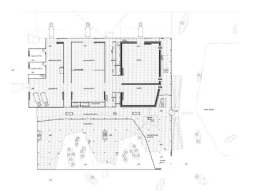

Ground floor/Begane grond

First floor /Eerste verdieping

Second floor/Tweede verdieping

Roof garden/Daktuin

Residential area Nieuw Terbregge, Rotterdam

A new collectivism
Since the 1990s increasing welfare and individualism have been compounded by a shift in government policy to bring about a decisive change in Dutch housing. Public sector single-storey rented accommodation has been replaced by ground-level owner-occupied homes with gardens. Nieuw Terbregge is a new residential area in Rotterdam where the developer requested houses with gardens and at least two parking spaces per home. The commission was analysed by Mecanoo as follows: how do you design houses with a flexible internal layout, with the car parked as it were in the front porch, a safe play area for children close to the front door, plus the advantages of shared facilities usually found in stacked structures? How do you express both individualism and a new form of collectivism on a limited plot of land?

Wooden deck
The solution was found in 'stacking' the ground level and in grouping houses on peninsulas. Each peninsula has a double ground level. The lower one is paved for cars and facilities. The upper is a wooded deck, a shared area where the kitchens are also situated. Gaps between the wooden planks of the deck allow filtered light to reach the lower level. Trees growing through the holes in the deck and flights of steps link the two levels. Between the peninsulas 'jungle' bridges are hung – these are transverse connections that create an informal atmosphere, but whose primary function is to give children an adventurous play area. A residents' association is responsible for running the 'double-decker' that houses shared facilities such as a mini thermal power plant as well as an area for garbage containers.

High room
The groups of houses are carefully composed, so that the slopes of the roofs are not all on the same side. There is a staccato alternation per half house of dark brown unpolished wood facade elements and uncompromising white plaster. In the larch wood part there is a hatch for light and air. All the houses have generously high living rooms with a sunken area that links up with the private garden on the ditch side. Opposite the peninsulas are four residential blocks in or on the water, each with the atmosphere of a large villa, but in reality containing eight houses under one roof.

Woonbuurt Nieuw Terbregge, Rotterdam

Nieuwe collectiviteit
Door toenemende welvaart en individualiteit, maar ook door een ander beleid van de overheid is de woningbouw in Nederland sinds de jaren negentig ingrijpend gewijzigd. De sociale huurwoning op een etage wordt vervangen door een koophuis op de grond met een tuin. Nieuw Terbregge is een nieuwe woonbuurt in Rotterdam waar de projectontwikkelaar vroeg om woningen met een tuin en iets meer dan twee parkeerplaatsen per woning. Deze opdracht is door Mecanoo als volgt ontleed. Hoe maak je huizen met veel indelingsmogelijkheden, met de auto bij wijze van spreken in het voorportaal, met een veilig speelgebied voor kinderen voor de deur en ook nog eens met de voordelen van gemeenschappelijke voorzieningen die bij gestapelde bouwvormen gebruikelijk zijn? Hoe geef je op een beperkt stuk grond uitdrukking aan individualiteit en aan een nieuwe vorm van collectiviteit?

Houten deck
Het antwoord is gevonden in het stapelen van maaivelden en in het groeperen van woningen op schiereilanden. Elk eiland heeft twee keer een begane grond. De onderste is bestraat voor auto's en voorzieningen. De bovenste is een houten deck, een gemeenschappelijk gebied waaraan de woonkeukens liggen. Spleten tussen de houten latten brengen gefilterd licht op de onderste laag. Bomen die door gaten in het houten dek groeien en trappen verbinden de twee niveaus. Tussen de schiereilanden hangen junglebruggen, dwarsverbindingen waarmee een informele toon wordt gezet, maar die vooral bedoeld zijn om kinderen een avontuurlijk speelgebied te geven. Een vereniging van eigenaren is verantwoordelijk voor het beheer van de dubbeldekker, waarin gemeenschappelijke voorzieningen zijn ondergebracht zoals een miniwarmtekrachtcentrale en de ruimte voor afvalcontainers.

Hoge kamer
De groepen woningen zijn nauwkeurig gecomponeerd, met de daken niet steeds naar dezelfde kant aflopend. Per halve woning wisselen donkerbruine, ruw houten geveldelen en strakke, witte stuc elkaar af. In het larikshouten deel zit een luik voor licht en lucht. Alle woningen hebben een ruime, hoge woonkamer, doordat deze verdiept aansluit op de privé-tuin aan de slootkant. Tegenover de schiereilanden liggen vier woongebouwen in of aan het water met de uitstraling van een grote villa, maar in werkelijkheid met elk acht woningen onder één kap.

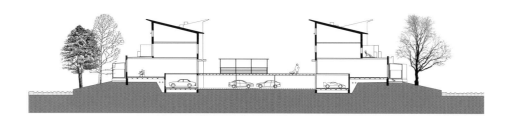

Section deck houses/Doorsnede dekwoningen

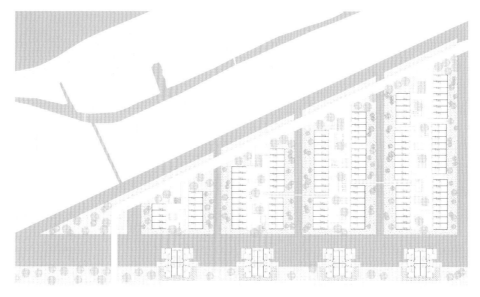

Site context/Locatie

Swimming pool and sports centre
het Marnix, Amsterdam

Inspiration   On the former site of the old Marnixbad (Marnix Bath) built in 1955, sits the new Sports Centre *het Marnix* which features a modern array of fitness facilities. The old swimming pool facility also housed various functions including a bathhouse and a washroom. Although functionally out of date, the old Marnixbad was a striking building that served as a source of inspiration for the design of the new sports centre. The former building's swimming pool was built against the glass facade which jutted out over the canal forming an attractive clear architectural structure. The guiding principle for the present design is derived from the transparency of the former building, translated into prospect, insight and overview.

Opened out   The sports centre is structured by three linked volumes arising from below grade level, each opening outward in a different way. The glazed facade components allow views from within and outside the building, so that the sports centre becomes part of its surroundings. The largest block contains the swimming pools with adjacent dressing rooms. The 25-metre competition pool is located next to a glazed facade, while the multipurpose pool, on the other hand, is capable of being completely enclosed, allowing Muslim women the opportunity to swim as well. Above the swimming pool block hangs the sports hall with accompanying dressing rooms. The block opposite the pools houses office space, a fitness room, an aerobics area, a sauna and a wellness area. The middle volume is a glass-enveloped link connecting to the entrance and a café, which affords a sweeping view of the complex. Parents can sit in the café and follow their children's swimming lessons while at the same time enjoying a view of the surroundings.

Water surface   The basement is somewhat raised so that the building sits on a plinth. This added height along with the glazed facade running along the competition pool gives swimmers an eye-level view of the surface of the canal. They are swimming along with the Amsterdam ducks. Besides masonry, glass and aluminium, part of the facade consists of translucent perspex, imbuing the sports centre with light in the daytime and emanating light in the evening.

Zwembad en sportcentrum
het Marnix, Amsterdam

Inspiratie   Op de plaats van het Marnixbad uit 1955 is Sportcentrum *het Marnix* gebouwd met zwembaden en een keur aan fitnessvoorzieningen. Het oude zwembad had ook al verschillende functies, waaronder een badhuis en een wasplaats. Hoewel functioneel achterhaald was het oude Marnixbad een markant gebouw, dat een bron van inspiratie is geweest voor het ontwerp van het nieuwe sportcentrum. Het oude gebouw had een zwembad aan een glazen gevel in een uitkraging boven de gracht en een attractieve verschijningsvorm. Afgeleid van dit voorbeeld gold transparantie als leidraad voor het ontwerp, vertaald als doorzicht, inzicht en overzicht.

Opengewerkt   Het sportcentrum is samengesteld uit een souterrain waaruit drie geschakelde volumes omhoog komen die op verschillende manieren zijn opengewerkt. De glazen geveldelen maken uitzicht en inkijk mogelijk, waardoor het bouwwerk deel uitmaakt van zijn omgeving. In het grootste blok liggen de zwembaden met kleedruimten naast elkaar. Het 25 meter wedstrijdbad ligt zo open mogelijk aan een glazen gevel, het doelgroepenbad daarentegen is besloten, zodat ook islamitische vrouwen daar kunnen zwemmen. Boven de zwembaden hangt de sporthal met bijbehorende kleedkamers. Het tegenover liggende blok bergt kantoorruimte, fitnesszaal, aerobicsruimte, sauna en welnessruimte. Het middelste volume is de met glas omhulde verbindende schakel met de entree en een café, van waaruit vrijwel alle ruimten zijn te overzien. Ouders kunnen in het café de zwemles van de kinderen volgen, maar ook de omgeving overzien.

Waterspiegel   Het souterrain komt iets omhoog waardoor het gebouw een plint heeft. Door deze hoogteligging en de glazen gevel langs het wedstrijdbad kijkt de zwemmer op ooghoogte uit over de waterspiegel van de gracht. Hij zwemt gelijk op met de Amsterdamse eenden. Behalve uit metselwerk, glas en aluminium bestaat een deel van de gevel uit doorschijnende kunststof, waardoor de sporthal overdag daglicht ontvangt en in de avond licht uitstraalt.

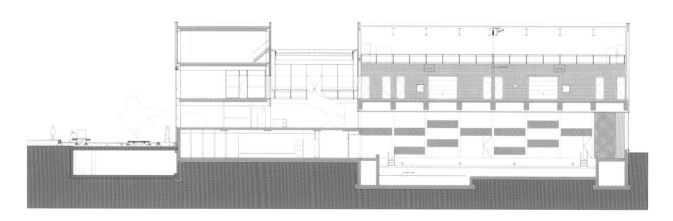

Design based upon prospect, insight and overview/Ontwerp gebaseerd op doorzicht, inzicht en overzicht

Laboratory building and knowledge centre Novartis, Basel, Switzerland

Pattern In addition to the basic requirement for a laboratory building-cum-innovative knowledge centre, the board of Novartis commissioned a building that would encourage interaction among staff in the corridors. While the request left some room for interpretation, the site was fixed definitively. The master plan for the campus of Novartis, designed by Vittorio Lampugnani, was the basis for the international design competition. This plan displays a strict pattern of rectangles for the building, without allowing for any embedding in the landscape. In terms of the building's relationship with its surroundings, the fact that the building envelope is situated at a busy junction near the entrance of the firm's campus was an important consideration for the competition entry. The challenge of the task for Mecanoo lay in how to treat a rectangular box-shaped building spatially so that it generates an attractive blend of external and internal spaces.

Atria The auditorium floor, which projects from the side of the building, rises to a height of 6 metres. At the front of the building this results in an entrance hall that is marked on the outside by a system of pillars. The knowledge centre, underneath in the core of the building, obtains daylight from two atria that also create relationships with the floors above. The laboratories are arranged logically in relation to each other, with interchangeable spaces. The office spaces are placed around the atria in a variety of configurations. A lounge with a view of the campus is on a terrace, thus linking inside and out. Parts of the box are lit strategically, producing an intriguing piece of lattice work – *une boîte à miracle*.

Lamellas The facades of the adapted box have an outside layer of vertical moveable wooden lamellas, making it possible to regulate the light in each of the different rooms separately. The wood gives the building a determinedly individual character, in contrast with the other buildings on the campus.

Laboratoriumgebouw en kenniscentrum Novartis, Bazel, Zwitserland

Patroon Behalve om een laboratoriumgebouw annex innovatief kenniscentrum vroeg de raad van bestuur van Novartis om een gebouw waarin de medewerkers elkaar gemakkelijk in de wandelgangen kunnen ontmoeten. Liet deze vraag enige ruimte voor interpretatie, het bouwterrein was onherroepelijk vastgesteld. Aan de internationale ontwerpwedstrijd lag het masterplan voor de campus van Novartis ten grondslag, ontworpen door Vittorio Lampugnani. Dit plan laat een streng patroon van rechthoeken voor de gebouwen zien, zonder ruimte voor enige landschappelijke inbedding. Voor de relatie met de omgeving was wel van belang dat het vak voor de prijsvraag aan een druk kruispunt ligt, bij de entree van de concerncampus. Voor Mecanoo school de uitdaging van de opgave in de wijze waarop een gebouw in de vorm van een rechthoekige doos ruimtelijk zo bewerkt kan worden, dat een attractieve wereld van externe en interne relaties ontstaat.

Atria De vloer van het auditorium die zich aan de zijkant van het gebouw aftekent, loopt op tot een hoogte van 6 meter. Zo ontstaat aan de voorkant van het gebouw een entreehal die aan de buitenkant door een stelsel van kolommen wordt gemarkeerd. Het kenniscentrum, beneden in het hart van het gebouw, krijgt daglicht van twee atria die tegelijkertijd relaties leggen met de bovenliggende verdiepingen. De laboratoria zijn logisch ten opzichte van elkaar gerangschikt met ruimten die uitwisselbaar zijn. De kantoorruimten zijn op een telkens weer andere manier om de atria heen gelegd. Een lounge met uitzicht op de campus ligt aan een terras, waarmee binnen en buiten aan elkaar gekoppeld worden. Door op strategische wijze delen uit de doos te lichten, ontstaat een intrigerend vlechtwerk, *une boîte à miracle*.

Lamellen De gevels van de bewerkte doos hebben een buitenste laag van verticaal beweegbare houten lamellen. Met de lamellen kan de toetreding van daglicht in de verschillende ruimten afzonderlijk gereguleerd worden. Het hout geeft het gebouw ten opzichte van de andere gebouwen op de campus een eigenzinnig karakter mee.

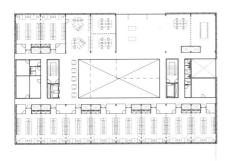

Second floor/Tweede verdieping

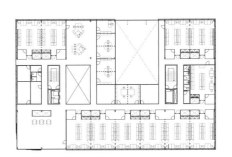

Third floor/Derde verdieping

World Health Organization offices, Geneva, Switzerland

Sustainability
In 2002 the World Health Organization (WHO) held a design competition for the expansion of its own offices and a new headquarters for its sister organisation UNAIDS, a joint programme fighting AIDS internationally. Mecanoo had two starting points for the design: to provide a comfortable and attractive working environment for the organisation's staff and to create a sustainable building with low energy use. These two aims naturally suggested the siting of the UNAIDS building within the existing park landscape. The landscape must always be respected, especially if it provides excellent conditions for living and working. The design won first prize, but the building has not been realised.

Cavity
The stand-alone building meanders amongst the existing trees. The reflection of the foliage in the glazed facades gives the impression of the building fusing with its environment. The curving floor plates produce an elongated profile with a large facade area. Although this raises construction costs it also benefits the building's long-term use. Every part of the building has direct contact with the outside and despite the large floor plates there are no dark spaces. The facade also contributes to the building's energy-saving strategy; a balcony-sized cavity in between the double facade provides cooling in the summer and warming in the winter. The effect of this cavity is maximised by employing cooling and heating stored underground. All the common areas are accommodated in the lowest level, which is partially below grade.

Demountable
The office floor plates are identical, with no fixed partition walls. Semi-transparent, matte glass partitions, which are easily demountable, can be placed where necessary. This maintains the sense of a single large space with open views and a high degree of flexibility.

Kantoor Wereldgezondheidsorganisatie, Genève, Zwitserland

Duurzaamheid
De Wereldgezondheidsorganisatie (WHO) in Genève schreef in 2002 een prijsvraag uit voor de uitbreiding van het eigen hoofdkantoor en voor een nieuwe zetel van de zusterorganisatie UNAIDS, die zich toelegt op de bestrijding van aids in de wereld. Voor het ontwerp heeft Mecanoo twee uitgangspunten vooropgesteld, een comfortabele, aantrekkelijke werkomgeving voor het personeel en een hoge mate van duurzaamheid, ondermeer door een laag energiegebruik. Deze tweeledige doelstelling leidde als vanzelf tot de keuze om met de situering van het gebouw voor UNAIDS het aanwezige parklandschap te ontzien. Het landschap moet altijd gerespecteerd worden, zeker als het een goede omgeving oplevert voor wonen en werken. Ondanks de eerste prijs is een opdracht uitgebleven.

Spouw
Het vrij liggende gebouw slingert tussen de bestaande bomen door. De weerspiegeling van het groen in de glazen gevel doet het gebouw vervagen. Door de insnoeringen van het bouwlichaam ontstaat een lange omtrek met veel gevel, die de bouwkosten nadelig beïnvloedt. Daar staan voordelen in het gebruik tegenover. Overal in het gebouw is een direct contact met buiten aanwezig en ondanks het grote vloeroppervlak ontbreken achterkamers. De gevel is bovendien gunstig voor de energierekening. De dubbele glazen gevel met tussenruimten zo groot als serres voert 's zomers koele lucht aan en 's winters verwarmde lucht. De werking van de spouw wordt versterkt door het benutten van in de grond opgeslagen warmte en kou. De onderste bouwlaag ligt enigszins verdiept. Hier zijn alle gemeenschappelijke voorzieningen samengebracht.

Demontabel
De kantoorlagen zijn identiek. Nergens zijn vaste binnenmuren gemaakt. Waar dat noodzakelijk wordt gevonden kunnen half doorzichtige, matglazen tussenwanden worden geplaatst, die gemakkelijk demontabel zijn. Hierdoor blijft het uitgangspunt van één grote ruimte met vrij doorzicht bewaard en is sprake van een hoge mate van flexibiliteit.

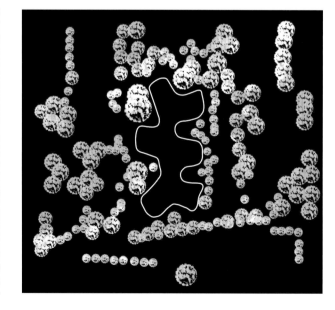

No box...

Geen doos...

but a building that meanders around trees

maar een gebouw dat tussen de bestaande gebouwen door slingert

Theatre de Trust, Amsterdam

Theater de Trust, Amsterdam

Continuity

A landscape may impress one profoundly due to its spaciousness, its lines and colours and the feeling of continuity it evokes. The same goes for the interior of an old building, steeped in history, that is prised open. One very striking example is the former Lutheran Church of 1793 on the Kloveniersburgwal in Amsterdam that was dismantled half way through the 1990s. After this classical building, which didn't look like a church at all on the outside, was stripped in the 1950s, it ended up completely empty. An avant-garde theatre company, De Trust, was given the opportunity to convert it into a theatre. After a preliminary survey of the magnificent space, the idea emerged that it should be possible to install a large organ in the building, so the building would look like a church once more. The walls and columns should be left to tell their own tale and be encroached on as little as possible. In a manner of speaking, De Trust is only there as a guest.

A piece of furniture

Instead of the organ that formerly defined the space and will perhaps do so again in the future, a piece of 'furniture' has been installed, making it quite clear that what is now in place is a theatre. It has been placed freestanding in the void without touching the colonnade. It contains many functions, serving as staircase, bar and kitchen. At the level of the main auditorium is the direction room, while the technical services are placed higher still. A lack of funds has resulted in a conceptual approach that has been maintained consistently, so that there is no detailing or use of fancy materials. The black box, the typical form of a modern theatre interior, is created by black curtains. When the black box magic is not required or when sunlight is an asset during daytime rehearsals, the curtains can be opened.

Blood red

Actors and actresses have collaborated to get the theatre ready for performing before the public. They painted the piece of furniture blood red on the outside and gold on the inside. A few chandeliers make it abundantly clear that this is a hint at the traditional 'fourth wall' theatre, the bonbonnière. The remaining lighting clearly stresses the strict separation of building and contents.

Continuïteit

Een landschap kan heel indrukwekkend zijn door de ruimtelijkheid, de lijnen en kleuren die er in aanwezig zijn en door het besef van continuïteit dat er door wordt opgeroepen. Hetzelfde is het geval met het opengebroken interieur van een oud met geschiedenis beladen gebouw. Een uitzonderlijk sterk voorbeeld hiervan bood halverwege de recente jaren negentig de onttakelde voormalige Lutherse Kerk aan de Kloveniersburgwal in Amsterdam uit 1793. Nadat het classicistische gebouw, dat aan de buitenkant overigens helemaal niet op een kerk lijkt, in de jaren vijftig van binnen al was ontmanteld, kwam het toen helemaal leeg te staan. Het avant-garde gezelschap De Trust mocht er een theater van maken. Bij het aanschouwen van de indrukwekkende ruimte drong zich het beeld op dat ooit opnieuw een groot orgel geplaatst moet kunnen worden, waardoor het gebouw weer een kerk zal zijn. De muren en kolommen moeten hun eigen verhaal blijven vertellen, zo min mogelijk aangeraakt worden. De Trust is er bij wijze van spreken alleen maar te gast.

Meubelstuk

In de plaats van het orgel dat ooit de ruimte bepaalde en misschien nog eens zal bepalen, is nu een meubelstuk in de ruimte geplaatst waardoor onmiskenbaar sprake is van een theater. Het is vrijstaand in de vide gezet, zonder de zuilengalerij te raken. Het meubelstuk bergt vele functies, doet dienst als trappenhuis, bar en keuken. Ter hoogte van de grote zaal ligt de regiekamer en nog hoger zijn alle installaties geplaatst. Het gebrek aan budget heeft geleid tot een conceptuele benadering die consequent is volgehouden, zonder detailleringen en chique materialen. De *black box* die bij modern theater hoort bestaat uit zwarte gordijnen. Wanneer aan de magie van de doos geen behoefte bestaat of wanneer overdag tijdens repetities de mooie lichtval wordt verkozen, dan kunnen de gordijnen geopend worden.

Bloedrood

De acteurs en actrices hebben meegewerkt om het theater voor bespeling en ontvangst van publiek gereed te maken. Ze hebben het meubelstuk geschilderd, aan de buitenkant bloedrood, aan de binnenkant goudkleurig. Enkele kroonluchters maken ten overvloede duidelijk dat hiermee een knipoog wordt gegeven naar het traditionele theater met lijsttoneel, de aloude *bonbonnière*. De overige verlichting markeert dat gebouw en invulling zonder uitzondering los van elkaar zijn gehouden.

The former Lutheran church has been dismantled and altered into an avant garde theatre/De voormalige Lutherse kerk is ontmanteld en verbouwd tot avant-garde theater

Faculty for Economics and Management, Utrecht

Faculteit voor Economie en Management, Utrecht

Settlement From the beginning of the 1960s Utrecht University campus has been located outside the city, on the De Uithof terrain. A master plan by OMA/Rem Koolhaas from the early 1990s designated zones to be filled with high-density development to spare the landscape. Each zone has been given a character of its own. The Faculty for Economics and Management, for five thousand students and four hundred staff, lies in a zone known as the 'Casbah'. Based on the notion of this traditional North African form of settlement, the long, shallow building has only three storeys with a neutral facade enclosing a sheltered world of patios, rooms, halls, footbridges, stairs and leisure places.

Space The building, which has a rectangular basic form, is a system of constantly converging or connecting spaces. Groups of students can walk around the building with ease. The corridors and passages are framed by the classrooms and offices. The entrance area is the assembly area or congress zone. It consists of a large open space in which the lecture rooms appear to hang. The balconies between these closed boxes, the staggered layers and connecting links are places for the students to meet casually or enjoy a moment of leisure. Focal points such as the multimedia centre and the restaurant are located on the ground floor. Light enters the building via three large patios with different layouts. In the largest patio luxuriant bamboo suggests a jungle, while the other two are more calm – a Zen garden and a 'water' patio provide a glimpse of the charming landscapes.

Veil The facade has various forms – sometimes exposed and sometimes with a veil or skin. Facades of cement slabs are concealed behind steel grids and wooden lattices in seemingly random trellis patterns. Other parts of the facade have their entire breadth covered with gigantic blinds, a series of moveable aluminium lamellas.

Nederzetting De campus van de Universiteit van Utrecht ligt vanaf de jongste jaren zestig buiten de stad, in het gebied De Uithof. Een masterplan van OMA/Rem Koolhaas uit het begin van de jaren negentig wijst zones aan die dicht bebouwd worden om landschap te sparen. Elke zone heeft een eigen karakter meegekregen. De Faculteit voor Economie en Management voor vijfduizend studenten en vierhonderd docenten ligt in de zogenoemde Kasbah-zone. Geïnspireerd op deze traditionele Noordafrikaanse neder-zettingsvorm heeft het uitgestrekte gebouw niet meer dan drie bouwlagen gekregen met een neutrale gevel die een beschermde wereld omsluit van patio's, kamers, zalen, passerelles, trappen en ontmoetingsplaatsen.

Ruimte Het gebouw, met een bewerkte rechthoek als grond-vorm, is een stelsel van telkens in elkaar overlopende ruimten. Groepen studenten kunnen zonder gedrang door het gebouw lopen. De leslokalen en werkkamers vormen de omlijstingen van de door-gangen. Het entreegebied is de congreszone, een grote open ruimte waarin de collegezalen lijken te hangen. De balkons tussen deze dichte dozen, de verspringende lagen en de verbindende schakels zijn plaatsen voor ontmoeting en verblijf. Trefpunten als de media-theek en het restaurant liggen op de begane grond. Daglicht komt het gebouw binnen door drie grote patio's, die uiteenlopend zijn ingericht. Weelderig groeiend bamboe in de grootste patio verwijst naar de jungle, de andere twee zijn verstilt gehouden, een zentuin en een waterpatio met een doorkijk naar het bekoorlijke landschap.

Sluier De gevel heeft verschillende gedaanten, is soms onthuld, draagt soms een sluier. Gevels van cementplaten gaan schuil achter stalen roosters en houten latwerken in schijnbaar willekeurige raster-patronen. Andere delen van de gevel worden over de volle breedte bedekt door reuzenjaloezieën, reeksen kantelbare aluminium lamellen.

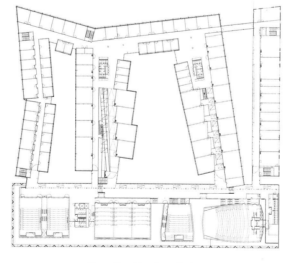

Second floor/Tweede verdieping

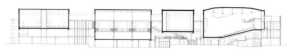

Section lecture halls/Doorsnede collegezalen

Circulation area/Circulatiegebied

Entrance hall/Entreehal

Library Delft University of Technology

Symbiosis In designing a large new university library, various references come to the fore. Famous libraries, ranging from the old Bibliothèque Nationale in Paris (1875) by Henri Labrouste to the Stockholm Municipal Library (1927) by Erik Gunnar Asplund, have called for an advanced contemporary building. Today such a building must be a gateway to the digital highway but must also refer to important traditions, including access to knowledge and the rarefied atmosphere of study within a splendid environment. In the case of Delft, with a thousand workstations and facilities to accommodate three thousand students each day, the building must also be the heart of the university and provide a landmark within a campus the size of a small town. The design must also consider its relationship with the centrally placed auditorium, the Brutalist building by Van den Broek and Bakema, great names in the history of the university and Dutch architecture. Through contrast, a symbiosis has been established – the towering concrete of the auditorium and the landscape in which the library is sited form a new unity.

Pushpin The large lawn roof is tilted up at one corner like a sheet of paper held by a single point. The hollow beneath houses the library. A cone, the symbol of technology, pierces the library and the landscape, affixing them like a pushpin. With a grass-covered roof, high-performance glazed facades and subterranean storage for heating and cooling, the building reaches high standards of sustainability. The entrance affords a glimpse of the sunken book stacks for rare and irreplaceable books. Inside the towering suspended bookcase for the less fragile books astonishes the visitor. The deep blue background gives the wall-to-wall racks the feel of a theatre set. The columns in the central hall are not only structural but also provide lighting and heating. The sloping metal ceiling continues without interruption across all spaces above a floor the colour of Saharan sand.

Perspective A library must provide an environment that enables concentration through silence, comfortable furniture and pleasant lighting. Daylight penetrates the building not only through the climate-control glazing in the facade but also through the cone that pierces to the heart of the building. The cone also gives form to a variety of study rooms. The space that adjoins the central hall contains long tables with three hundred workstations with partitions in a shifting perspective indebted to Labrouste.

Bibliotheek Technische Universiteit Delft

Symbiose Bij het ontwerpen van een grote nieuwe universiteitsbibliotheek dringen zich uiteenlopende oriëntaties op. Van beroemde bibliotheekgebouwen als de oude Bibliothèque Nationale in Parijs (1875) van architect Henri Labrouste of de stadsbibliotheek van Stockholm (1927) van Erik Gunnar Asplund gaat de oproep uit om een geavanceerd hedendaags gebouw te maken. Dat gebouw moet een prominente plaats bieden aan de toegang tot de digitale snelweg, maar toch ook verwijzen naar belangrijke traditties, die de beschikbaarheid van kennis en de ingetogen sfeer van studeren in een riante omgeving inhouden. In het geval van Delft moet het gebouw, met duizend werkplekken en de faciliteiten voor het ontvangen van drieduizend studenten per etmaal, bovendien het hart van de universiteit zijn en een gezicht geven aan een campus met de omvang van een stadswijk. Voorts is er de situering achter de centraal gelegen aula, het brutalistische bouwwerk van de architecten Van den Broek en Bakema, grote namen uit de geschiedenis van de universiteit. Door contrast is een symbiose gevonden, het oprijzende beton van de aula en het landschap waarin de bibliotheek is geschoven vormen een nieuwe eenheid.

Pushpin Zoals een blaadje papier bij een punt omhoog gehouden kan worden, zo is een groot grasvlak aan een kant opgetild. In de holte ligt de bibliotheek. Een kegel, het symbool van de techniek, prikt als een pushpin landschap en bibliotheek aan elkaar vast. Met grasdak, klimaatgevels, opslag van warmte en koude in de grond is het gebouw hoogwaardig ecotechnologisch uitgevoerd. Bij het binnenkomen wordt een blik gegund op het verzonken magazijn met de onvervangbare boeken. Binnen verblijft een hoogoprijzende hangende boekenkast. De diepblauwe achtergrond maakt de kast met de minder kwetsbare boeken tot een wandvullend decor van een theaterstuk. De kolommen in de centrale hal dragen niet alleen, maar verlichten en verwarmen ook. Het aangelichte metalen plafond loopt zonder onderbrekingen door over alle ruimten heen. De vloer strekt zich uit in de kleur van Saharazand.

Perspectief Een bibliotheekgebouw moet concentratie mogelijk maken door stilte, comfortabel meubilair en door aangenaam licht. Behalve door de met glas gevulde klimaatgevels komt daglicht het gebouw binnen door de kegel die tot in de centrale hal steekt. De kegel geeft bovendien vorm aan verschillende leeszalen. In de zaal die aansluit op de centrale hal staan op lange tafels driehonderd werkstations met schotten daartussen in een verschuivend perspectief opgesteld, ontleend aan Labrouste.

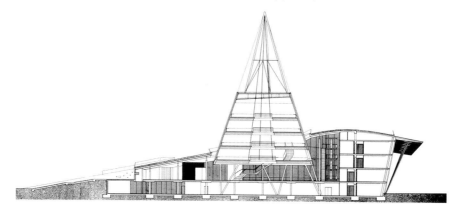

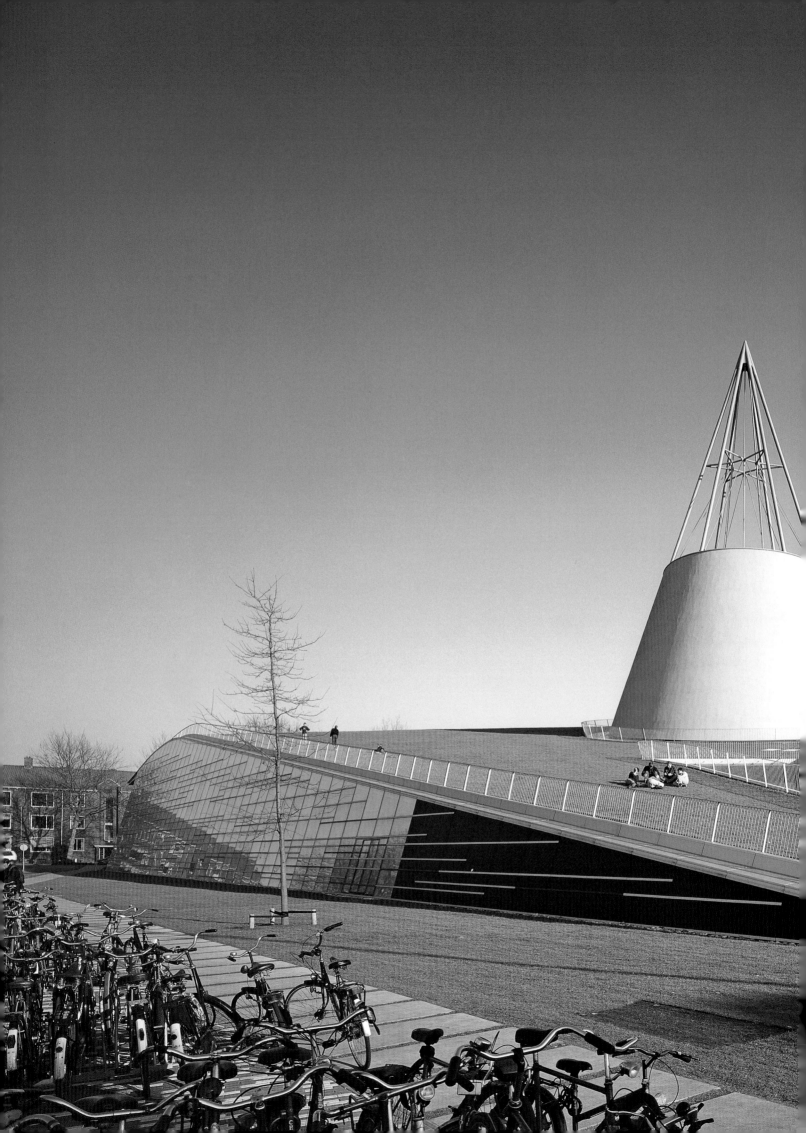

Floating bookcase/Zwevende boekenkast

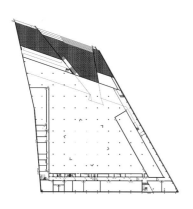

Basement level/Kelder

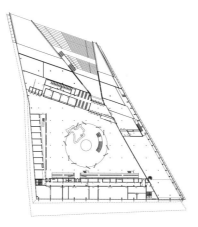

First floor/Eerste verdieping

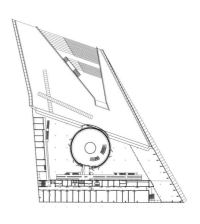

Second floor/Tweede verdieping

Campus Delft University of Technology

Campus   The bustling and broad Mekelweg (Mekel Way) used to run right through the middle of the Technical University of Delft (TU Delft). This road was closed at the beginning of 2007 to make way for Mekel Park, 800 metres long and 80 metres wide. The TU Delft aims to transform its grounds into a University Campus, creating attractive surroundings for its international community of professors and students. This transformation is in keeping with the university's goal of being recognised as a world-class institution for research and education. Formerly, the buildings of each different faculty and their respective parking lots sat like bulwarks along the road. Now, with the buildings located alongside the park, they illustrate their interdisciplinary connection. The park unifies and adds allure to the university while also providing a pleasant experience.

Bench   In addition to pedestrians, cyclists, skaters and public transportation are also accounted for. The three stops for the tram line and buses are related in form and materials to a sharply bent promenade which runs through the park. The hard-stone edge of the esplanade forms a kilometre-long bench. The paving made from mixed and cut granite stones give the esplanade a well-crafted and stately appearance. The esplanade has been newly baptised as the New Delft, a reference to the Old Delft canal in the historic town centre where a part of the university was located in its early days. The Mekel Park and the New Delft are traversed by a playful grid of footpaths reminiscent of Mikado Sticks that have been thrown down randomly. A ribbon of trees meanders through the park. The collection of existing trees is supplemented with other tree types with different growth patterns and leaf colours. Prunus trees and bulb flower beds announce the spring.

Slopes   The former parking areas in front of the faculty buildings lay below pavement level. The differential in height gives rise to slopes, which accentuate the meandering trees. The entrances to the faculty buildings are being relocated to the park side. The shops, restaurants and cafés, with their terraces on Mekel Park strengthen the campus feel. The annual orientation weeks and open days are now being organised in and around the park.

Campus Technische Universiteit Delft

Campus   Midden door het gebied van de Technische Universiteit Delft (TU Delft) liep de drukke brede Mekelweg. Deze weg is begin 2007 opgeheven om plaats te maken voor het Mekelpark, 800 meter lang, 80 meter breed. De TU Delft wil transformeren tot een *University Campus*, een aantrekkelijke omgeving voor haar internationale gemeenschap van docenten en studenten. Deze gedaanteverandering past in het streven van de TU Delft om met onderzoek en onderwijs te behoren tot de bovenlaag van technische universiteiten in de wereld. Waar de verschillende faculteiten als op zichzelf staande bolwerken met eigen parkeervelden aan de weg stonden, illustreert voortaan de gezamenlijke ligging aan het park een interdisciplinaire verbondenheid. Het park moet niet alleen verbinden, maar ook allure geven aan de universiteit en aangenaam verblijf bieden.

Zitbank   Naast voetgangers komen in het Mekelpark ook fietsers, skaters en openbaar vervoer. De tramlijn en de bussen hebben in het park drie haltes, die in vorm en uitvoering familie zijn van een promenade die met een scherpe knik door het park voert. De hard stenen rand van deze esplanade is uitgevoerd als een zitbank van een kilometer lang. De bestrating van gemengde, doorgezaagde keien van graniet geven de esplanade een noest en tevens statig karakter. De esplanade is de Nieuwe Delft gedoopt, refererend aan de Oude Delft in de historische binnenstad waar vroeger een deel van de universiteit huisde. Het Mekelpark en de Nieuwe Delft wordt kriskras doorkruist door een stelsel van voetpaden, die doen denken aan Mikadostokjes die at random zijn neergevallen. Een lint van bomen slingert zich door het park. De verzameling bestaande bomen is aangevuld met uiteenlopende soorten, waarvan de groeivormen en bladtinten verschillend zijn. Prunussen en bloembollenvelden kondigen het voorjaar aan.

Glooiingen   De voormalige parkeerterreinen bij de faculteiten waren enigszins verdiept aangelegd. De hoogteverschillen zijn benut voor glooiingen die de slinger van bomen accentueren. De faculteitsgebouwen worden aangepast, zodat de entrees aan het park komen te liggen. Restaurants, café's met hun terrassen aan het Mekelpark en winkels versterken het campusgevoel. De jaarlijkse introductieweken en open dagen vinden voortaan in en aan het park plaats.

Mekelweg 1969

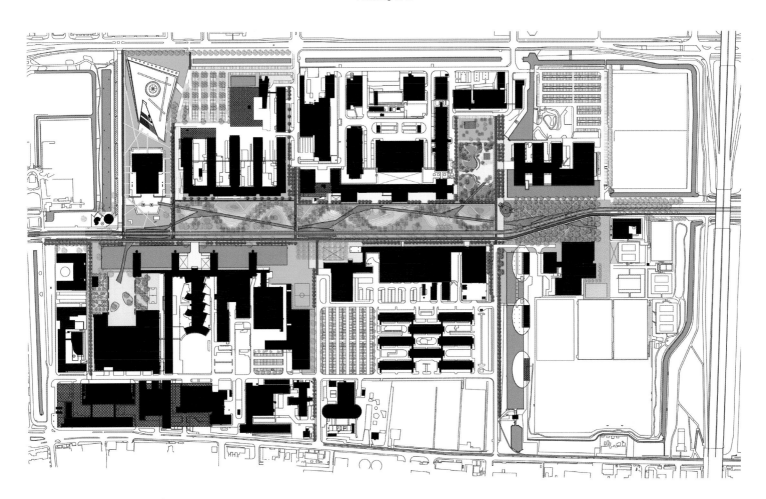

Mekelpark 2007

Residential area Herdenkingsplein, Maastricht

Woonbuurt Herdenkingsplein, Maastricht

An intimate space   Maastricht is the most medieval, monumental and spectacularly situated city in the Netherlands, lying on the River Maas in the hilly countryside of South Limburg. It is a sophisticated town with exquisite squares, but it is also a peaceful one with churches, cloisters and ancient walls. A feature of one part of the city is the street walls with round-arched gates leading to what in former times were the courtyards of farms within the city limits. The commission for drafting a master plan for this district has been followed by the task of building a square with housing units on top of an underground car park. Contrary to Maastricht city council's original idea, Mecanoo did not exploit these commissions to create openings in the urban tissue, but to cultivate its intimate character. With this intimacy as the starting point, a demarcation was included in the design between the sheltered character required for domestic life and the accessibility of the public domain.

Abstract   The housing units by Mecanoo comprise a single wall on the square with a buckled corner. The other three walls are made up of housing units by the architects Boosten and Rats, the former Rijksacademie voor Beeldende Kunsten building and Wiel Arets's serene extension. The facades do not display any separate units, but rather abstract buildings with staggered square walls, partially executed in wood, that are sometimes asymmetrical to indicate the virtually concealed through-routes. The porch and a row of high, thin columns on a freestone gallery in front of the facades of all the housing blocks mark the transition between the private area of the houses and the public domain. Furthermore it brings together the blocks by the different architects. The lower-level units have their front doors on the square, while the units above have their stairwells and lifts there too. The surface of the square is composed of granite cobblestones with inlaid lines of stainless steel, Cortèn steel and concrete. A small group of trees contrasts with the hard, urban character of the site.

Sober craftsmanship   Maastricht is not a city of frills and fancy, of glitter and glamour, but one of stone, wood and iron – unpolished, sturdy and purposeful. In this tradition of sober craftsmanship, field-fired bricks from a nearby demolition site are used for the short sides of the housing blocks, for repairing a surrounding wall part and for storage sheds against this wall. They serve to embed the square and its buildings still more firmly in the historic fabric of the city.

Besloten   Maastricht is de meest middeleeuwse, meest monumentale en meest fraai gelegen stad van Nederland, gelegen aan de rivier de Maas in het heuvellandschap van Limburg. Het is een mondaine stad met mooie pleinen, maar ook een verstilde stad met kerken, kloosters en oude muren. Een deel van de stad wordt gekenmerkt door straatwanden met rondboogpoorten naar wat vroeger de hoven waren van in de stad gelegen boerderijen. De opdracht om voor dit gebied een masterplan te maken is gevolgd door de opgave om op een ondergrondse parkeergarage een plein te maken met daaraan woningen. Anders dan de gemeente Maastricht aanvankelijk voor ogen stond heeft Mecanoo deze opdrachten niet aangegrepen om openingen in het stadsweefsel te maken, maar juist om het besloten karakter te cultiveren. Dat hield wel in dat gezocht moest worden naar een afbakening tussen de beschutting die het wonen vergt en de toegankelijkheid van het openbare gebied.

Abstract   Eén wand van het plein met een sprong erin bestaat uit woningen van Mecanoo. De andere drie wanden bestaan uit woningen van de architecten Boosten en Rats, het oude gebouw van de Rijksacademie voor Beeldende Kunsten en de serene uitbreiding van de academie van architect Wiel Arets. De gevels laten geen afzonderlijke woningen zien, ze vormen eerder abstracte gebouwen met gedeeltelijk houten pleinwanden die geknikt zijn, soms asymmetrisch om de vrijwel verborgen doorgaande routes aan te duiden. Een luifel en een reeks dunne, hoge kolommen op een hardstenen omgang voor de gevels van de woningblokken langs markeren de overgang tussen het privé-gebied van de woningen en het openbare plein en trekken de blokken van de verschillende architecten bij elkaar. De benedenwoningen hebben voordeuren aan het plein, de bovenwoningen hebben trappenhuizen met liften aan het plein. In een vlak van granieten keitjes zijn in de vloer van het plein lijnen ingelegd van roestvrij staal, Cortènstaal en beton. Een groepje bomen onderstreept het stenige, stedelijke karakter van het plein.

Ambachtelijk   Maastricht is geen stad van glitter en krullen, van spiegelpaleisjes en ornamenten, veeleer van steen, hout en ijzer in hun onopgepoetste verschijningsvorm, degelijk en doelmatig. In deze traditie van sober ambachtelijk vertoon zijn veldbrandstenen van de sloop van gebouwen uit de buurt gebruikt voor de koppen van de woningblokken, voor het repareren van een omliggende muur en om bergingen aan deze muur te maken. Daarmee worden het plein en zijn bebouwing nog sterker in het weefsel van de stad verankerd.

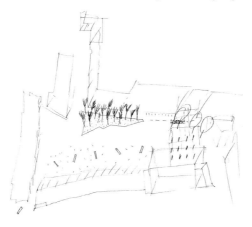

Theatre de Toneelschuur, Haarlem

Cartoonist
The Toneelschuur in Haarlem is a trend-setting theatre for plays, dance and films. With the same experimental approach as displayed in the programming, designer and cartoonist Joost Swarte was asked to make a sketch design for a new home for the Toneelschuur in the historical city centre. Mecanoo was then invited to collaborate with Swarte in converting his concept into a plan for the new building. A number of considerations lay behind Mecanoo's acceptance of the invitation, including the firm's associations with the theatre world and the resulting loyalty, but equally the notion that architecture implies service.

A technical slice
For a theatre to function smoothly, solutions have to be found for the public entering and leaving, for the technical aspects and for the loading and unloading of sets before and after the performances. Strict requirements are imposed on the latter in order to limit inconvenience in the neighbourhood. By creating a slice-shaped structural element that runs like a backbone through the whole building and contains all the technical services, the puzzle was solved. The theatres, foyer, café and loading bay are located on either side of the slice. The large foyer on the ground floor gives direct access to the theatres and the café. The sloping glass facade makes the foyer seems like an extension of the street.

Character
The theatre has to be inserted into a complex small-scale neighbourhood. Variations in height and shape and the use of differing materials, such as glass, brickwork, stucco, wood and copper mean that each of the different parts of the building has its own character and atmosphere. The Toneelschuur offices are situated in some historical buildings that are visually integrated into the whole complex.

Theater de Toneelschuur, Haarlem

Striptekenaar
De Toneelschuur in Haarlem is een toonaangevend eigentijds theater voor toneel, dans en film. Met dezelfde experimentele inslag als waarmee het aanbod wordt samengesteld, is voor een verhuizing van het theater naar de historische binnenstad aan de ontwerper en striptekenaar Joost Swarte gevraagd om een nieuw huis voor de Toneelschuur te tekenen. Daarna is Mecanoo uitgenodigd om samen met Swarte zijn idee uit te werken tot een ontwerp voor een gebouw. Aan het accepteren van de uitnodiging lagen voor Mecanoo verschillende overwegingen ten grondslag, zoals verbondenheid met de theaterwereld en een daaruit geboren loyaliteit, maar evenzeer de opvatting dat architectuur dienstbaarheid inhoudt.

Technische schijf
Voor het optimaal functioneren van een theater moeten oplossingen gevonden worden voor het naar binnen en naar buiten stromen van het publiek, voor de techniek en voor het laden en lossen van decorstukken voor en na de voorstelling. Aan het laden en lossen zijn strenge eisen gesteld om overlast voor de omgeving te beperken. Door een schijfvormig bouwdeel te maken dat als een ruggengraat door het gehele gebouw loopt en waarin alle technische voorzieningen zijn ondergebracht, kon de puzzel worden opgelost. De zalen, de foyer, het theatercafé en de laad-en-losgarage liggen ter weerszijde van de technische schijf. Vanuit de ruime foyer op de begane grond zijn de zalen en het theatercafé rechtstreeks bereikbaar. Door de schuin geplaatste glazen gevel lijkt de foyer een verlengstuk van de straat.

Uitdrukking
Het theater moest ingepast worden in een fijnmazige omgeving. Door variatie in hoogte en vorm en door het gebruik van verschillenden materialen, zoals glas, metselwerk, stucwerk, hout en koper, hebben de verschillende bouwdelen elk een eigen uitdrukking en sfeer gekregen. De kantoorruimten van de Toneelschuur zijn ondergebracht in enkele historische panden die zichtbaar in het geheel zijn geïntegreerd.

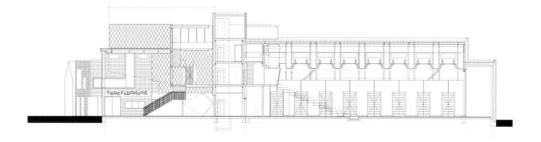

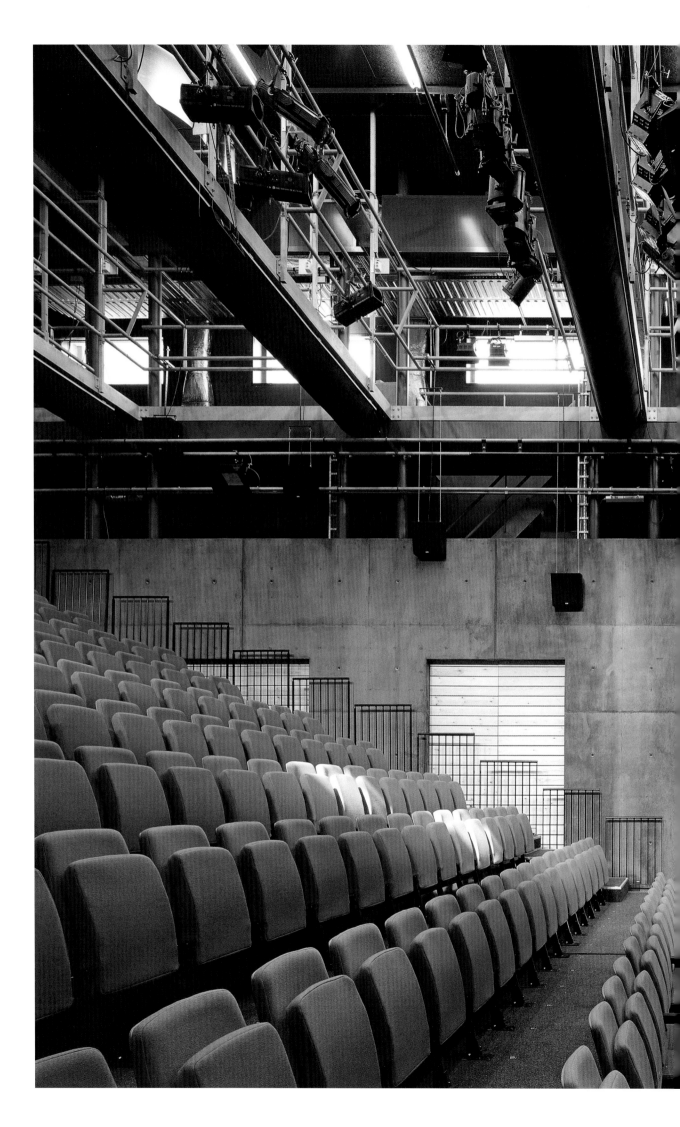

Stage design for opera, Brussels

Operadecor, Brussel

World premiere   On 10 March 2000 in the Luna Theatre in Brussels the world premiere of *Triumph of Spirit over Matter*, a new opera by the composer Wim Henderickx, with a libretto by Johan Thielemans was held. Francine Houben was invited by director Johan Simons to design the set. The opera raises questions about talent, knowledge, skills and originality. Beck, a misunderstood painter, secretly creates works using the names of famous modern artists. His wife Elsie sells them to the gallery owner Günther Dreck who then sells them on. Everything goes according to plan until Beck is exposed and arrested. Other characters in the opera are Theo, a journalist, and Frank Beacon, the gallery owner's secretary.

Chairs   The archetypal nature of the characters is reflected in famous chairs by leading designers. The chairs moreover relate to the theme of the opera – that of the large-scale reproduction of original designs. The two areas on the stage where the action takes place were marked by gigantic contrasting versions of Gerrit Rietveld's Zig-Zag chair. The painter's studio is represented by one in bamboo that creates an intriguing chiaroscuro effect, due to the lighting. The gallery is represented by a compact version painted a shimmering blue. Chairs by Charles and Ray Eames are used for four of the characters: for Elsie there is La Chaise, a fluid shape in cast plastic by the sculptor Gaston Lachaise, based on an image of a voluptuous seated woman with her legs splayed sideways; for Dreck, there is the Aluminium, an elegant office chair; for Beacon there is the Wire, a simple chrome–steel latticework creation; Theo is given the Plywood that has the wrenched tension of natural wood. The artist Beck is given the Wiggle, a wobbly coil of folded corrugated cardboard by the architect Frank Gehry.

Site-specific   The set stood on an entirely bare, vacated stage. Curtains too were omitted to achieve good acoustics for the singers, but also to reinforce the feeling that although this is a theatre, the production is site-specific. Hollandia Theatre Company who perfomed this play, does not normally perform in theatres – only in unusual locations.

Wereldpremière   In Brussel vond op 10 maart 2000 in het Lunatheater de wereldpremière plaats van *Triumph of Spirit over Matter*, een nieuwe opera van de componist Wim Henderickx op een libretto van Johan Thielemans. Op uitnodiging van regisseur Johan Simons werd Francine Houben gevraagd het decor te ontwerpen. De opera stelt vragen over talent, kunde, vaardigheid en originaliteit. De miskende schilder Beck maakt in het geheim werken onder de naam van beroemde moderne kunstenaars. Zijn vrouw Elsie verkoopt deze werken en galeriehouder Günther Dreck verkoopt ze weer verder. Alles verloopt naar wens totdat Beck ontmaskerd en opgepakt wordt. Andere personages zijn de journalist Theo en de secretaris van de eigenaar van de galerie Frank Beacon.

Stoelen   De archetypische karakters van de personages hebben een weerspiegeling gekregen in bekende stoelen van vooraanstaande ontwerpers. De stoelen sloten bovendien aan bij het thema van de opera, originele ontwerpen die in duizendtallen zijn uitgevoerd. De twee ruimtes op het toneel waar de scènes zich afspelen, waren aangegeven met reusachtige, contrasterende versies van de zigzagstoel van Gerrit Rietveld. Het atelier van de schilder is verbeeld door een exemplaar dat is uitgevoerd in bamboestokken, die door de belichting een intrigerende werking van licht en schaduw opleverden. De galerie is verbeeld door een dicht, zinderend blauw geschilderd exemplaar. Voor vier personages zijn stoelen gebruikt van Charles en Ray Eames: voor Elsie La Chaise, een vloeiende vorm van kunststof gegoten naar een beeld van een wulpse zittende vrouw met zijwaarts gestrekte benen van de beeldhouwer Gaston Lachaise, voor Dreck de Aluminium, een chique kantoorstoel, voor Beacon de Wire, een simpel chroomstalen vlechtwerk en voor Theo de Plywood, met de gewrongen spankracht van hout. De kunstenaar Beck kreeg de Wiggle, de wankele slinger van gebogen ribkarton van architect Frank Gehry.

Locatie   Het decor stond in de helemaal kaal en leeg gemaakte ruimte van het toneel. Ook de gordijnen waren weggelaten, om een goede akoestiek voor de zangers te bereiken, maar ook om het gevoel te versterken dat in het theater op locatie gespeeld werd. Normaal gesproken treedt Theatergroep Hollandia, die de voorstelling speelde, nooit op in theaters, maar op ongebruikelijke locaties.

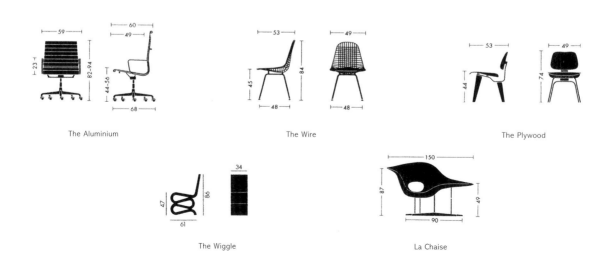

The Aluminium

The Wire

The Plywood

The Wiggle

La Chaise

National Heritage Museum, Arnhem

An attraction The National Heritage Museum is an open-air museum, founded at the beginning of the twentieth century to preserve memories of rural culture and traditional crafts in Holland. In niches in the wooded countryside outside Arnhem, completely furnished farmhouses, shops and workshops from different parts of the country have been brought together. A visit is certainly educational, but today it has to be an attraction as well. To achieve this broader concept a new exhibition building was needed to display the splendid collection, making the museum less dependent on fair weather. With this in mind, Mecanoo has viewed its task as twofold – to provide practical facilities, while also appealing to the public's imagination.

A boulder The landscape was taken as the starting point for the design. In this case this was more or less obvious because it offers possibilities for interventions and also because it is the foundation on which the history of Dutch housing has taken place. In addition, materials with a history have been employed. A path built of recycled cobblestones leads one past something that looks like a huge boulder, 13 metres high and without any visible entrance. Cutting across the countryside is a wall, 143 metres long, made of old cobblestones and bricks with different bonds and joint methods. Through the museum gate in this wall one comes to a large, airy hall with an outlook to the open-air part of the museum. The hall floor undulates with the changing levels of the landscape. The exhibition galleries are located in the lowest floor level. From it a tunnel leads visitors to the interior of the boulder. This is the 'HollandRama', a rotating panoramic theatre where a multimedia show brings historic objects to life.

Link The entrance hall forms the central area of the museum and includes facilities such as toilets, the café and the museum shop. It functions as a link between indoors and outdoors and it also houses the knowledge centre and auditorium, both of which are in keeping with the current trend in museums. The layout of the changing exhibitions and the semi-permanent display of costumes and jewellery from the museum's own collection also reflect current trends.

Nederlands Openluchtmuseum, Arnhem

Belevenis Het Openluchtmuseum is in het begin van de twintigste eeuw opgericht om een beeld te bewaren van de plattelandscultuur en van de traditionele nijverheid in Nederland. In nissen in het boslandschap bij Arnhem zijn compleet ingerichte boerderijen, winkeltjes en werkplaatsen uit verschillende delen van het land bijeengebracht. Een bezoek is leerzaam, maar moet tegenwoordig ook een attractie inhouden. Bij deze bredere opzet paste een nieuw tentoonstellingsgebouw voor het tonen van de rijke verzameling en om het museum minder afhankelijk van het weer te maken. In het licht hiervan is de opgave door Mecanoo tweeledig opgevat: we moeten praktische voorzieningen maken, maar tevens het publiek ontvangen op een wijze die tot de verbeelding spreekt.

Zwerfkei Het landschap is als uitgangpunt genomen voor het ontwerp. Dat is in dit geval vrijwel onvermijdelijk, omdat het hier vanzelfsprekende aanknopingspunten voor interventies biedt en omdat het landschap de ondergrond is waarop zich de bewoningsgeschiedenis van Nederland heeft afgespeeld. In aanvulling hierop zijn materialen met een geschiedenis toegepast. Een weg van oude klinkers voert langs wat er uitziet als een grote zwerfkei, 13 meter hoog, zonder zichtbare openingen. Een muur doorsnijdt het landschap, 143 meter lang, in verschillende metselverbanden opgetrokken uit oude bakstenen en keien. De poort van het museum in de muur gaat over in een grote lichte hal met uitzicht op het buitenmuseum. De hal glooit mee met de niveauverschillen in het landschap. In de onderste laag bevinden zich tentoonstellingszalen. Van hier leidt een tunnel bezoekers naar het binnenste van de zwerfkei, het HollandRama, een roterend panoramatheater waar historische voorwerpen tot leven worden gewekt.

Schakel Met praktische voorzieningen als toiletten, coffeeshop en museumwinkel is de entreehal het centrale plein van het museum. Dit is de schakel tussen binnen en buiten, waarin het kennis- centrum en het auditorium verder gestalte geven aan de hedendaagse museale koers die is ingeslagen. Ook de inrichting van de wisselende tentoonstellingen en van de semi-permanente opstelling van kleding en sieraden uit eigen bezit zijn hiervan een uitdrukking.

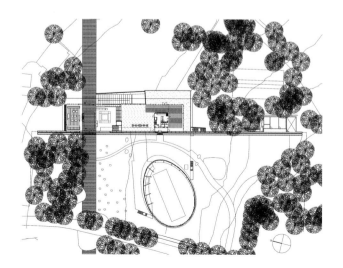

 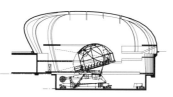 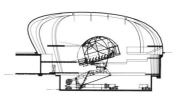 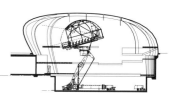

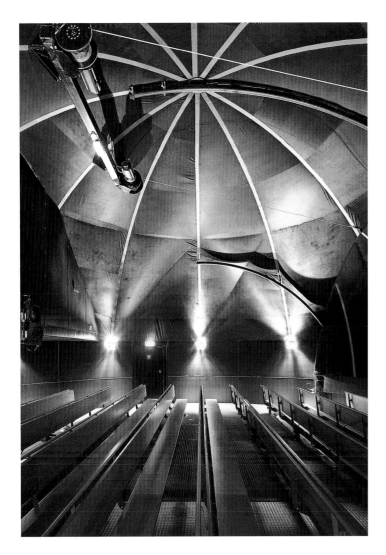

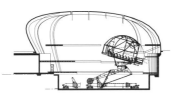
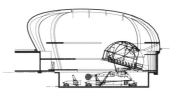
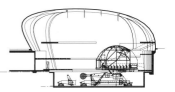

Rotating panoramic theatre/Roterend panoramatheater

Entrance hall with a cobblestone carpet/Entreehal met keitjesvloer

Business – and innovation centre FiftyTwoDegrees, Nijmegen

Business – and innovation centre

At the start of the new millennium, Philips Semiconductors (now NXP) wanted to expand its current production and research site in Nijmegen by creating a new business – and innovation centre for the development of semiconductors. The existing production site is sealed off and fenced in for security reasons, yet the new business - and innovation centre, where technology, science, culture, work, living and leisure come together, encourages encounters and collaboration among diverse parties. The name of the complex refers to the site's 52nd-degree latitude, which like the ambition of its initiators, spans the entire world. Not only the name, but also the building's figure must illustrate this ambition.

Link

FiftyTwoDegrees is the first phase of a large-scale master plan surrounding the Neerbosscheweg. The 86-metre-tall tower rises from a second sloped ground level and is thereby fluidly and dynamically absorbed into the surrounding Goffert Park. The second phase will see this second ground level overarch the Neerbosscheweg, creating a direct link with the city, the Goffert stadium and the new Goffert light rail station. Under the grassed roof are parking spaces for six hundred cars, various commercial facilities and a covered plaza with shops and restaurants. Conference rooms, a theatre, a hotel, sports facilities and shops are due to be added to the complex in the second phase.

Kink

The lower eight floors of the seventeen-storey tower are ten degrees out of plumb, creating an inviting gesture towards the city. The bent form is made possible by the hybrid construction of concrete and steel, and for each intermediate floor the facade shifts in relation to the concrete cores. In order to shorten the construction time – one floor per week – it was decided to use prefabricated cladding in a pattern of pixels that gives the facade an abstract appearance. A broad staircase leads to the reception hall with its conspicuously curved wooden benches. The undulating wall clad with mahogany represents a visually connecting element that automatically indicates the route through the building. The office and laboratory floors can be flexibly subdivided. Climate ceilings allow for customised work station environments to accommodate the products being developed.

Business – en innovation centre FiftyTwoDegrees, Nijmegen

Business – en innovation centre

Aan het begin van het nieuwe Millennium wilde Philips Semiconductors (tegenwoordig NXP) de huidige productie- en researchsite in Nijmegen uitbreiden met een nieuw business – en innovation centre voor de ontwikkeling van halfgeleiders. De bestaande productiesite is zwaar beveiligd en met hekken omringd. Het nieuwe business - en innovation centre, waar technologie, wetenschap, cultuur, werken, wonen en ontspanning samensmelten, moet juist uitnodigen tot ontmoeting en samenwerking met andere partijen. De naam van het complex refereert aan de 52^e breedtegraad van de locatie, die net als de ambitie van de initiatiefnemers wereldomspannend is. Niet alleen de naam, ook de verschijningsvorm moet deze ambitie illustreren.

Verbinding

FiftyTwoDegrees is als eerste fase van een veelomvattend masterplan rondom de Neerbosscheweg gerealiseerd. De 86 meter hoge toren rijst op uit een oplopend dubbel maaiveld, waardoor het complex op een even vanzelfsprekende als verrassende wijze in de omgeving van het Goffertpark is opgenomen. Het maaiveld zal in de tweede fase de Neerbosscheweg overkluizen en een directe verbinding leggen met de stad, het Goffertstadion en het nieuwe lightrailstation de Goffert. Onder het grasdak liggen zeshonderd parkeerplaatsen, diverse commerciële ruimten en een overdekte plaza met ondermeer winkels en horeca. In de tweede fase worden conferentieruimten, een theater, een hotel, sportaccommodaties en winkels aan het complex toegevoegd.

Knik

De onderste acht van de zeventien lagen van de toren staan tien graden uit het lood, waardoor het gebouw een uitnodigend gebaar naar de stad maakt. De knik kon gerealiseerd worden door een hybride constructie van beton en staal. Per verdiepingsvloer verschuift de gevel ten opzichte van de betonnen kern. Om de bouwtijd te verkorten - één verdieping per week - is gekozen voor geprefabriceerde gevelpanelen in een pixelpatroon dat de gevel een abstracte uitstraling geeft. Een brede trap leidt naar de ontvangsthal met haar opvallend gekromde houten banken. De golvende mahoniehouten wandbekleding vormt een visueel verbindend element die de route in het gebouw als vanzelf aanwijst. De kantoor- en laboratoriumvloeren zijn flexibel indeelbaar. Door de toepassing van klimaatplafonds zijn de condities per werkplek verschillend te regelen, zodat bij de ontwikkeling van nieuwe producten de ruimte aan de projectorganisatie kan worden aangepast.

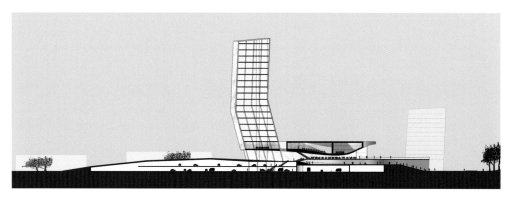

Masterplan phases 1 and 2/Masterplan fases 1 en 2

Retail Park Westermaat Square, Hengelo

Convenience formula
A cross between a shopping centre in the city and a business park on the highway has delivered a retail park. Branches of chain stores that require plenty of floor space are linked together in beautified shed-like structures fronting easy-access car parks. One or more hamburger joints form the icing on the cake of this convenience formula for shopping, which also creates an enjoyable venue for the entire family. The challenge that remains is how to dress up this formula. How can one make it spatially meaningful? Mecanoo's answer was to adapt the retail park on the outskirts of Hengelo to the surrounding countryside, while giving it a distinct regional touch. A generally applicable formula has thus been given a specific outward form.

Salt towers
Typical of the Twente landscape is the pattern of enclosed stretches of woodland and open fields. This motif is imitated in the siting of the retail park. The various shop buildings are arranged strategically with regard to each other on the edges of an open parking 'field'. Scattered solitary trees in sloping grassy areas give it an open character. High gantries announce the retail park to drivers from far and wide. The shape of these structures is derived from the curious salt towers of this region, where salt-extraction machinery previously stood. In the retail park the towers mark the entrances to the shops and the bus stops.

Ribbon
A ribbon of wooden slats varying in height, thickness and function runs around the whole retail park. It links all the buildings and makes for unity and convenience, despite the numerous billboards. In architectural terms this ornament puts Westermaat Square firmly in the category of 'decorated shed'.

Retailpark Plein Westermaat, Hengelo

Gemaksformule
Een kruising tussen een winkelcentrum in de stad en een bedrijvenpark langs de autosnelweg heeft het retailpark aan de stadsrand voortgebracht. Vestigingen van bekende ketens die veel vloeroppervlak nodig hebben voegen zich aaneen in opgesmukte loodsachtige bouwwerken aan parkeerpleinen met gemakkelijke toegangswegen. Een of meer hamburgertenten bekronen deze gemaksformule op winkelgebied, die ook nog eens gewaardeerd wordt als een uitstapje voor het hele gezin. De uitdaging die overblijft, is de wijze waarop deze formule wordt aangekleed. Hoe kan ruimtelijke betekenis worden aangebracht? Mecanoo heeft op deze vraag antwoord gegeven door het retailpark aan de rand van de stad Hengelo in het landschap te passen en een uitgesproken regionale toets te geven. Een algemeen toepasbare formule heeft hiermee een specifieke verschijningsvorm gekregen.

Zouttorens
Kenmerkend voor het landschap in de streek Twente is de afwisseling van gesloten bosgebiedjes en stukken open veld. Dit motief is gevolgd bij de situering van het retailpark. De verschillende winkelgebouwen zijn strategisch ten opzichte van elkaar gerangschikt aan de randen van een open parkeerveld. Alleenstaande bomen in hellende grasvlakken, her en der aanwezig, geven het parkeerveld een toegankelijk karakter. Hoge stellages met reclame melden de aanwezigheid van het retailpark in de wijde omgeving. De vorm van deze bouwsels is geïnspireerd op de eigenzinnige zouttorens in deze streek, waarin vroeger de installaties stonden waarmee zout uit de bodem werd gewonnen. In het retailpark markeren de torens de entrees naar de winkels en de haltes van het openbaar vervoer.

Ceintuur
Om het gehele retailpark heen loopt een lint van houten lamellen dat in hoogte en dichtheid varieert, en ook verschillende functies dient. Deze ceintuur bindt alle gebouwen bijeen en zorgt ondanks de vele uitingen van reclame voor eenheid en overzichtelijkheid. Binnen de wereld van de architectuur valt Plein Westermaat met dit ornament in de categorie the decorated shed.

Historic salt tower/Historische zouttoren

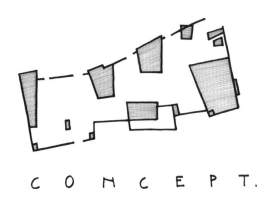

C O N C E P T.

Reclame gantry inspired by the historical salt towers
Reclamestellage geïnspireerd op de historische zouttorens >

Aesthetics of mobility/Mobiliteisesthetiek >

Apartment building
de Zilverreiger, Amsterdam

View   In the 1950s Amsterdam was extended westwards with the building of so-called 'garden cities', among which was the district of Osdorp. The welfare state was still at an early stage in this period and many of the identical small dwellings that were built had few comforts. In order to breathe new life into the district of Osdorp by attracting inhabitants with greater purchasing power, more luxurious dwellings are now being built in attractive locations. The Zilverreiger building, with its 120 apartments, is handsomely located next to the Sloterplas lake and near the Sloterpark. The initial brief was for a rectangular, closed block with four to five storeys connecting to the street pattern. Since two of the street frontages, including the one to the north, lay turned away from the Sloterplas, the challenge arose to design the block in such a way that despite the orientation, all residents would have a view of the lake.

Courtyard garden   The side of the block fronting the lake has been cut out of the square. The apartments on this wall have been strategically placed in two clusters on either side of the building. Every resident is thus granted a view eastwards towards the lake, including the dwellings that are actually facing westwards. Moreover, this adaptation of the block's building height enables a solid connection with the surroundings. The opened block rests lightly on a low plinth of glass and grating. In the plinth are 164 half-sunken parking places that lay either under the apartments or in the courtyard where they are concealed by a wooden deck. The residents enjoy free access to the deck, in the middle of which is a rectangular open space for a landscape garden.

Curtain   The building block has been adapted in various ways. Spacious entrance halls and other corridors connect the interior with the surroundings. The block is built from raw orange-brown bricks that provide a good match with the park and the lake. The sky is reflected in the frameworks composed of glass in the building's higher parts and sun porches. Perforated steel plates form a taut, gossamer-thin curtain along the galleries on the inside of the block. Contrasting with this cool curtain is the warm wood with which the facades at the rear have been clad.

Appartementengebouw
de Zilverreiger, Amsterdam

Uitzicht   In de jongste jaren vijftig is Amsterdam in westelijke richting uitgebreid met zogenoemde tuinsteden, waaronder de stadswijk Osdorp. In die periode van de nog prille verzorgingsstaat zijn veel dezelfde kleine woningen gebouwd met weinig comfort. Om de wijk Osdorp nieuw leven in te blazen met koopkrachtige bewoners worden nu op aantrekkelijke plaatsen meer luxe woningen gebouwd. De Zilverreiger is zodoende met 120 appartementen fraai gelegen aan de Sloterplas bij het Sloterpark. Aanvankelijk werd een vierkant gesloten bouwblok gevraagd met vier tot vijf bouwlagen aansluitend op het stratenpatroon. Omdat twee straatwanden, waaronder die op het noorden, afgekeerd van de Sloterplas liggen, drong zich de uitdaging op om het blok ondanks de situering zo te ontwerpen dat alle bewoners uitzicht zouden krijgen op de plas.

Binnentuin   De naar de plas gekeerde zijde van het bouwblok is uit het vierkant gesneden. De appartementen uit deze wand zijn in twee clusters in strategische posities op de andere zijden geplaatst. Iedere bewoner is daarmee een blik oostwaarts op de plas gegund, ook die van de woningen die feitelijk naar het westen gekeerd liggen. Bovendien kon met deze bewerking van het blok in bouwhoogte een goede aansluiting gevonden worden op de omgeving. Het geopende blok rust lichtvoetig op een lage plint van glas en roosters. In de plint liggen 164 halfverdiepte parkeerplaatsen, die voor zover ze niet onder de appartementen liggen in het binnenterrein verhuld worden door een houten deck dat vrij toegankelijk is voor de bewoners. Het deck laat in het midden een rechthoek vrij voor een landschappelijke tuin.

Gordijn   Het bouwblok is nog op verschillende andere manieren bewerkt. Ruime entreehallen en andere doorgangen verbinden het binnenterrein met de omgeving. Het blok is opgetrokken uit ruwe oranjebruine bakstenen die goed passen bij plas en park. Hogere delen en serres daarentegen zijn raamwerken met veel glas waarin de wolkenlucht weerspiegelt. Geperforeerde stalen platen vormen een strak ragfijn gordijn langs de galerijen aan de binnenkant van het blok. Tegenover dit koele gordijn staat het warme hout waarmee de achtergevels zijn bekleed.

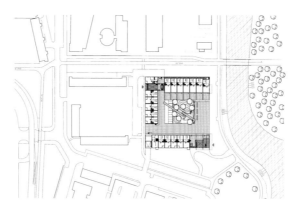

The 'Zilverreiger' opens towards the Sloterplas lake/De Zilverreiger opent zich naar de Sloterplas

180

Communal deck and garden oriented towards the Sloterplas lake/Gemeenschappelijk deck en tuin georiënteerd op de Sloterplas

Entrance hall/Entreehal

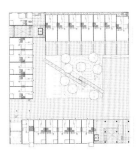

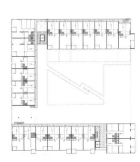

Parking level/Parkeerkelder

Deck level/Deckniveau

First floor/Eerste verdieping

Bijlmerpark, Amsterdam

Bijlmerpark, Amsterdam

Differentiation   The Bijlmermeer is the result of a large expansion during the 1960s and 1970s. The Utopian modernism that underpinned the plans for the neighbourhood envisaged a metro system, a road system free of crossings and uniform 13-storey housing blocks coupled with parking garages and extensive green spaces. In practice, it developed into an unsafe neighbourhood with problems and an unforeseen multicultural population. Now re-branded Amsterdam Zuidoost, the neighbourhood has been encouraged to provide a differentiated housing stock and to improve its management of the public realm. Part of this strategy is the transformation of the Bijlmerpark into a new urban park with seven hundred homes and six hectares of sports facilities. Mecanoo's response to this brief has three main elements: the integration of the housing within the landscape, clear boundaries and entrances to the park and an intensification of activities.

Romantic   Undulating strips of individual houses and apartments define the edges of the park. The park's successful management is reliant upon a fence whose expressive form gives the park a clear identity and distinguishes it from other urban parks. The entrances, opposite the streets and cycle lanes that lead to the park, have the generous dimensions of small piazzas. There are small entrances for the residents living alongside the park. The park's central section is bordered by trees, through which a romantic path for pedestrians and cyclists meanders, linking the 'cultural' northern section of the park with the 'ecological' southern section.

Communities   Alongside the sports fields the park contains numerous other facilities including a natural stage for the Surinamese community's annual Kwaku Summer Festival, a terraced garden, Bijlmertreegarden, and a sunning hill. In the southern, more naturalistic section, waterways and creeks have been created to support fauna and flora, including a pool surrounded by pollard willows.

Differentiatie   De Bijlmermeer is een grote uitbreiding van Amsterdam uit de recente jaren zestig en zeventig. Het utopisch modernisme dat aan de plannen voor het stadsdeel ten grondslag lag, bracht een metrosysteem, kruisingsvrij wegennet, eenvormige woonwanden van dertien hoog gekoppeld aan parkeergarages en veel groen. De praktijk liet onverwacht een woongebied zien met ongemakken, onveiligheid en een multiculturele bevolkingssamenstelling die evenmin was voorzien. Het stadsdeel Amsterdam Zuidoost, zoals de Bijlmermeer uit imago-overwegingen thans heet, is gedwongen om te zoeken naar differentiatie in woningtypen en naar vormen van goed beheer van het openbare gebied. In deze zoektocht past de omvorming van het Bijlmerpark tot een nieuw stadspark met zevenhonderd woningen en zes hectare sportvoorzieningen. Het antwoord van Mecanoo op deze opgave is drieledig: een landschappelijke inpassing van de woningen, duidelijke grenzen en entrees van het park en een intensivering van de activiteiten.

Romantisch   Linten van individuele parkhuizen en parkappartementen, ongedwongen om het park heen gedrapeerd, markeren de randen van het park. Voor een goed beheer van het park is een hek onontbeerlijk, dat als een drager van de identiteit van het park is opgevat en daarom uitgesproken expressief van vorm is. Alleen al door het hek onderscheidt het park zich van andere stadsparken. Tegenover de straten en fietspaden die op het park uitkomen, liggen de entrees van het park die zo breed zijn uitgevoerd dat kleine pleintjes ontstaan. Voor de bewoners van de woningen die om het park staan, zijn kleine toegangen tot het park gemaakt. Een rand van bomen omzoomt het open middengebied. Een romantisch geënsceneerd pad voor fietsers en voetgangers gaat als een lus door de bomenrand en verbindt het 'culturele' noordelijke deel van het park met het 'natuurlijke', ecologische zuidelijke deel.

Leefgemeenschappen   Behalve de sportvelden hebben in het park ook veel andere voorzieningen en attracties een plaats gekregen: een natuurlijke tribune voor het grote jaarlijkse Kwakoe-festival van de Surinaamse gemeenschap, een reliëftuin, Bijlmerbomentuin en een zonneheuvel. In het meer natuurlijke zuidelijke deel zijn watergangen en kreken gemaakt, voor leefgemeenschappen van planten en dieren, en een poel omzoomd met knotwilligen.

Entrance gates/Entreepoorten

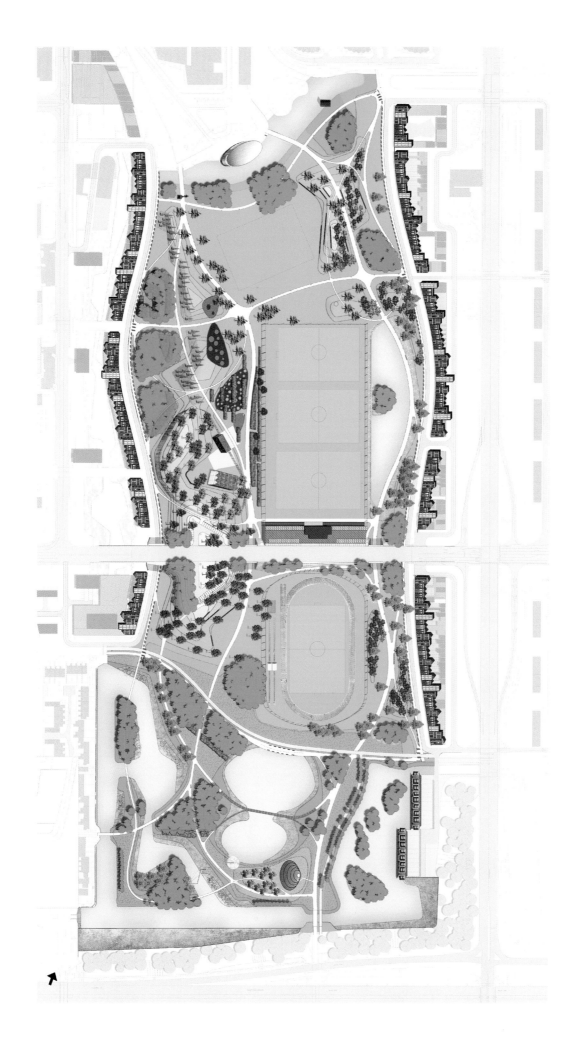

Courthouse, Trento, Italy

Not a bulwark
Trento's monumental courthouse with prison built in 1876 needed to be renovated and extended. Therefore the province of Trento decided to hold an international competition. The building lies adjacent to a park which borders the oldest and more recently built part of the city centre. Instead of a closed bulwark, the new complex had to link up well with public space and to make urban life more attractive. It is difficult to imagine a more beautifully formulated design brief than this.

Theatrical
Even more than producing a new building, Mecanoo created added public space to the Trento city centre. A square above a car park forms the public heart of the new complex. The prison has been excised from the symmetrical nineteenth-century building. The outer walls of what was a court-yard now front the square. Just opposite lies the new courthouse, which also has its public entrance on the square. The cantilevered roof juts out 23 metres, providing not only spatial definition but also welcome shade in the summer. A pond and a fountain contribute to the square's theatrical appearance. On the expressively modelled awning is a mural based on a fresco in Trento's medieval castle depicting the four seasons. Other parts of the building are clad in the painted stucco so prevalent in the city.

Sculptural
The new courthouse has three zones: the public zone on the square with the library, the post office, cafés with terraces and restaurants; the semi-public zone in the middle with the courtrooms; and the office zone where the building has a small cantilever. Four perforations that reach to ground level create public patios, provide daylight entry and give the building a sculptural character. Third-floor patios bring daylight into the building's courtrooms.

Gerechtsgebouw, Trento, Italië

Geen bolwerk
Het monumentale gerechtsgebouw met gevangenis in Trento uit 1876 moet vernieuwd en uitgebreid worden. Hiervoor schreef de provincie Trento een internationale prijsvraag uit. Het gebouw ligt aan een park op de grens van het oudste en meer jongere deel van het stadscentrum. Het nieuwe complex mocht geen afgesloten bolwerk vormen, maar moest juist goed aansluiten op de openbare ruimte en bijdragen aan een aantrekkelijk stadsleven. Mooier kan een ontwerpopgave welhaast niet geformuleerd zijn.

Theatraal
Meer nog dan een nieuw gebouw heeft Mecanoo openbare ruimte aan de binnenstad van Trento toegevoegd. Een plein boven een parkeergarage vormt het publieke hart van het nieuwe complex. De gevangenis is van het symmetrische negen-tiende eeuwse gebouw afgesneden. De gevelwanden van wat een binnenhof was, zijn nu een voorkant aan het plein geworden. Recht daar tegenover staat het nieuwe gerechtsgebouw, ook met de publieksentree aan het plein. Een overstek van 23 meter zorgt voor een ruimtelijke afbakening en in de zomer ook voor aangename schaduw. Het plein heeft een theatraal aanzien met een vijver en fontein. Op de plastisch bewerkte grote luifel is een schildering van de vier seizoenen aangebracht naar een fresco in het middeleeuwse kasteel van Trento. Zoals in de stad vaker te zien is, zijn ook andere delen van het gebouw bekleed met beschilderd stucwerk.

Sculpturaal
Het nieuwe gerechtsgebouw heeft drie zones: aan het plein de publieke zone met bibliotheek, postkantoor, café's met terras en restaurants; in het midden ligt de semi-publieke zone met de rechtszalen; tenslotte is er de kantoorzone waar het gebouw een kleine uitkraging heeft. Vier uithollingen tot op de begane grond leveren openbare patio's op, zorgen voor een goede toetreding van daglicht en geven het gebouw een sculptural karakter. Patio's op de derde verdieping brengen daglicht in de rechtszalen.

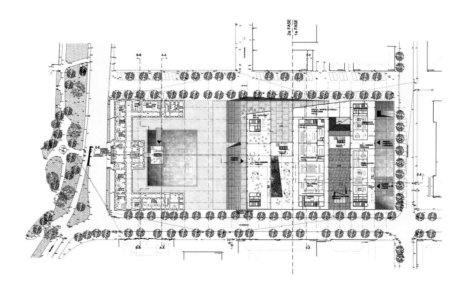

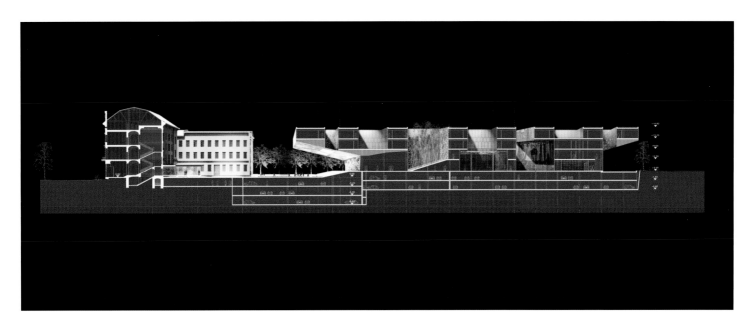

Section over the old and new building/Doorsnede over het oude en nieuwe gebouw

Palace of Justice, Córdoba, Spain

Allure Spain's rapid urbanisation has created districts in Córdoba consisting of anonymous housing blocks and nondescript zones of public space. On the edge of the city, in such a residential district, a new Palace of Justice with twenty-six courtrooms, a Forensic Institute and public facilities is being realised. Mecanoo saw itself faced with an intriguing challenge. Can the palace add allure to the nondescript surroundings through its prominent siting and execution? Could the design take advantage of the surrounding mountainous landscape and also offer a shady public zone? But there was yet more to the challenge. The question also arose as to how such a large building could refer distinctly to the old city of Córdoba and its unique history without literally imitating it.

Integration A strategy of integration through fragmentation was pursued in order to achieve the building massing plan. A city within a city was created by taking sections from the street plan of the old city that indicate the boundaries within which the required volume including its patios were fitted. The traditional patios full of flower pots and plants and sometimes a fountain are placed centrally and provide light and ventilation in adjacent rooms. The patios in the Palace of Justice do the same. Moreover, they endow the large building with a strong identity of its own that suits the climate of Andalusia and Córdoba's Moorish character. Palm trees grow in both the lower and higher patios. Because of the compact organisation of the building, space is left over for a large, slightly sloping square that provides the building with a clear entrance. The complicated programme of functions has been solved with a strict arrangement whereby the higher the function the more inaccessible it is to the public. The building is set on a plinth. The courtrooms, a wedding room and a restaurant represent the most public part at the entrance level. Above this, on the upper patios, are the secured offices. The archives and prison cells are located below ground level.

Filigree The exterior of the Palace refers to the traditional architecture of Córdoba with its perforated facades. A gossamer-thin pattern, reminiscent of lace, filters the light and absorbs heat. The filigree gives the building an elegant appearance. Applied to the facades of the patios are ceramic panels in different colours which contrast with the other facades.

Paleis van Justitie, Córdoba, Spanje

Allure De snelle verstedelijking in Spanje heeft ook in Córdoba wijken voortgebracht die bestaan uit anonieme woonblokken en een weinig zeggende openbare ruimte. In zo'n woonwijk aan de rand van Córdoba komt het nieuwe Paleis van Justitie met zesentwintig rechtszalen, een forensisch instituut en publieke voorzieningen. Mecanoo zag zich voor een intrigerende uitdaging geplaatst. Kan met het paleis allure aan de omgeving worden toegevoegd door een markante inpassing en uitvoering, door in te spelen op het omringende berglandschap en door het bieden van schaduwrijk openbaar gebied? Daarmee was de probleemstelling nog niet compleet. Tevens is de vraag opgeworpen: hoe kan het grote bouwwerk onmiskenbaar verwijzen naar de oude stad Córdoba, naar de unieke geschiedenis van deze stad, zonder letterlijke nabootsing?

Integratie Om tot de grondvorm van het bouwwerk te komen is een strategie van integratie door fragmentatie gevolgd. Uit de plattegrond van de oude stad zijn delen gehaald die de lijnen aangeven waarbinnen het benodigde volume met zijn patio's is ingepast als een stad in de stad. De traditionele patio's vol potten met bloemen en planten en soms een fontein zijn centrale plaatsen en zorgen voor licht en ventilatie in aangrenzende vertrekken. Hetzelfde doen de patio's in het Paleis van Justitie. Bovendien geven ze het grote gebouw een sterke eigen identiteit die past bij het klimaat van Andalusië en bij de aard en de verschijningsvorm van het Moorse Córdoba. Zowel in de lager als hoger gelegen patio's groeien palmbomen. Door de compacte organisatie van het gebouw bleef ruimte over voor een groot licht oplopend plein die het gebouw een duidelijke entree geeft. Het ingewikkelde programma van functies is opgelost met een strenge ordening, des te hoger in het gebouw gelegen des te meer afgesloten voor het publiek. Het gebouw landt op een plint. De rechtszalen, de trouwzaal en een restaurant vormen op het entreeniveau het meest openbare deel. Daar boven zijn aan de hoger gelegen patio's de beveiligde kantoren gemaakt. De archieven en de gevangeniscellen liggen onder het maaiveld.

Filigrein Het exterieur van het paleis verwijst naar de traditionele architectuur van Córdoba met haar geperforeerde gevels. Een ragfijn patroon dat aan kant herinnert filtert het licht en vangt de warmte op. Het gebouw krijgt door het filigrein een elegant voorkomen. In de gevels aan de patio's zijn keramische panelen in verschillende kleuren toegepast die contrasteren met de andere gevels.

Main entrance/Hoofdingang

Wedding room/Trouwzaal

Patios structure the building/Patio's structureren het gebouw

Canadaplein Cultural Centre and Theatre de Vest, Alkmaar

Transitions

The Canadaplein in Alkmaar borders the public space surrounding the Grote Sint Laurenskerk (Great Saint Lawrence Church). Initially, the three walls gave the square a closed character. With the construction of the new Cultural Centre, featuring a museum, a library and a music school and with the extensive renovation of the Theatre de Vest, a restaurant and a *grand café*, the area has been transformed into a lively cultural square. The design brief was defined as the creation of transitions, from public to private and from open to closed. The cultural facilities must be easily accessible and inviting to visitors without compromising the building's function. The open square transforms in several stages, leading into the enclosed atmosphere necessary for music practice, reading, visiting the theatre or an exhibition.

Roof lights

An existing building from the 1970s had to be incorporated into the new Canadaplein Cultural Centre. The naked concrete facade of this building has been clad in wooden shutters that became a continuation of the new facade. The museum has an entrance hall on the square. Roof lights and an atrium bring daylight and penetrating views through the building even into the basement. A five-metre-high storey provides space for the city's finest 16th- and 17th-century Guild paintings. The music school has its own three-storey entrance on the square. Music practice takes place in internal chambers or in rooms on the north side. Acoustics are controlled by keeping the windows closed. The entrance to the library is located on a side street. On the side of the square, the facade openings reach to ground level, giving the impression that square and library merge.

Theatrical

The Theatre de Vest was built in the 1970s and features visible framework and an interior with many corners and slanting walls. Financial and environmental considerations prevented the building's demolition and replacement. Through a new high glass facade on the square and an equally high copper wall, the foyer is imbued with a theatrical appearance. Behind the curved copper wall are the box office, cloakroom and the main auditorium. The small auditorium has been enlarged. A stately staircase leads to the upper foyer providing a view of the Grote Sint Laurenskerk. Behind a heavy brick framework, the restaurant, *grand café* and the theatre feature operable glass walls that create a connection with the terrace and the square. The restaurant's eye-catcher is a 14-metre-long concrete bar.

Cultureel Centrum Canadaplein en Theater de Vest, Alkmaar

Overgangen

Het Canadaplein in Alkmaar grenst aan de openbare ruimte die de Grote Sint Laurenskerk omgeeft. Vroeger waren de drie pleinwanden gesloten van aard. Met de bouw van een cultureel centrum, waarin een museum, een bibliotheek en een muziekschool zijn opgenomen, een ingrijpende vernieuwing van het Theater de Vest en de uitbreiding van een restaurant en grand café is hierin verandering gebracht, waardoor een levendig cultuurplein is ontstaan. De ontwerpopgave is gedefinieerd als het aanbrengen van overgangen, van openbaar naar besloten, van open naar dicht. De culturele voorzieningen moeten gemakkelijk toegankelijk zijn, zelfs uitnodigen tot bezoek, zonder dat de functies van de gebouwen geweld wordt aangedaan. Niet abrupt maar in enkele stappen gaat het openbare plein over in de besloten sfeer die nodig is voor muziekbeoefening, lezen, toneelspel of tentoonstellingsbezoek.

Daklichten

Een bestaand gebouw uit de jaren zeventig moest in het nieuwe Cultureel Centrum Canadaplein worden opgenomen. Het naakte beton van dit gebouw heeft een bekleding van houten lamellen gekregen die doorgaat tot in de nieuwe gevels. Het museum heeft een entreehal aan het plein. Daklichten en een vide brengen licht en doorzichten in het compacte gebouw, tot in het souterrain toe. Een vijf meter hoge bouwlaag biedt ruimte aan de schuttersstukken van de stad. De muziekschool heeft ook een eigen entree aan het plein, van drie bouwlagen hoog. De muziekbeoefening vindt inpandig plaats of in lokalen die op het noorden liggen. Geluidsoverlast wordt vermeden door de ramen gesloten te houden. De entree van de bibliotheek zit in een zijstraat. Aan de pleinzijde lopen de geveleopeningen door tot op het maaiveld, waardoor het lijkt alsof plein en bibliotheek in elkaar overlopen.

Theatraal

Het Theater de Vest is gebouwd in de jaren zeventig, met opzichtige dakkappen en een interieur met veel schuine hoeken. De boekwaarde en gedachten over duurzaamheid stonden afbraak en nieuwbouw in de weg. Door een nieuwe, hoge glazen gevel aan het plein en een eveneens hoog oprijzende koperen wand in het gebouw heeft de foyer een theatraal voorkomen gekregen. Achter de gekromde koperen wand liggen de kassa, de garderobe en de grote zaal. De kleine theaterzaal is uitgebreid. Een statige trap voert naar de bovenfoyer met uitzicht op de Grote Sint Laurenskerk. Achter een zware bakstenen omlijsting heeft het restaurant en grand café evenals het theater geheel te openen glaswanden gekregen, die een verbinding leggen met het terras op het plein. Blikvanger in het restaurant is een veertien meter lange betonnen bar.

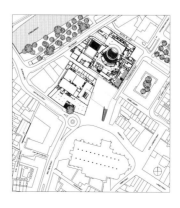

Cultural Centre/Cultureel Centrum

Glass bridge connects the cultural centre with the renovated theatre

Glazen brug verbindt het cultureel centrum met het gerenoveerde theater

Isala College, Silvolde

The Oude IJssel river
Isala College lies in an idyllic landscape in the east of Holland. The Oude IJssel – the river from which the school gets its name – runs next to a sand track flanked by old oaks. The school itself is located on an oak-lined avenue. It is a long, shallow building with a gentle curve, as though imitating the course of the river. With not more than two storeys, it is a modest presence in the landscape, allowing a view below the tree canopy out to the spacious river landscape.

Openings
The assembly hall and the adjacent double gymnasium, which is semi-sunken due to the dry sandy soil, opens up the corridor layout of the school. This is the heart of the school, the hall for exams and for concerts, plays and parties. The rooms for theory lessons with their views of the surrounding countryside are sober in appearance. The untreated concrete shows clearly that the walls are structural. A long curved wall bounds the corridor of the north wing. Behind it are the special subject rooms – each a different size. Openings in the wall function as showcases. A violin, a sculpture, glass balls, and old maps allude to the room to which they belong. The corridor is wide and has warm colours. The stairwells too provide views of the surrounding landscape.

Misfires
The fronts of the gymnasiums with their steel load-bearing structure are sheathed with wood, while zinc is used for the assembly halls. The west front is executed in teak panels. With the aid of a pergola, the oak trees here provide the full length of the building with natural shade. For the east and south walls that total more than 100 metres long, misfires – charred, irregular bricks – from a round kiln are used. A wall should always be an unforgettably real wall. That's why the masons, who normally work in neat lines, were asked to lay the bricks at random.

Isala College, Silvolde

Oude IJssel
Het Isala College ligt in een idyllisch landschap in het oosten van Nederland. Parallel aan een zandweg met oude eiken stroomt in de verte de Oude IJssel, de rivier waar de school zijn naam aan ontleent. De school staat aan de laan met eiken, een langgerekt gebouw met een flauwe bocht erin, alsof het de loop van de rivier volgt. Met niet meer dan twee bouwlagen is het gebouw bescheiden in het landschap aanwezig. Vanuit de school kijk je onder de kronen van de eiken door naar het weidse rivierlandschap.

Openingen
De aula met daarachter de dubbele gymzaal, dankzij de droge zandgrond half verzonken uitgevoerd, breekt de gangenschool open. Dit is het hart van de school, hal voor examens en zaal voor muziek, toneel en feesten. De theorielokalen met hun uitzicht op de omgeving zijn sober uitgevoerd. Het onbehandelde beton laat zien dat de muren deel uitmaken van de draagconstructie van het gebouw. Een lange gebogen wand begrenst de gang van de noordelijke vleugel. Daarachter liggen de vaklokalen, die allemaal in maat van elkaar verschillen. Openingen in de wand zijn als vitrines uitgevoerd. Een viool, een beeldhouwwerk, glazen bollen, oude kaarten laten zien om welk lokaal het gaat. De gang is breed en warm van kleur. Ook vanuit de trappenhuizen is er weer zicht op het omringende landschap.

Misbaksels
De gymzalen met een stalen draagconstructie hebben een gevelbekleding van hout, terwijl die van de aula van zink is. De gevel op het westen is uitgevoerd in teakhouten panelen. Geholpen door een pergola, vormen de eikenbomen hier over de volle lengte van het gebouw een natuurlijke zonwering. Voor de muren op het oosten en zuiden, samen meer dan 100 meter lang, zijn de misbaksels van een traditionele ringoven gebruikt, de geblakerde en misvormde stenen. Een muur moet altijd een onvergetelijke echte muur zijn. Daarom is in dit geval aan de metselaars gevraagd om uit de vrije hand te werken.

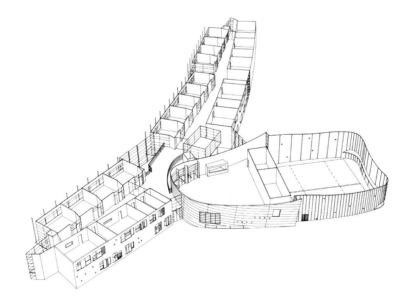

Entrance next to the auditorium/Entrée naast de aula >

World Trade Center renovation, Rotterdam

Crowning glory
Comparisons are inadequate, but JF Staal's Stock Exchange building is to Rotterdam as its famous counterpart by Berlage is to Amsterdam. What began as a bastion of captains of industry and commerce has grown into a structure with many functions that contribute to the vitality of the city centre. JF Staal's Stock Exchange (1940) is a national monument to the Dutch modern movement in architecture; it was miraculously spared the German blitz of Rotterdam in the same year. Along with the Van Nelle Factory (JA Brinkman and LC van de Vlugt, 1931), the Groothandelsgebouw (HA Maaskant and W van Tijen, 1951) and the Bijenkorf department store (Marcel Breuer and A Elzas, 1957), the building is one of the crowning glories of Rotterdam's modern architecture. In 1986 the WTC tower was erected in the centre of the building, bringing it a renewed vitality, but also ruining the interior. Mecanoo has taken on the challenge of reviving the historical charm of the old commercial centre and giving it new allure by installing stylish café-restaurants and beautifying the shops on the building's exterior.

Conflict
Every monumental structure has its own patterns and these sometimes conflict with new allocations. Originally the rectangular building, with different orientations on each side, had ten different entrances. Today there is only a single, centrally located foyer. The building is expected to bring new vitality to the city, but many of the doors have been sealed. Here lies the conflict that is contained in the commission. It can also be seen in the title that Mecanoo gave to its culturally charged draft plan: 'Everything is possible but not everything is permissible'. The title conveys an attitude characterised by caution, but also by realism. The building must be respected, but it should also be given a basis for exploitation to ensure its continuance. Encroaching on the historic building is strictly forbidden, but that doesn't mean that one has to settle for an insipid result. For this reason the view of the central boulevard of the city is opened up from the foyer and the exchange hall has been restored, while at the same time the corridors have been freed of their historical pallor. The art of omission has been exercised, doing justice to the round and slightly bent shapes and the combination of glass and steel. What we have here is Staal – the name means 'steel' in Dutch – with a touch of Mecanoo.

Pavilion
A temporary pavilion has been erected in a part of the exchange hall. This is Digital Port Rotterdam, the venue for workshops on the uses of IT for business. The fairytale dimensions of the digital world have been adopted as the departure point. The spaces vary distinctly in both layout and atmosphere. Similar to stand construction, one's perceptions are altered by light materials, by light, image and sound. The exchange hall emerges in its full glory when the pavilion is cleared.

Renovatie World Trade Center, Rotterdam

Kroonjuweel
Elke vergelijking gaat mank, maar wat de Beurs van Berlage is voor Amsterdam is de Beurs van architect J.F.Staal voor Rotterdam. Wat begonnen is als een bolwerk van de vertegenwoordigers van handel en nijverheid is uitgegroeid tot een bouwwerk met vele functies die bijdragen aan de levendigheid van de binnenstad. De Beurs van Staal (1940) is een rijksmonument van het moderne bouwen. Als door een wonder is het gebouw in 1940 niet getroffen door de Duitse bombardementen op Rotterdam. Met de Van Nellefabriek (J.A. Brinkman en L.C. van de Vlugt, 1931), het Groothandelsgebouw (H.A. Maaskant en W. van Tijen, 1951), het warenhuis de Bijenkorf (Marcel Breuer en A. Elzas, 1957) behoort het gebouw tot de kroonjuwelen van Rotterdam op het gebied van de moderne bouwkunst. In 1986 is midden in het gebouw de WTC-toren neergezet, wat nieuw leven met zich heeft meegebracht, maar ook een verminkt interieur. Mecanoo is uitgedaagd om het zakencentrum oude en nieuwe glans te geven, uitnodigende café-restaurants te accommoderen en de winkels aan de buitenkant van het gebouw allure te verlenen.

Spanning
Een monumentaal bouwwerk brengt zijn eigen wetmatigheden met zich mee, die soms in conflict zijn met nieuwe bestemmingen. Het rechthoekige gebouw met aan vier zijden verschillende oriëntaties had vroeger tien entrees. Tegenwoordig heeft het nog maar één centrale ontvangsthal. Het gebouw moet nieuwe levendigheid aan de stad toevoegen, maar heeft nu wel dichte deuren. Hiermee is de spanning die in de opdracht besloten ligt getekend. Dat is ook het geval met de titel die Mecanoo aan een cultuurhistorisch getinte verkenning meegaf: Alles kan, maar niet alles mag. Uit de titel spreekt een houding die door terughoudendheid gekenmerkt wordt, maar ook door realiteitszin. Het gebouw moet gerespecteerd worden, maar ook een exploitatiebasis krijgen die het voortbestaan verzekert. De oorspronkelijke bouwdelen aantasten is taboe, maar bloedeloosheid mag niet het resultaat zijn. Vandaar dat vanuit de entreehal het uitzicht op de centrale stadsboulevard is geopend, dat de beurszaal is gerestaureerd, maar de gangen in het gebouw van hun historisch gezien twijfelachtige bleekheid zijn ontdaan. De kunst van het weglaten is beoefend, waarmee recht is gedaan aan de ronde en licht gebogen vormen en het samengaan van glas en staal: Staal met een vleugje Mecanoo.

Paviljoen
In een deel van de beurshal is een tijdelijk paviljoen gemaakt, Digital Port Rotterdam. Hier vinden workshops plaats over de toepassing van ICT in ondernemingen. De sprookjesachtige dimensie van de digitale wereld is tot uitgangspunt genomen. De ruimtes verschillen onderling sterk van inrichting en sfeer. Zoals bij standbouw wordt met lichte materialen, licht, beeld en geluid het waarnemingsvermogen gemanipuleerd. De beurshal komt glorieus te voorschijn als het paviljoen wordt opgeruimd.

Temporary pavilion Digital Port in the exchange hall/Tijdelijk paviljoen Digital Port in de beurshal

Museum for fashion and fashion school MOdAM, Milan, Italy

Meeting place Situated in the Città della Moda, Milan's fashion district, the new MOdAM, with a fashion school and a fashion museum, is meant to become the centre for fashion in Italy. The building lies in the new Giardini de Porta Nuova Park with its crisscrossing paths and many species of trees. The school will train students to become designers, researchers or managers. But beyond being just a school and a museum, the MOdAM is meant to serve as a laboratory, sending out new impulses to fashion studios and the garment industry and as a meeting place for everyone involved in the fashion industry. Hidden in the design brief is a provocative contradiction. A building should be sustainable, but in this case it should also be able to follow fashion, changing colour and skirt length. Different functions must be thoroughly accommodated, while still reflecting a fashionable atmosphere, like a boutique.

Waist As a starting point for the design, Mecanoo chose an abstract and timeless form able to undergo all manner of adaptations without the loss of basic form. Sustainability and the glitter of a show can thus be combined. The building is in fact set up as a cube, but a cube with a waist. In the indent lies the forum; the multi-functional, flexibly divisible link between the school below and the museum above. Like the park, the forum changes colour according to the season. An escalator outside the building brings visitors from the park directly to the forum. The escalator joins up with the path through the park to form a catwalk, so that the building itself becomes part of a fashion show.

Voile With the exception of the waist, the building is clad in stainless steel voile in which silhouettes of models in various poses have been cut out. This produces a play of spots of light inside the building, particularly on the staircases in the school and leading to the museum that run along the inside of the facades. The facades also function as sunbreaks and help regulate the indoor climate.

Modemuseum en modeschool MOdAM, Milaan, Italië

Trefpunt In de Città della Moda, de wijk in Milaan waar de mode-industrie is gevestigd, moet het nieuwe MOdAM met een modeschool en een modemuseum het centrum voor de mode in Italië worden. Het gebouw staat in de Giardini di Porta Nuova, een nieuw park met kriskras paden en vele soorten bomen. De school leidt op tot ontwerper, onderzoeker of manager. Maar meer dan een school en een museum moet het MOdAM een laboratorium zijn waarvan nieuwe impulsen uitgaan naar mode-ateliers en de kledingindustrie en een trefpunt voor iedereen die in de mode werkzaam is. In de ontwerpopgave gaat een prikkelende tegenstelling schuil. Een gebouw moet duurzaam zijn, maar in dit geval ook met de mode mee kunnen gaan, van kleur en roklengte kunnen verschieten. De verschillende functies moeten degelijk geaccommodeerd zijn, maar tegelijkertijd een modieuze sfeer hebben zoals een boetiek.

Taille Als uitgangspunt voor het ontwerp is gekozen voor een abstracte en tijdloze vorm, die allerlei bewerkingen kan ondergaan zonder dat de hoofdvorm verloren gaat. Duurzaamheid en de glitter van een show zijn op die manier te verenigen. Het gebouw is dan ook opgezet als een kubus, maar dan wel een kubus met een taille. In de insnoering ligt het forum, de multifunctionele, flexibel indeelbare schakel tussen de school beneden en het museum boven. Zoals met het park het geval is verandert ook het forum met de seizoenen mee van kleur. Een roltrap buiten het gebouw brengt de bezoekers vanuit het park rechtstreeks naar het forum. Deze trap en het pad door het park dat daarop aansluit vormen samen een *catwalk*. Zo wordt het gebouw zelf een deel van een modeshow.

Voile Het gebouw is op de taille na bekleed met een voile van roestvrij staal waarin de silhouetten van fotomodellen in vele houdingen zijn uitgespaard. Dit levert een spel van lichtplekken op in het gebouw, vooral op de trappen in de school en naar het museum die aan de binnenkant van de gevels lopen. De gevels werken tevens als zonwering, waardoor ze bijdragen aan de regulering van het binnenklimaat.

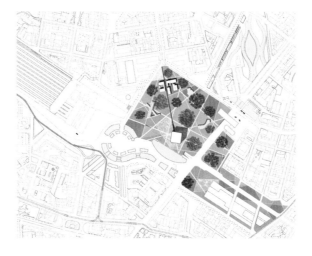

Situation of MOdAM in park/Sitatie MOdAM in park

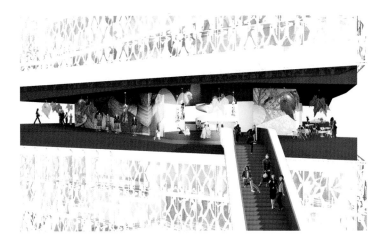

Residential area Vondelparc, Utrecht

Oasis Designing new buildings in existing urban areas is usually a puzzle because of the quirks and obstacles to be overcome; these can, however, be a source of inspiration. The existing built-up areas on the edge of the centre of Utrecht offered good clues for a master plan for 200 dwellings, 2 large schools and the layout of the outdoor space. More important still was the theme of the hidden oasis that is such a feature of Utrecht. The city has many surprising informal enclaves both in built-up areas and in urban green spaces. These spots are urban but not paved – they have an identity of their own and, above all, are hidden. A visitor needs to know the paths, alleys or gateways in order to find them. With this as the underlying theme, the aim was to create a hidden interior world for the Vondelparc residential area. The assignment thus presented an opportunity for integrating parking facilities with the footpaths and green areas.

Screen The premises along the edges of the area have been restored and, where required, allocated a new purpose, ranging from housing to small businesses. A new apartment building has been added to this series of front houses. They form a screen behind which various zones have been provided with an infill. The zones include back houses, which are sculptural blocks of apartments that merge with the public space and lie immediately behind the prominent front houses; courtyard houses, which are handsome residences with a garden room and terrace fronting onto a green courtyard; and town houses, which are in a long, gently curved row and feature private gardens-cum-parking lots on their own ground. All the other parking lots in the area are contained in a semi-sunken level in the green courtyards. The wooden roofs of these garages serve as private terraces and footpaths. The roof has openings for trees and daylight and the boards of the roof also allow light to enter.

Ornamentation Besides the footpaths on the wooden decks, public paths made of durable materials such as clinkers and granite and basalt boulders wind around the area. The paths that pass the two neighbouring school buildings are wider, to accommodate large groups of school children. The new houses and flats have brick walls, which feature misfired bricks inset in an asymmetrical pattern. This ornamentation adds to the character of this hidden oasis.

Woonbuurt Vondelparc, Utrecht

Oase Bouwen in bestaand stedelijk gebied is meestal een puzzel door de obstakels en grilligheden die je tegenkomt, maar is daarmee tevens een bron van inspiratie. Zo bleek de aanwezige bebouwing aan de rand van de binnenstad van Utrecht goede aanknopingspunten te bieden voor een stedenbouwkundig plan dat 200 woningen, 2 grote scholen en de inrichting van de buitenruimte omvat. Belangrijker was desondanks het thema van de verscholen oase, dat zo kenmerkend is voor Utrecht. Deze stad heeft veel verrassende enclaves, die informeel van karakter zijn, zowel wat de bebouwing als de tuinen betreft. Deze plekken zijn bovendien stedelijk maar niet stenig, ze hebben een eigen identiteit en zijn vooral verborgen. Een bezoeker moet de paden, stegen of poortjes kennen om er in door te dringen. Met dit thema voor ogen is voor het woongebied Vondelparc het scheppen van een verscholen binnenwereld nagestreefd. Daarmee diende zich de opgave aan om de parkeervoorzieningen te vervlechten met het groen en de voetpaden.

Scherm De panden langs de randen van het gebied zijn gerestaureerd en hebben waar nodig een nieuwe bestemming gekregen, uiteenlopend van wonen tot bedrijvigheid. Aan deze reeks voorhuizen is een nieuw appartementengebouw toegevoegd. Achter dit scherm zijn verschillende zones ingevuld. Eerst - direct achter de voorhuizen - de achterhuizen, sculpturale appartementengebouwen die samenvloeien met de openbare ruimte. Dan de hofwoningen, herenhuizen met een tuinkamer en een terras aan een groene hof. Ten slotte een lange, licht gebogen rij stadswoningen met privé-tuinen annex parkeerplaats op eigen terrein. Alle andere parkeerplaatsen in het gebied zijn bijeengebracht op een half verdiept niveau in de groene binnenhoven. De houten daken van deze garages dienen als privé-terrassen en voetpaden. Het dak heeft openingen voor bomen en daglicht. Ook de treden van het dak brengen daglicht binnen.

Ornament Naast de voetpaden op de houten decks slingeren er openbare paden door het woongebied, waarvoor duurzame materialen zijn aangewend als klinkers en keien van graniet en basalt. De paden langs de twee aangrenzende schoolgebouwen zijn ruimer van opzet voor alle leerlingen die daar komen. De nieuwe huizen en appartementen zijn bekleed met gemetselde muren, waarin op een eigenzinnige manier misbaksels zijn verwerkt. Dit ornament versterkt het eigen karakter van deze verborgen oase.

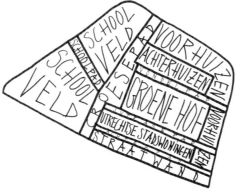

Concept

Office villa Maliebaan, Utrecht

Kantoorvilla Maliebaan, Utrecht

Sustainability   This free-standing mansion is located on the wide, stately Maliebaan in Utrecht. Once a dwelling, and now an office, it has been restored and extended, without intruding on the surroundings. Built at the end of the nineteenth century, and designed by architect, SJ de Rooy, it was the inspiration behind the choice of sustainability as the theme for the conversion and extension. The original intention of the structure is brought into play and new life is breathed into it. On the outside some embellishments were removed, and the low ceilings and other unattractive results of fifty years of office use were discarded from the interior, leaving only the shell. The structural alterations were carried out to enable this urban villa to again be used as a residence, and the garden is treated with similar respect. The structure can once more accommodate different generations of users and trends in architecture and interior design.

Root level   The lawn has been raised a little to make space for the extension. The Maliebaan is an urban conservation zone, and it took a lot of persuasion to obtain a permit for this hidden structure. Two patios admit daylight into the sunken quarters. From the rear patio one can observe at root level the size of the old trees at the end of the garden. A sculpture by Klaas Gubbels is set into the gravel. The oak ship's deck floor on the ground floor continues downstairs via a shallow set of stairs. The north wall of the basement rooms is of smoothly cast concrete that reflects the sunlight, while the south wall is covered by a 40-metre length of cupboards.

Atmosphere   A roomy centrally placed hall with a broad wooden staircase forms the heart of the original property. New windows flood it with light from the north. The materials, warm contrasting colours and light filtered through the trees, give the house an effervescent atmosphere. Each of the two storeys and the attic has a different floor treatment. The ground floor is finished in oak with wenge edges, while the attic floor has stainless steel light-reflecting plates and the first floor has brilliant blue carpeting. The whole north wall is covered with cupboards from floor to ceiling. The work stations are flexible and the kitchen forms a meeting point for everyone.

Duurzaamheid   Een vrijstaand herenhuis aan de brede, statige Maliebaan in Utrecht, vroeger woonhuis maar nu kantoor, is gerestaureerd en buiten het zicht van de omgeving uitgebreid. Het voorname pand uit het einde van de negentiende eeuw (architect S.J. de Rooy) inspireerde tot duurzaamheid als uitgangspunt voor renovatie en uitbreiding. De oorspronkelijke opzet van het bouwwerk is te voorschijn gehaald en nieuw leven ingeblazen. Aan de buitenkant zijn aanbouwsels verwijderd, binnen zijn lage plafonds en andere naargeestige uitkomsten van een halve eeuw kantoorgebruik weggehaald tot het casco overbleef. De bouwkundige ingrepen zijn zo uitgevoerd dat de stadsvilla in de toekomst weer bewoond kan worden en ook de tuin is gerespecteerd. Het bouwwerk kan weer verschillende generaties gebruikers en trends in architectuur en inrichting verdragen.

Wortelhoogte   Het grasveld in de tuin is iets opgetild om ruimte te bieden aan de uitbreiding. Omdat de Maliebaan een beschermd stadsgebied is, was veel overredingskracht nodig om een vergunning voor dit verborgen bouwwerk te verkrijgen. Twee patio's brengen daglicht in de verzonken verblijven. Vanuit de achterste patio kun je op wortelhoogte de omvang waarnemen van de oude bomen achter in de tuin. In het grind staat een sculptuur van Klaas Gubbels. De eikenhouten scheepsdekvloer van de begane grond van het herenhuis is over een luie trap naar beneden toe doorgetrokken. De noordelijke wand van de ondergrondse ruimten is van glad beton dat het zonlicht weerkaatst, de zuidelijke wand is bekleed met een kast van veertig meter lang.

Sfeer   Een ruime centrale hal met een grote houten trap vormt het hart van het oorspronkelijke pand. Nieuwe ramen vullen de hal met daglicht vanuit het noorden. Materialen en warme kleuren die contrastrijk zijn toegepast en licht dat door bomen gefilterd wordt, zorgen voor een sprankelende sfeer in het huis. De twee bouwlagen met nog een zolder hebben elk een andere vloerafwerking gekregen. Op de begane grond ligt het eikenhout met biezen van wengé, de zolder heeft roestvrij stalen platen gekregen waarin het licht weerspiegelt en de bouwlaag daar tussenin een intens blauwe vloerbedekking. De gehele noordwand is van vloer tot plafond met kasten bedekt. De werkplaatsen zijn flexibel, de keuken is de ontmoetingsplaats voor iedereen.

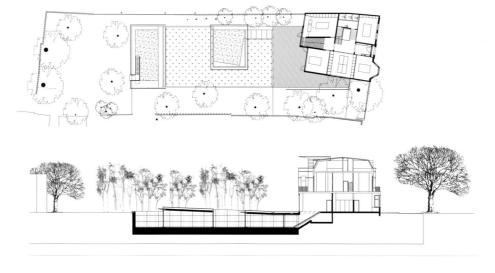

Office villa underground extension / Ondergrondse uitbreiding kantoorvilla

House with studio, Rotterdam

Longing When architects design their own homes, their personal obsessions and fascinations inevitably emerge as though they were writing their diary, even when the house is kept 'neutral'. Besides the pleasant experiences one gets in many houses and hotels, this private house in the Rotterdam district of Kralingen reflects a restrained distaste for conventions. But, above all, it expresses a longing for the landscape, the Dutch landscape and the Dutch skies. It is a house to live and work in and to be on holiday in as well, with a generous view of the Kralingse Plas to the north.

Open links The living room and kitchen are on the *piano nobile*, with a generous unimpeded prospect but shielded from people looking in from outside. The ground floor studio on the other hand is closed, with a peaceful Japanese garden in which a zinc fence reflects swaying bamboo. In a platform over a ditch a children's pool has been built, like the wooden washtub of former times. The bedrooms and library are on the second floor. These rooms are connected by doors that look like wall panels. As the doors remain open during the day, the rooms connect with each other to form a whole. The children can run and play throughout the house. The house has a front and back door and even a side door; it is both formal and informal. Indoors is constantly in touch with outdoors and vice-versa, with a sheet of glass to keep out wind and weather.

Comfortable A wide variety of materials such as stone, concrete, glass, steel and wood form a composition that is hard and soft, simple and precious, that never ceases to be comfortable, but which is also beautiful. The detailing ensures that indoors and outdoors are in constant interplay. The incidence of light is controlled by a bamboo screen that also controls the degree to which people outside can look in, especially in the evening. The house emanates openness, but at the same time the atmosphere indoors is one of intimacy.

Woonhuis met studio, Rotterdam

Verlangen Wanneer een architect een huis voor zichzelf ontwerpt komt daarin, zoals in een dagboek, onvermijdelijk een persoonlijke gedrevenheid en fascinatie tot uitdrukking, zelfs als het huis zogenaamd neutraal is gehouden. Behalve de aangename ervaringen die in vele huizen en hotels zijn opgedaan weerspiegelt het eigen huis in de wijk Kralingen een beheerste afkeer van conventies. Maar bovenal spreekt het huis van het verlangen om het landschap te zien, het Hollandse landschap en de Hollandse luchten. Het is een huis waarin je woont, werkt en met vakantie bent, met naar het noorden een weids uitzicht op de Kralingse Plas.

Open verbindingen De woonkamer en de keuken liggen op de bel-étage, met het fraaie ongehinderde uitzicht en zonder de last van inkijk. De studio op de begane grond daarentegen is besloten, met een verstilde Japanse tuin waarin een zinken schutting wuivend bamboe reflecteert. In een vlonder boven een sloot is een kinderbadje gemaakt, de houten tobbe van weleer. De slaapkamers en de bibliotheek liggen op de tweede verdieping. Deze kamers zijn met elkaar verbonden door deuren met het uiterlijk van panelen. In het dagelijks gebruik staan de deuren meestal open, zodat alle ruimten in het huis tot een geheel in elkaar over gaan. De kinderen kunnen door het hele huis spelen. Het huis heeft een voordeur, een achterdeur en zelfs een zijdeur, is formeel en informeel. Binnen is steeds verbonden met buiten en andersom. Een plaat glas houdt regen en wind tegen.

Comfortabel Uiteenlopende materialen als natuursteen, beton, glas, staal en hout zijn in een compositie bijeen gebracht, hard en zacht, eenvoudig en kostbaar, steeds comfortabel en ook mooi. De detaillering maakt dat binnen en buiten telkens in elkaar overgaan. Met een scherm van bamboe wordt het binnenvallen van licht geregeld en de mate waarin vooral 's avonds naar binnen gekeken kan worden. Het huis straalt openheid uit, maar heeft tegelijkertijd binnen een intieme sfeer.

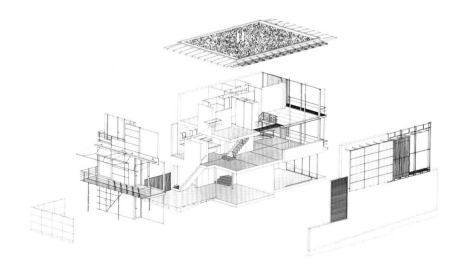

Studio

Moving bamboo screen/Beweegbaar bamboescherm >

Extension of the house with studio to the adjoining house/Uitbreiding van het huis met studio naar het ernaast gelegen huis

Top, 1st floor extention/Boven, 1^{e} verdieping uitbreiding >

Bottom, Beletage extention/Boven, Beletage uitbreiding >

National Performing Arts Center, Kaohsiung, Taiwan

Face   Kaohsiung is one of the world's largest sea harbours with 5 million people living in the region. A high-speed train line connects the city with Taiwan's capital, Taipei. The harbour city of Kaohsiung wants to change into a multifaceted city with a state-of-the-art service industry and a rich cultural life. As a result, a new metro system is to come online in 2009 and in the Wei-Wu-Ying Metropolitan Park, a former military compound of 65 hectares, a grand complex for concerts, opera and theatre is being realised. The programme consists of a concert hall with 2300 seats, an opera house with 2000 seats, a theatre hall with 1000 seats and a black box theatre with 500 seats. An international competition was organised for the design of the park and the performing arts centre. The ambitions of this project are clear; the park and the arts complex must, with one gesture, give Kaohsiung another face. An international jury chose Mecanoo's design because of its great imagination, integration of the arts centre with the park, modern theatre techniques and incorporation of the subtropical climate.

Banyan   The large park and performing arts centre merge with one another. The centuries-old Banyan trees in the area formed a source of inspiration for the design. The Banyan's crown can grow so wide that according to legend, Alexander the Great could take shelter with his entire army under this tree. Mecanoo's building, at 200 metres by 160 metres, resembles the crown of a Banyan. The openings in the roof, passageways and open spaces create a porous building wherein interior and exterior blur. In the sub-tropical climate, grasses and plantings on the roof provide natural and efficient cooling. The roof holds an informal public space where city inhabitants can stroll, practise Tai Chi or meditate. Where the roof touches down to the earth, an open-air theatre in the tradition of the ancient Greeks is created with space for thousands of visitors. The surrounding park then becomes stage and set.

Butterfly garden   Slopes, valleys and water pools create intimate public spaces varying in size, scale and proportion. Meandering paths lead to a botanical garden, a bamboo grove, a playground, a tea pavilion and a butterfly garden. The park design is a logical continuation of the performing arts centre with its public open spaces and roofscape.

National Performing Arts Center, Kaohsiung, Taiwan

Gezicht   Kaohsiung is een van de grootste zeehavens ter wereld. In de regio rond Kaohsiung wonen 5 miljoen mensen. Een hoge snelheidslijn verbindt de stad met de hoofdstad Taipei. Van een havenstad moet Kaohsiung uitgroeien tot een meer veelzijdige stad met dienstverlening en een rijk cultureel leven. Daartoe wordt een metronet aangelegd, dat in 2009 gereed zal zijn, en een omvangrijk complex gebouwd voor concerten, opera-uitvoeringen en theater-voorstellingen in het Wei-Wu-Ying Metropolitan Park, een voormalig kazerneterrein van 65 ha. Het programma omvat een concertzaal met 2300 stoelen, een operahuis met 2000 stoelen, een theater-zaal met 1000 stoelen en een vlakkevloer theaterzaal met 500 stoelen. Voor het ontwerpen van het park en het centrum werd een internationale prijsvraag uitgeschreven. Over de ambities die aan de onderneming ten grondslag liggen kan moeilijk een misverstand bestaan, het park en het complex voor opera, muziek en theater moeten Kaohsiung met één gebaar een ander gezicht geven. Een internationale jury koos het voorstel van Mecanoo met als kwalifica-ties: grote verbeeldingskracht, eenheid van centrum en park, moderne theatertechniek en ingericht op het subtropische klimaat.

Banyan   Het grote park en het eveneens omvangrijke centrum vloeien in elkaar over. De eeuwenoude banyanbomen in het gebied vormden een bron van inspiratie voor het ontwerp. De banyan is een van de grootste bomen die op aarde bestaan. De kroon kan zo breed uitgroeien dat volgens een legende Alexander de Grote met zijn hele leger onder deze boom kon schuilen. Het gebouw van Mecanoo, 200 meter bij 160 meter, is als de kroon van een banyan. Door openingen in het dak, passages en open ruimten ontstaat een opengewerkt gebouw, waarin interieur en exterieur in elkaar over-gaan. In het subtropische klimaat zorgen grassen en planten op een deel van het dak voor een natuurlijke en efficiënte koeling. Het dak draagt een informeel publiek gebied waar de bewoners van de stad kunnen flaneren, tai chi beoefenen of mediteren. Waar het dak de grond raakt begint het openlucht theater met plaats voor duizenden bezoekers, opgezet in de traditie van de oude Grieken. Het omlig-gende park vormt het podium met decor.

Vlindertuin   Glooiingen, valleien en waterpartijen in het park markeren intieme openbare ruimten die variëren in omvang en maat-verhouding. Meanderende paden leiden naar een botanische tuin, een bamboebos, een speeltuin, een theepaviljoen en een vlinder-tuin. De opzet van het park is een logische voortzetting van het performing arts center met zijn voor het publiek toegankelijke open ruimten en daklandschap.

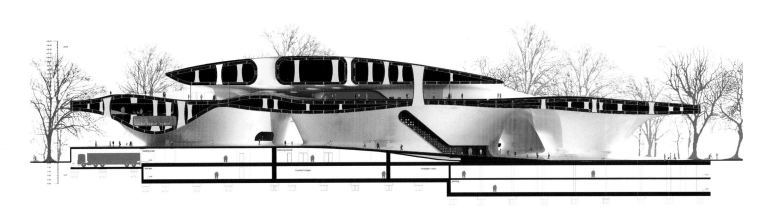

Banyan trees as inspiration/Banyanbomen als inspiratiebron

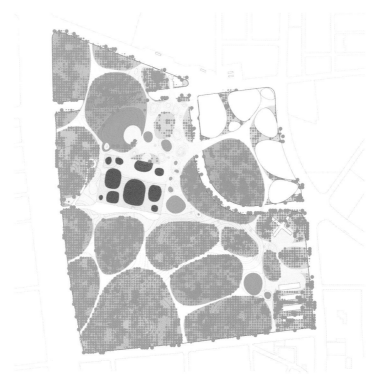

Concept Wei-Wu-Ying Metropolitan Park

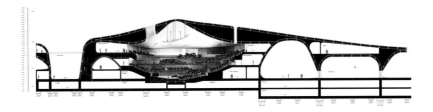

Concert hall/Concertzaal

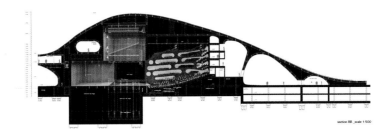

section BB _scale 1:500

Opera house/Operahuis

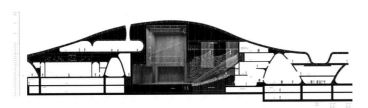

Theatre hall/Theaterzaal

Concert hall/Concertzaal

Skyscraper Montevideo, Rotterdam

New world
Rotterdam's port has shifted closer to the sea, freeing up the old inner harbours for new urban developments in the city centre. As a result the warehouses on the Wilhelminapier are making way for new high-rise residential and office buildings with restaurants and cultural facilities at street level. The pier was once the gateway to the new world as ocean steamers took emigrants to America; now cruise ships moor here. The former headquarters of the Holland America Line at the head of the pier have been strikingly transformed into the Hotel New York. The northern quayside contains mainly freestanding office towers; designs by Norman Foster and Renzo Piano are already complete. In 1999, Mecanoo was commissioned to develop a master plan for the southern quayside, which is intended for housing. The resulting plan sought to avoid a sharp contrast with the nearby office buildings – to not create housing blocks with a rigid repetition of balconies and monotonous fenestration, but instead to provide generous, neutral floor plates flexible enough for living and working, and further, to create an open and inviting base at street level. When the brief later called for a tall residential tower, it was possible to develop these principles and the 'Holland-America feeling' even further.

Skyscraper
The building is a composition of intersecting volumes, one of which is suspended above the quayside. The base, with its restaurants and offices, contributes to a sense of urban animation. The tower refers to the idea of a vertical city and in particular to New York's pre-war skyscrapers. The construction is a hybrid: the two lower levels are steel (America), followed by concrete (Holland) to a height of 90 metres and then steel again, which delivers highly flexible floor plates. The construction offers room for variation, different storey heights and more than 50 different floor plates. The windows, balconies and loggias form a rhythmic pattern. In sections the building is reminiscent of an ocean steamer or cruise ship: different 'classes' have different floor plans and storey heights, and alongside apartments (cabins) there are restaurants, offices, guest suites, a swimming pool, gym and sauna. The porthole windows continue the maritime analogy.

Exotic
The 'M' surmounting the building, an 8-metre-high weather vane, stands for Montevideo, but also for the river Maas, Rotterdam's maritime tradition and much more besides. Historically the Wilhelminapier was full of warehouses bearing the then still exotic names of faraway ports such as New Orleans, Santos, Baltimore and Havana. The name of the Netherlands' tallest residential building on the Wilhelminapier fits within this tradition but also has an orientation on the wider world.

Wolkenkrabber Montevideo, Rotterdam

Nieuwe wereld
De havenactiviteiten van Rotterdam zijn dichter naar de zee gebracht, waardoor de oude stadshavens vrij zijn gekomen voor nieuwe stedelijke ontwikkelingen in het centrum van de stad. Op de Wilhelminapier maken zodoende pakhuizen plaats voor hoge woongebouwen en kantoren met aan de voet eethuizen en culturele voorzieningen. De pier was vroeger een loopplank naar de nieuwe wereld, van hier vertrokken deoceaanstomers met emigranten naar Amerika, nu meren cruiseschepen af. Het hoofdkantoor van de Holland Amerika Lijn op de kop van de pier is treffend getransformeerd in Hotel New York. Op de noordkade komen vooral solitaire kantoortorens; ontwerpen van Norman Foster en Renzo Piano zijn al uitgevoerd. Voor de zuidkade, die bedoeld is voor woongebouwen, mocht Mecanoo in 1999 een stedenbouwkundig concept uitwerken. Het resultaat hield een oproep in: vermijdt een scherp contrast met de kantoorgebouwen, maak geen woon-torens met een rigide herhaling van balkons en gelijke vensters, maak ruime, neutrale plattegronden, waarin niet alleen gewoond kan worden maar ook gewerkt, maak bovendien aan de straat een open en uitnodigende plint. Toen daarna de opdracht voor een hoge woontoren volgde, kon aan deze principes en aan een Holland-Amerikagevoel een uitwerking gegeven worden.

Wolkenkrabber
Het bouwwerk is een compositie van in elkaar grijpende volumes, waarvan een deel boven de kade zweeft. Het onderstuk geeft met restaurants en kantoren een impuls aan de stedelijke levendigheid. Het torengedeelte verwijst naar het idee van een verticale stad, in het bijzonder naar de wolkenkrabbers in New York uit de eerste helft van de vorige eeuw. De constructie is hybride van aard, de onderste twee bouwlagen zijn van staal (Amerika), dan volgt tot 90 meter hoogte beton (Holland) en daarna gaat het weer verder met staal, wat vrij indeelbare vloeren oplevert. De constructie biedt ruimte voor variatie, verschillende verdiepingshoogten en meer dan 50 verschillende plattegronden. Ramen, balkons en loggia's zijn in ritmische patronen geplaatst. De doorsnede laat zich rijmen met die van een oceaanstomer of cruiseschip. Met de prijsklassen verschillen de vloeroppervlakken en de verdiepingshoogten, en behalve appartementen zijn er restaurants, kantoren, suites voor gasten, zwembad, fitnesszaal en sauna. De ronde ramen doen mee in dit spel.

Exotisch
De M op het dak, een windwijzer van 8 meter hoog, is van Montevideo, maar ook van de rivier de Maas, van de maritieme traditie van Rotterdam en van nog veel meer. Vroeger stonden op de Wilhelminapier pakhuizen en vemen met zeker toen exotische namen van verre havensteden als New Orleans, Santos, Baltimore, Havana. Op de Wilhelminapier is voor de tot op dit moment hoogste woontoren in Nederland een naam gekozen die past in deze traditie en tegelijkertijd een oriëntatie op de wereld inhoudt.

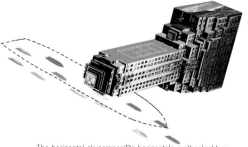

The horizontal skyscraper/De horizontale wolkenkrabber

Southern quay side with restaurants/Zuidkade met restaurants

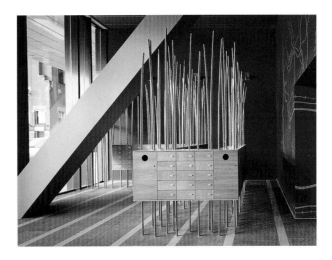

West entrance/Westentree

East entrance/Oostentree

East entrance/Oostentree

Sky apartment/Sky appartement

Penthouse

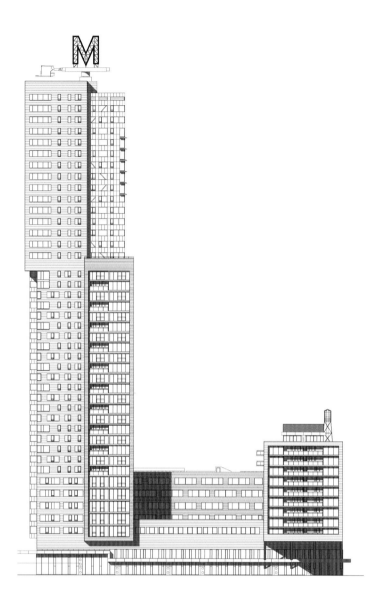

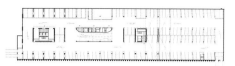

Parking garage on -1 and -2/Parkeergarage op -1 en -2

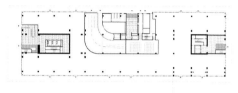

Ground level/Begane grond

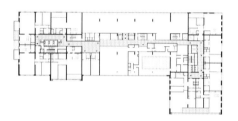

Third floor/Derde verdieping

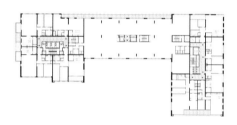

Fifth floor/Vijfde verdieping

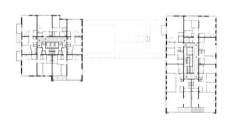

Tenth floor/Tiende verdieping

Penthouse on level 41, 42 and 43

Penthouse op 41^e, 42^e en 43^e verdieping

With the 8-metre-high M Montevideo reached its highest point on March 21st, 2005/Met de 8 meter hoge M bereikte Montevideo haar hoogste punt op 21 maart 2005

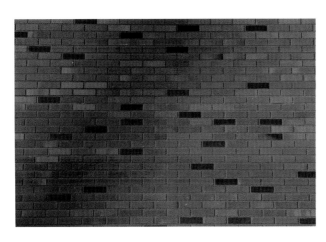

Mecanoo Blue, Composition,
Contrast, Complexity,
4th International Biennal of
Architecture 1999, São Paulo, Brazil

Mecanoo Blue, Composition,
Contrast, Complexity,
4^e Internationale Architectuur
Biënnale 1999, São Paulo, Brazilië

Groothandelsmarkt, Den Haag, 1988-1997
a former wholesale market for fruit and vegetables changed
in a cohesive neighborhoud: 850 dwellings, a school, pubic space

the beacon

a ship with waves

Dutch Open Air Museum, in the rolling landscape of the forest in Arnhem, 1995-2000

a 145 meter long wall, a mosaïc of old and new bricks, forms
the gate to the Open Air museum. Behind is a spacious
transparent hall with a view of the open meadow beyond.

First International Architecture
Biennale Rotterdam 2003

Eerste Internationale Architectuur
Biënnale Rotterdam 2003

Prof. Francine M.J. Houben MSc, founding partner/creative director

Francine Houben (1955), born in Sittard, the Netherlands, is founding partner and creative director of Mecanoo architecten. She graduated as an architect with cum laude honours from the Technical University Delft in 1984. Mecanoo has been in practice for 25 years in Delft, the Netherlands. Francine Houben is one of Europe's most active architects having realised numerous works, publications, conferences and exhibitions. She lectures all over the world and takes part as a jury member in many prestigious competitions. Her award-winning projects illustrate the three fundamental elements of her architectural vision: Composition, Contrast and Complexity. The oeuvre of Francine Houben is extremely wide-ranging, encompassing: houses, schools and complete residential areas, theatres, libraries and skyscrapers, parks, squares and highways, cities, polders and 'Randstad', hotels, museums and even a chapel. Francine Houben has won numerous design awards, including the Maaskant Prize for Young Architects, the Jhr. Victor de Stuerspenning Prize, the Best School Building Prize, the National Steel Construction Prize, the A.M. Schreuders Prize and the Dutch Building Prize.

In 2000 she was instated as professor in Architecture and Aesthetics of Mobility at the University of Technology in Delft, the Netherlands. She was professor at the Universitá della Svizzera Italiana, Accademia di architettura, in Mendrisio in Switzerland in 2000–2001. In 2001 she received an honorary fellowship of the Royal Institute of British Architects in London and published her manifesto on architecture the book *Composition, Contrast, Complexity*. Francine Houben was director of the First International Architecture Biennale Rotterdam 2003, with the theme 'Mobility, A Room with a View'. From 2003–2005 she was a member of the International Design Committee of London. From 2002–2006 she was City Architect of Almere. In 2007 Francine Houben was visiting professor at Harvard University. In 2007 she received honorary fellowships to the American Institute of Architects and the Royal Architectural Institute of Canada.

Curriculum vitae

Prof. ir. Francine M.J. Houben, oprichter/partner/creatief directeur

Francine Houben (1955), geboren in Sittard, is oprichter en creatief directeur van Mecanoo architecten in Delft. In 1984 studeerde ze cum laude af als architect aan de Technische Universiteit Delft. Haar bureau Mecanoo architecten bestaat inmiddels 25 jaar. Francine Houben is een van de meest actieve architecten van Europa. Ze heeft een groot aantal projecten gerealiseerd en vele publicaties, conferenties en tentoonstellingen op haar naam staan. Ze geeft lezingen over de hele wereld en heeft zitting in jury's van prestigieuze competities. Haar projecten illustreren de drie fundamentele elementen van haar architectuurvisie: Compositie, Contrast en Complexiteit. Het oeuvre van Francine Houben is ongekend breed: huizen, scholen en complete woonwijken, theaters, bibliotheken en wolkenkrabbers, parken, pleinen en snelwegen, steden, polders en Randstad, hotels, musea en zelfs een kapel. Francine Houben won vele met prijzen, zoals de de Maaskantprijs voor Jonge Architecten, de Jhr. Victor de Stuerspenning, de Scholenbouwprijs, de Nationale Staalprijs, de A.M. Scheudersprijs en de Nederlandse Bouwprijs.

Sinds 2000 is Francine Houben professor Architectonische Vormgeving en Mobiliteitsesthetiek aan de Technische Universiteit Delft. Van 2000 tot 2001 was zij professor in de mobiliteitsesthetiek aan de Universitá della Svizzera Italiana, Accademia di architettura, Mendrisio in Zwitserland. In 2001 ontving ze een honoray fellowship van de Royal British Architects Association en ze publiceerde in datzelfde jaar haar manifest over architectuur, het boek *Compositie, Contrast, Complexiteit*. Francine Houben was directeur van de Eerste Internationale Architectuur Biënnale Rotterdam 2003 met als thema 'Mobility, A Room with a View'. Van 2003–2005 was Francine Houben lid van het International Design Committee van Londen. Van 2002–2006 was zij Stadsbouwmeester van Almere. In 2007 was Francine Houben benoemd als visiting professor aan Harvard University in de U.S.A. In 2007 ontving zij honorary fellowships van de American Institute of Architects and the Royal Architectural Institute of Canada.

Ing. Aart Fransen, partner/technical director

Aart Fransen (1960), born and educated in The Hague, the Netherlands, graduated from the HTS Building Design School in 1983. After working for the Rijksgebouwendienst in The Hague from 1983–1986, he joined Mecanoo where he became member of the management team in 1999. He became technical director in 2002 and has been partner since 2007. Aart Fransen directs a technical staff of 35 professionals. He is in charge of managing large-scale public projects including theatres, congress centres, museums and libraries, and also high-rise and commercial buildings in the Netherlands and abroad.

Ing. Aart Fransen, partner/technisch directeur

Aart Fransen (1960) is geboren in Den Haag en studeerde in 1983 af aan de HTS Bouwkunde in Den Haag. Van 1983–1986 was hij werkzaam bij de Rijksgebouwendienst in Den Haag. Hij trad in dienst bij Mecanoo in 1986 en werd lid van het directieteam in 1999. In 2002 werd hij technisch directeur en hij is partner sinds 2007. Aart Fransen geeft leiding aan de technische staf van 35 mensen. Hij geeft leiding aan de uitvoering van grootschalige publieke gebouwen – zoals theaters, congrescentra, musea en bibliotheken -, hoogbouwprojecten en commerciële gebouwen in Nederland en het buitenland.

Francesco Veenstra MArch, partner/architect

Francesco Veenstra (1973) was born in Leeuwarden, the Netherlands, and graduated in 2002 as an architect from the Academy of Architecture in Rotterdam where he researched the development possibilities of the rail station area of Rotterdam. Francesco Veenstra has been with Mecanoo since 1995 and became a member of the design team in 2002. He has been a partner since 2007. As project architect, his broad range of experience includes public and cultural projects, commercial and residential buildings and international competitions. Francesco Veenstra lectures in the Netherlands and abroad.

Francesco Veenstra MArch, partner/architect

Francesco Veenstra (1973) geboren in Leeuwarden en studeerde in 2002 af als architect aan de Academie van Bouwkunst in Rotterdam op een onderzoek naar de ontwikkelingsmogelijkheden van het stationsgebied in Rotterdam. Sinds 1995 werkt hij bij Mecanoo. In 2002 werd hij lid van het ontwerpteam. Sinds 2007 is hij partner. Francesco Veenstra heeft een ruime ervaring als projectarchitect van publieke – en culturele gebouwen, commerciële – en appartementengebouwen en internationale competities. Francesco Veenstra geeft lezingen in binnen- en buitenland.

Ellen van der Wal Msc, senior architect

Ellen van der Wal (1972) was born and educated in Delft, the Netherlands, where she graduated as an architect with cum laude honours from the Technical University in 1998. In 1996 she studied architecture at the Universitat Polytecnica de Catalunya in Barcelona. Ellen van der Wal joined Mecanoo in 1998 and has been a member of the design team since 2002. She plays a key role as project architect in the design of masterplans, hotels, commercial office buildings and congress centres. Ellen van der Wal lectures in the Netherlands and abroad.

Ir. Ellen van der Wal, senior architect

Ellen van der Wal (1972) is geboren in Delft en studeerde in 1998 cum laude af als architect aan de Technische Universiteit Delft. In 1996 studeerde zij architectuur aan de Universitat Polytecnica de Catalunya in Barcelona, Spanje. Ellen van der Wal werkt sinds 1998 bij Mecanoo en is sinds 2002 lid van het ontwerpteam. Ze speelt een belangrijke rol als projectarchitect van masterplans, hotels, commerciële kantoor-gebouwen en congrescentra. Ellen van der Wal geeft lezingen in binnen- en buitenland.

Allart Joffers MSc, senior architect

Allart Joffers (1970) was born in Leiden, the Netherlands, and studied building engineering at the Technical College in The Hague and architecture at the Delft University of Technology, where he graduated in 1997. He worked for RAS architects in Györ, Hungary from 1997 to 1998. He joined Mecanoo in 1998 and has been a part of the design team since 2003. Allart Joffers possesses considerable experience in high-rise projects and large-scale housing projects. He is a member of High-rise Technical Working Group for NEN, the Netherlands Normalisation Institute since 2005. Allart Joffers lectures in the Netherlands and abroad.

Ir. Allart Joffers, senior architect

Allart Joffers (1970) is geboren in Leiden en studeerde HTS Bouwkunde in Den Haag en Architectuur aan de Technische Universiteit Delft, waar hij in 1997 afstudeerde. Van 1997–1998 werkte hij bij architectenbureau RAS in Györ, Hongarije. Hij werkt bij Mecanoo sinds 1998 en is lid van het ontwerpteam sinds 2003. Allart Joffers heeft een ruime ervaring opgedaan met hoogbouwprojecten en grootschalige woningbouwprojecten. Sinds 2005 maakt hij deel uit van de Technische Werkgroep Hoogbouw voor de Stichting Nederlands Normalisatie Instituut (NEN). Allart Joffers geeft lezingen in binnen- en buitenland.

Arch. Nuno Gonçalves Fontarra, senior architect

Nuno Fontarra (1978), born and educated in Porto, Portugal, received his architectural degree from the Faculdade de Arquitectura da Universidade do Porto (FAUP) in 2003. Nuno Fontarra joined Mecanoo in 2002 and became a member of the design team in 2006. He plays a key role in the design of international competitions, public, cultural, residential and judicial projects. Nuno Fontarra lectures in the Netherlands and abroad.

Arch. Nuno Gonçalves Fontarra, senior architect

Nuno Fontarra is geboren in Porto (1978), Portugal en studeerde in 2003 af als architect aan de Faculdade de Arquitectura da Universidade do Porto (FAUP). Nuno Fontarra werkt bij Mecanoo sinds 2002 en werd in 2006 lid van het ontwerpteam. Hij speelt een belangrijke rol als projectarchitect van internationale competities, publieke – en culturele gebouwen, appartementengebouwen en gerechtsgebouwen. Nuno Fontarra geeft lezingen in binnen- en buitenland.

Sylvie Beugels Msc, senior architect

Sylvie Beugels (1961) was born in Kerkrade, the Netherlands, and graduated in 1987 as an architect from Delft University of Technology. In 1990 Sylvie Beugels joined Mecanoo and became a senior architect in 1997. She has a broad experience in the design of educational buildings and large housing projects.

Ir. Sylvie Beugels, senior architect

Sylvie Beugels (1961) is geboren in Kerkrade en studeerde in 1987 af als architect aan de Technische Universiteit Delft. In 1990 kwam Sylvie Beugels in dienst bij Mecanoo, sinds 1997 is ze senior architect. Ze heeft een ruime ervaring opgedaan met het ontwerpen onderwijsgebouwen en grote woningbouwprojecten.

Carmen Pereira BArch, senior architect

Carmen Pereira (1974), born and educated in Sydney, Australia, graduated in 2000 as an architect with first class honours from the University of Technology, Sydney. She joined Mecanoo in 2004 and became member of the design team in 2007. Carmen Pereira has worked on international residential projects, museums and mixed-use projects. Prior to Mecanoo, she worked for Lippmann Associate Architects in Sydney from 1998–2001, and for Alsop Architects in Rotterdam from 2001–2004.

Carmen Pereira BArch, senior architect

Carmen Pereira (1974) is geboren in Sydney, Australië en studeerde in 2000 met *first class honours* af als architect aan de University of Technology van Sydney. Sinds 2004 is ze werkzaam bij Mecanoo. In 2007 werd ze lid van het ontwerpteam. Carmen Pereira speelt een belangrijke rol in diverse internationale woningbouwprojecten, musea, en multifunctionele gebouwen. Voordat ze in dienst kwam bij Mecanoo werkte ze van 1998-2001 bij Lippmann Associate Architects in Sydney en van 2001–2004 bij Alsop Architecten in Rotterdam.

Paul Ketelaars Msc, senior architect

Paul Ketelaars (1977) was born in Tilburg, the Netherlands and graduated in 2001 as an architect with honourable mention from Delft University of Technology. In 2002 Paul Ketelaars joined Mecanoo and became a member of the design team in 2007. Paul Ketelaars has broad experience in designing housing projects, congress centres and hotels.

Ir. Paul Ketelaars, senior architect

Paul Ketelaars (1977) is geboren in Tilburg en studeerde in 2001 met eervolle vermelding af als architect aan de Technische Universiteit Delft. Sinds 2002 is Paul Ketelaars werkzaam bij Mecanoo. Hij werd lid van het ontwerpteam in 2007. Paul Ketelaars heeft een ruime ervaring opgedaan bij het ontwerpen van diverse woningbouwprojecten, congrescentra en hotels.

Mecanoo's

| Francesco Pasquale | Sjoerd Redel | Laura Alvarez | Angela van der Zee | Anne Marie van der Weide | Arzu Ayikgezmez |

| Leonie Brinks | Eve-Barbara Robidoux | Fedele Canosa | Henk Bouwer | Carmen da Silva Pereira |

| Jesse van Keeken | Linda den Hartog | Branco Giebels | Judith de Jongste | Linda Chamorro | Kasper Zoet |

Friso van der Steen   Sylvie Beugels   Nuno Gonçalves Fontarra   Ellen van der Wal   Paul Ketelaars

Iemke Bakker   Aart Fransen   Francine Houben   Francesco Veenstra   Allart Joffers

Gwenda Westhoven   Inga Hilburg   Joost Verlaan   Christa de Bruin   Daniëlle Buzalko   Koen Heslenfeld

Toon de Wilde   Martijn Meester   Manfredi Valenti   Maria Dominquez Abreu   Patrick Arends   Maarten Tenten

Sander Boer   Hanneke Hollander   Robert van Rij   Marije Hoornstra   Ramiro Losada Amor

Michiel Akkerman   Kristof Houben   Stefan te Vaarwerk   Petra Postler   Stephanie Kol   Sjaak Janssen

Karin Uittenbogaart   Nick Marks   Rodrigo dos Santos Louro Flor   Nicoló Riva   Niels Hoeve   Niels Onderstal

Rick Splinter   Robert Uijttewaal   Huib de Jong   Danny Lai   Ronald Dumas   Nicole Carstensen

Yuri Sigmond   Paulo Vieira Borralho   Luuk van Wijlick   Jasper Tonk   Machteld Schoep

Córdoba, October 2006

Mecanoo's 1981–2007

Aagje Roelofs, **Aart Fransen**, Ada Fekete, Adriënne Groeneveld, Aernoud van 't Hof, Agnès Mandeville, Alenca Mulder, Alessandro Miti, Aletta van Manen, Alexandra Häsler, Alexandre Lamboley, Alfa Hügelmann, Alicia Martinez Velazquez, Alijd van Doorn, Allard Assies, **Allart Joffers**, Alvaro Viera Rodríguez, Ana Pereira, Ana Rocha, Andrea Klerks, Andrea Möhn, Andres Ambauen, Angela Moragues Gregori, **Angela van der Zee**, Angelika Bisseling, Angelique Wisse, Anja Lübke, Anne Busker †, Anne Soutendijk, Annelies van der Stoep, Annelies van Eenennaam, Ann-Elise Hampton, Annemarie van der Meer, **Anne-Marie van der Weide**, Annemiek Segeren, Annemieke Diekman, Annemieke Punter, Annette Pasveer, Ans van Reeuwijk, Anthony Hoete, Ard Buijsen, Arjan van der Bliek, Arthur Hilgersom, Arthur Kleinjan, **Arzu Ayikgezmez**, Ascen Barranco Martin, Astrid Cornelissen, Astrid Huwald, **Astrid Spaink**, Astrid van Vliet, Audric Menu, Axel Koschany, **Ayla Ryan**, Barbara van Boxtel, Barbara van de Broek, Barbara Wieland, Bart van den Broek, Bas Streppel, Bas Verhagen, Bas Vijn, Bastiaan Jongerius, Benjamin Dobbin, Berenike van Manen, Bernhard Vester, Berthe Jongejan, Birgit de Bruin, Birgit Jürgenhake, Birgit Verburgt, Birgitte Vergouw, Birgitte Wolf-Földesi, Bjarne Mastenbroek, Blanca Wennekes, Bob Ronday, Bohui Li, Branco Giebels, Brenda Bello, Brett Albert, Carlo Bevers, Carlos Andrés López Galvis, **Carmen Pereira**, Cecilia Bottaro, Celio Vrolijk, Charlot Maas, Chris de Weijer, Chris Luth, **Christa de Bruin**, Christian Gafner, Christian Müller, Christian Quesada van Beresteijn, Christina Gestra, Cindy Wouters, Claire Teurlings, Clara Velez Perez, Claudia Amann, Claudia Ruitenberg, Claudia Schmidt, **Claudia Weidhaas**, Clemens Nuyens, Cock Peterse, Conny Zingler, Cristina Fernandez, Daan ter Avest, Daan van der Vlist, Daisy Maat, Daniëlle Buzalko, Daniëlle Huls, Danny Lai, Dave van Goch, David Willems, Diana Meinster, Diana Went, Dianne Anyika, **Dick Donhuysen**, Dick van Gameren, Dietmar Haupt, Dirk Kriesten, Dorthe Kristensen, Douglas Ardern, Douwe de Haan, Ebami Tom, Edith de Jong, Eduardo Callejo Canal, Edwin Tukker, Ellen Burghoorn, Ellen Droogers, Ellen Koring, Ellen Schindler, Ellen van de Laar, **Ellen van der Wal**, Ellen van Eck, Els Frankemolen, Els Hazelhof, Emmett Scanlon, Emmy Sterenberg-Weeber,

Enrico Cerasi, Ergün Erkoçu, Eric de Leeuw, Eric Drieënhuizen, Eric Mesman, Erica Bol, Erich Renner, Erick van Eegeraat, **Eve Robidoux**, Eveline Schildmeijer, Fay Verplancke, **Fedele Canosa**, Fedrico Babina, Fevzi Köstüre, Filip John, Floor de Voogt, Floor Moorman, **Francesco Pasquale**, **Francesco Veenstra**, **Francine Houben**, Frank Huibers, Frank Kühne, **Frank Rocks**, Frank Segaar, Frank van Gameren, **Frederico Nunes Francisco**, Frederique van Andel, **Friso van der Steen**, Gareth Williams, Geer Klijn, Geert-Jan van Damme, Gemma Biesheuvel, George Taran, Gerrit Bras, Gerrit Schilder, Gert Jan van der Harst, Gert Wiebing, Gertjan Bestebreurtje, Giusseppina Borri, Graciëlla Torre Sidawy, Greg Davey, Guy Scott, Gwenda Westhoven, Hank van 't Wout, Hanna Euro, Hanneke Elenbaas, Hanne Kjeldsen, Hanneke Etten, **Hanneke Hollander**, Hannes Krimpelstätler, Hans Berger, Hans Goverde, **Hans Hidskes**, Hans Schepman, Hans van der Heijden, Hans van der Horst, Harald Kurzhals, Harry Boxelaar, Heikki Viiri, Heleen Bothof, **Henk Bouwer**, Henk Döll, Henny Pries, Hieke Bakker, Holger Wirthwein †, Hugo Schut, **Huib de Jong**, Huw Wiliams, Ida van den Hoogen, Iemke Bakker, Ineke Dubbeldam, Ineke Meijer, Ines Ferreira, **Inga Hilburg**, Ingo Hörig, Ingrid Oron, Inma Fernandez Puíg, Ivan Nevzgodine, **Ivo de Nooijer**, Jaap de Vries, James Harper, James Murray, Jan Bekkering, Jan Kees Dibbets, Jan Kooi, Jan van Spanje, Jana Schultz, Janos Tiba, Jason Torres, Jasper Griep, Jasper Kaarsemaker, **Jasper Tonk**, Javier Briasco Garcia, Jaytee van Veen, Jeanne Lev, Jennifer Schrage, Jeroen Ekama, Jeroen Hamers, Jeroen Luykx, Jeroen Nanne, Jeroen Schipper, Jeroen Snellens, **Jesse van Keeken**, Jim Njoo, Jo Edwards, Joana de Castro Ribeira Pereira Cancela, Joanna Cleary, Joanna Dendewicz, Job van Eldijk, Jochen Eggert, Joëll Thepen, Johan Kralt, Johan Selbing, Johan van der Esch, Johanna Clearly, Johanna Irander, John Brown, John Buijs, John Kraak, Joke Klumper, Joke Nowee, Joost van Bree, **Joost Verlaan**, Joost Vlot, Joost Woertman, José Albuquerque de Sousa, Joyce van der Knaap, **Judith de Jongste**, Judith Egberink, Judith Gieseler, Judith Hopfengärtner, Judith Siegeler, **Julia Hogervorst**, Julian Hooijmans, Julien Merle, Juraj Palovic, Jutta Rentsch, **Karin Uittenbogaart**, Karoline Poorter, **Kasper Zoet**, Katharina Sander, Kathrin Siebert, Kathrin Weiss, Katinka Buters, Katja van Dalen, Katrien Donneux, Kerstin Hahn, Ketty Voltat, Kika Notten, **Koen Heslenfeld**,

Mecanoo, Oude Delft 203, Delft

Kolja Preuss, Kotaro Horiuchi, Kristel Aalbers, Kristin Jensen, Kristina Schönwälder, **Kristof Houben**, Lada Hrsak, Lars Spuybroek, **Laura Alvarez Rodríguez**, Laurens Veth, Laurie Neale, Leanne van de Erve, Leen Kooman, Leen Temmink, Leo Oorschot, Leon Delhez, **Leonie Brinks**, Leticia Balacek, Lex van Opstal, Lidwien Pikkemaat, Lies Spruit, Liesbeth van Brakel, Linda Chamorro, **Linda den Hartog**, Lisette Magis, Loes Oudenaarde, Loren Supp, Lucretia van Groningen, Lucy Knox-Knight, Luís Pires, Luisa Rainer, Lukas Drasnar, Lutz Mürau, **Luuk Wijlick**, Lydia Fraaije, Maaike Bruins, Maarten Dickhoff, **Maarten Tenten**, Maarten van Bremen, Maarten Wijsman, Maartje Lammers, Maartje van de Berg, Machiel Broeren, **Machteld Schoep**, Machthild Stuhlmacher, Magnus Weightman, **Manfredi Valenti**, Manon Schrage, Maor Vernik, Marc Fleer, Marc Prins, Marc Prosman, Marc Roos, Marc Springer, Marcel Davidse, Marcel Kellner, **Marco van Zal**, **Maria Aller Rey**, **Maria Dominguez Abreu**, Maria Hänsch, **Maria Castillon Espert**, **Marije Hoornstra**, Marije Kitselaar, Marijke Gantvoort, Marion Gruber, Marja Stam, Marjolijn Verbist, Marjolijn Adriaansche, Marjolijn Hoelen, Mark Peter, Markus Freigang, **Martijn Meester**, Martijn Potters, Martin Stoop, Martin Zamazal, Martine Prokop, Mateo Kuypers, Mathis Meyer, Matthew Murphy, Matthew Strong, Matthijs de Stigter, Maxime Heng, Mercedes Garcia Ballester, Merel Smit, Michael Dax, Michael Gore, Michael Seeling, Michael Thistle, Michael Woodford, Michel de Kok, Michel Parlevliet, Michel Tombal, **Michiel Akkerman**, Michiel Raats, Michiel Verkroost, Mieke Nagtegaal, Mike Mur, Mike Vink, Miranda Nieboer, Mirjam de Heer, Mirjam van Dam, Monica Adams, Monika Mullen, Monique Voogd, Myrtille Ferté Fogel, Nadia Pahladsingh, Natacha Chaves, Nathalie de Vries, Nestor Montenegro, **Nick Marks**, Nicky Sluis, **Nicole Carstensen**, Nicole Haustermann, **Nicoló Riva**, **Niels Hoeve**, **Niels Onderstal**, Nienke Smits van Burgst, Nilvia Coffy, **Nuno Gonçalves Fontarra**, **Nuno Moura**, Olga Korstanje, Olivier Brouwez, Oscar Benet Ramos, **Ottavia Sarti**, Otto Driessen, Otto Fitzi, Paddy Tomesen, Paolo Rossetti, Pascal Tetteroo, Patricia Tamayo Perez, Patricia van den Berge, **Patrick Arends**, Patrick Eichhorn, Patrick Koschuch, Patrick Longchamp, Paul Dijkstra, **Paul Ketelaars**, Paul Meurs, Paul Numan, Paul-Martin Lied, Paulo Borralho, **Paval Matyska**, Pedro Campos da Costa, Perry Klootwijk, Peter Claeys, Peter Donker, Peter Jollie, Peter Plaisier,

Peter van der Schans, Peter Vervoorn, Peter Williams, Petra Postler, Pieter Spoelstra, Pieter Voogt, Pim Köther, **Rajiv Sewtahal**, **Ramiro Losada Amor**, Raymond Duivesteijn, Remco Theunissen, Renate Gobius du Sart, René Bouman, Reuske Groenewold, Richard Smit, **Rick Splinter**, Rina Sanders, Rinie Mersel, Rinske van der Hout, Rob Lemaire, Robert Alewijnse, Robert Osinga, Robert Schoutsen, **Robert Uijttewaal**, **Robert van Rij**, Roberta Ciccarelli, Roberto Pavan, Robin Kerssens, Roderick Tong, **Rodrigo dos Santos Louro Flor**, Roel Bosch Reitz, Roel van der Sman, Roel Wildervanck, Roelf Steenhuis, Roelof Heida, Rogier Laterveer, Rombout Loman, **Ronald Dumas**, Rui Didier, Ruth Lorenz, Ruth Visser, Sabrina Friedl, Sam Austin, Sanda Lenzholzer, **Sander Boer**, Sander van der Drift, Sander Vijgen, Sandra Bouwman, Sandra d'Urzo, Sandra Vegter, Sanne van Bekkum, Sara Carbonera, Saskia Fokkema, Saskia Groenendijk, Saskia Hebert, Saskia Heusmann, Sebas Veldhuisen, Sebastian Winkler, Sergio Pinto, Shabnam Otaderian Mozaffarian, Shachar Zur, Shadan Amien, Shima van der Ster, Shin Sakuma, Siebold Nijenhuis, Silvia Albers, Silvia de Nolf, Simon Nuñez de Arenas Fraile, Simona Rossi, Simone Drost, Simone Koch, **Sjaak Janssen**, **Sjoerd Redel**, Sjoukje van Heesch, Sofia Azevedo, **Sofia Pereira**, Stanley Dynamus, Stef de Wit, **Stefan te Vaarwerk**, Stefan Werrer, Stephan Collier, Stephan Moylan, **Stephanie Kol**, Stephanie Tunka, Steven van Kooten, **Su Jeong Park**, Sunmin Whang, Susan Konu, Susanne Hendriks, Susanne Pietsch, Susanne Pisciella, Susanne Vijverberg, Suse Koch, Sven Cordsen, Sven Ove Cordsen, Sylvia Pijnenborg, **Sylvie Beugels**, Sylvie Bruyninckx, Tamara Klassen, Tanja Eggert, Theo Kupers, Thomas Huacuja-Gallmann, Thomas Schonder, Tijn van de Wijdeven, Tijs den Uijl, Tjeerd Roelsma, Tobias Manzke, Tom Berkhout, Tom Grootscholten, Tom Manwell, Tom van Kats, Tom Vanhaelen, Tomas Løvset, Ton Muller, Ton Salman, **Toon de Wilde**, Uda Visser, Ulf Schrader, Ursula Fritz, Valdeta Bajrami, Valentijn Yousif, Vanessa Lamounier de Assis, Vanessa Wegner, Verena Steiner, Ville Nurkka, Vincent Hector, Vincent Taapken, Viviane Chan, Wai H. Tsang, Wei Zhou, Wendy Voorwinde, Will Lindley, Willem de Groot, William Richards, Wilson Lai, Wim van Zijl, Winod Bansie, Wiro Boonstra, Yichun He, **Yuri Sigmond**

July/Juli 2007

Project specifications
Projectgegevens

Apartment building de Zilverreiger, Amsterdam
Appartementengebouw de Zilverreiger, Amsterdam

Location/Locatie: Oeverpad, Amsterdam-Osdorp

Programme/Programma: Apartment building with 120 residences varying from 104–168 m² totalling 20,000 m² (incl. parking)/Appartementen complex met 120 appartementen variërend van 104–168 m², totaal 20.000 m² incl. parkeren

Design/Ontwerp: 2002–2003

Execution/Uitvoering: 2003–2005

Client/Opdrachtgever: Proper-Stok Woningen BV, Rotterdam

Project management/Projectmanagement: Mondiales Folies, Rotterdam, Atelier Bouwkunde, Rotterdam

Structural engineer/Constructeur: Grondmij van Ruitenburg, Houten

Building physics engineer/Adviseur bouwfysica: Breman Noord-Holland, Heerhugowaard

Building cost consultant/Adviseur bouwkosten: Basalt Bouwadvies b.v., Nieuwegein

Building physics engineer/Adviseur bouwfysica: Wolf + Dikken adviseurs, Wateringen

Contractor/Aannemer: Heijmans IBC Bouw, Almere

Bijlmerpark, Amsterdam

Location/Locatie: Bijlmerpark, Amsterdam Southeast/Bijlmerpark, Amsterdam Zuidoost

Programme/Programma: Urban design for a park with 700 dwellings and 10 ha. sports program, offices and a school, 1st prize competition/Stedenbouwkundig plan voor een park in de Bijlmer met 700 woningen, 10 ha. sportprogramma, kantoren en school, 1e prijs competitie

Design/Ontwerp: 2003–2004

Execution/Uitvoering: 2007–2015

Client/Opdrachtgever: District of Amsterdam Southeast/Stadsdeel Amsterdam Zuidoost

Business – and innovation centre FiftyTwoDegrees, Nijmegen
Business – en innovation centre FiftyTwoDegrees, Nijmegen

Location/Locatie: Jonker Bosplein 52

Programme/Programma: Multifunctional complex of 70,000 m² with offices, a conference centre, catering, apartments, retail and sport facilities, 1st prize competition/Multifunctioneel complex van 70.000 m² met kantoren, een conferentiecentrum, horecavoorzieningen, appartementen, winkels en sportfaciliteiten, 1e prijs competitie

Design/Ontwerp: 1st phase/1e fase 2004–2005, 2nd phase/2e fase 2007–2008

Execution/Uitvoering: 1st phase/1e fase 2005–2006, 2nd phase/2e fase 2008–2009

Client/Opdrachtgever: Ballast Nedam Bouw, Arnhem, ICE Ontwikkeling, Nijmegen

Structural engineer/Constructeur: Adviesbureau Tielemans BV, Eindhoven (realisation/realisatie), ARUP, Amsterdam (competition/prijsvraag)

Electrical and Mechanical engineer/Installatieadviseur: Royal Haskoning, Nijmegen

Building physics and acoustical advisor/Adviseur bouwfysica en akoestiek: Lichtveld Buis en Partners BV, Nieuwegein

Contractor/Aannemer: Ballast Nedam Speciale Projecten, Utrecht

Fire safety consultant/Adviseur brandveiligheid: DGMR Raadgevende Ingenieurs BV, Arnhem

Campus Delft University of Technology
Campus Technische Universiteit Delft

Programme/Programma: Masterplan for a 10 ha. park including the design of a tram line/Masterplan voor een park van 10 ha. en inpassing van tramlijn 19

Design/Ontwerp: 2004–2006

Execution/Uitvoering: 2007–2008

Client/Opdrachtgever: TU Delft Vastgoed, Delft

Area/Oppervlakte: 10 ha.

Canadaplein Cultural Centre and Theater de Vest, Alkmaar
Cultureel Centrum Canadaplein en Theater de Vest, Alkmaar

Location/Locatie: Canadaplein

Programme/Programma: Cultural centre of 9,300 m² with museum, library and music school; alteration of foyer, small theatre, café restaurant, arts education centre of 4,175 m²/Cultureel centrum van 9.300 m² met museum, bibliotheek en muziekschool, verbouwing foyer, kleine zaal, café-restaurant en Centrum Kunstzinnige Vorming van 4.175 m²

Design/Ontwerp: 1997–1999

Execution/Uitvoering: 1999–2000

Client/Opdrachtgever: Gemeente Alkmaar

Project management/Projectmanagement: Temid Raadgevende Ingenieurs b.v., Heerhugowaard

Structural engineer/Constructeur: Cumae projectmanagers en ingenieurs b.v., Arnhem

Electrical and Mechanical engineer/Adviseur E- en W- installaties: Valstar Simonis raadgevende ingenieurs, Rijswijk

Building physics engineer/Adviseur bouwfysica: Peutz en associes b.v., Den Haag

Contractor/Aannemer: Bouwbedrijf M.J. de Nijs en Zn. b.v., Warmenhuizen

Exhibition design/Tentoonstellingsontwerp: Platvorm, Amsterdam, Studio 32, Amsterdam

Castle ruins with museum, Deurne
Kasteelruïne met museum, Deurne

Programme/Programma: Restoration and extension of a cultural centre with museum, educational centre and multifunctional space/Restauratie en uitbreiding van een cultureel centrum met museum, educatief centrum en multifunctionele ruimte

Design/Ontwerp: 1994

Client/Opdrachtgever: Deurne Local Authority/Gemeente Deurne

Chapel Saint Mary of the Angels, Rotterdam
Kapel Heilige Maria der Engelen, Rotterdam

Location/Locatie: Nieuwe Crooswijkseweg 123

Programme/Programma: Chapel of 120 m² built on the remains of a 19th century chapel and design of public space/Kapel van 120 m² gebouwd op de fundamenten van een kapel uit 19e eeuw en inrichting van de openbare ruimte

Design/Ontwerp: 1998-1999

Execution/Uitvoering: 2000-2001

Client/Opdrachtgever: R.K. Begraafplaats St. Laurentius, Rotterdam

Structural engineer/Constructeur: ABT bv, Delft

Contractor/Aannemer: H&B Bouw b.v., Sassenheim

Artist/kunstenaar: Mark Deconinck

The Citadel, Alexander military barracks, The Hague
De Citadel, Alexanderkazerne, Den Haag

Location/Locatie: Oude Waalsdorperweg

Programme/Programma: Officers' hotel of 16,435 m² with 444 rooms for the Royal Army and Navy/Officiershotel van van 16.435 m² met 444 kamers voor de Koninklijke Landmacht en Marine

Design/Ontwerp: 2001–2002

Execution/Uitvoering: 2002–2004

Client/Opdrachtgever: Heijmans IBC bouw B.V., Capelle a/d IJssel

Structural engineer/Constructeur: ABT bv, Delft

Electrical and Mechanical engineer/Adviseur E- en W- installaties: Halmos adviseurs, Den Haag

Building physics engineer/Adviseur bouwfysica: DGMR Raadgevende Ingenieurs b.v., Den Haag, Dorsserblesgraaf, Blesgraaf

Consultant energy efficiency/EPC adviseur: Halmos adviseurs, Den Haag

Contractor/Aannemer: Heijmans IBC bouw B.V., Capelle a/d IJssel

Courthouse, Trento, Italy
Gerechtsgebouw, Trento, Italië

Location/Locatie: Largo Pigarelli

Programme/Programma: Courthouse of 36,500 m² of which newly built 20,700 m², 6,000 m² renovation, 800 m² public space and 9,000 m² parking space, 2nd prize competition/Gerechtsgebouw van 36.500 m², waarvan 20.700 m² nieuwbouw, 6.000 m² renovatie,

800 m² publieke ruimte en 9.000 m² parkeren
Design/Ontwerp: 2005
Local architect/Lokale architect: Autonome Forme, Palermo
Client/Opdrachtgever: Provincia Autonoma di Trento
Structural engineer/Constructeur: ABT bv, Delft
Electrical and Mechanical engineer/Adviseur E- en W- installaties: Peutz & Associés B.V., Mook

Faculty for Economics and Management, Utrecht
Faculteit voor Economie en Management, Utrecht

Location/Locatie: Padualaan 101
Programme/Programma: Faculty building of 23,500 m² for 5,000 students and 400 employees with 4 college halls, 12 small college halls, offices, restaurant, meeting areas with internet facilities/ Faculteitsgebouw van 23.500 m² voor 5.000 studenten en 400 medewerkers met 4 collegezalen, 12 kleine collegezalen, kantoren, restaurant en ontmoetingspleinen met internetzuilen
Design/Ontwerp: 1991–1992
Execution/Uitvoering: 1993–1995
Client/Opdrachtgever: Stichting Financiering Exploitatie Huisvesting Uithof, Utrecht
Management advisor/Management adviseur: PRC Management Consultants b.v., Bodegraven
Structural engineer/Constructeur: ABT bv, Delft
Electrical and Mechanical engineer/Adviseur E- en W- installaties : Technical Management b.v., Amersfoort
Contractor/Aannemer: Hollandsche Beton Maatschappij b.v., Utrecht
Artists/Kunstenaars: Gera van der Leun, Henk Metselaar, Linda Verkaaik
Gardening/Hovenier: Van Ginkel b.v., Veenendaal

Headquarters BBC Scotland, Glasgow, U.K.
Hoofdkantoor BBC Schotland, Glasgow, Groot-Brittannië

Location/Locatie: South Bank Clyde River
Programme/Programma: New 21,000 m² headquarters for BCC Scotland of 21,000 m², 2nd prize competition/Nieuw hoofdkantoor voor BCC Scotland van 21.000 m², 2e prijs competitie
Design/Ontwerp: 2001
Client/Opdrachtgever: BBC Scotland, Glasgow, U.K.
Structural engineer/Constructeur: Turner and Townsend, London, U.K.
Electrical and Mechanical engineer/Adviseur E- en W- installaties: Ove Arup & Partners, London, U.K.

House with Studio, Rotterdam
Huis met Studio, Rotterdam

Location/Locatie: Rotterdam
Programme/Programma: House with studio of 300 m² and the additional renovation of an adjoining 350 m²/Woonhuis met studio van 300 m² en renovatie/koppeling met het naastgelegen huis van 225 m²
Design/Ontwerp: 1st phase/1e fase 1989–1990, 2nd phase/2e fase 2005
Execution/Uitvoering: 1st phase/1e fase 1990–1991, 2nd phase/2e fase 2006
Structural engineer/Constructeur: ABT bv, Delft
Contractor/Aannemer: Van Omme & De Groot b.v., Rotterdam
Mechanical engineer/Adviseur W-installaties: Ketel Raadgevende Ingenieurs b.v., Delft

Isala College, Silvolde

Location/Locatie: Laan van Schuylenburg 8
Programme/Programma: School for secondary education of 6,500 m² in the 'Paasberg' nature area and a phase 2 extension to the building on each end of 1,300 m²/Scholengemeenschap voor Atheneum en Havo van 6.500 m² in het natuurgebied 'De Paasberg' en uitbreiding in 2e fase op de koppen van het gebouw van 1.300 m²
Design/Ontwerp: 1st phase/1e fase 1990–1993, 2nd phase/2e fase 2003–2004
Execution/Uitvoering: 1st phase/1e fase 1993–1995, 2nd phase/2e fase 2004
Client/Opdrachtgever: Stichting R.K. Voortgezet Onderwijs Regio Oude IJssel
Structural engineer/Constructeur: ABT bv, Delft
Electrical and Mechanical engineer/Adviseur E- en W- installaties: Ketel Raadgevende Ingenieurs, Delft
Contractor/Aannemer: 1st phase/1e fase Klaassen Bouwmaatschappij, Dinxperlo, 2nd phase/2e fase WBC Aannemingsbedrijf b.v., Winterswijk

Laboratory building and knowledge centre Novartis, Basle, Switzerland
Laboratoriumgebouw en kenniscentrum Novartis, Bazel, Zwitserland

Location/Locatie: Novartis Campus
Programme/Programma: Innovative laboratory and knowledge center of 10,000 m²/Innovatief laboratorium met kenniscentrum van 10.000 m²
Design/Ontwerp: 2003
Client/Opdrachtgever: Novartis Pharmacie AG, Bazel
Structural engineer/Constructeur: Arup b.v., Amsterdam
Mechanical engineer/Adviseur W- installaties: Arup b.v., Amsterdam, Arup, Londen, Arup, Cork
Building cost consultant/Adviseur bouwkosten: Basalt Bouwadvies b.v., Nieuwegein

Learning Center École Polytechnique Fédérale de Lausanne, Switzerland
Learning Center École Polytechnique Fédérale de Lausanne, Zwitserland

Location/Locatie: Campus École Polytechnique Fédérale de Lausanne
Programme/Programma: Learning centre of 15,000 m², 2nd prize competition/Universiteitsbibliotheek van 15.000 m², 2e prijs competitie
Design/Ontwerp: 2004
Client/Opdrachtgever: École Polytechnique Fédérale de Lausanne
Structural engineer/Constructeur: ABT bv, Delft
Mechanical and eco engineer/Adviseur W- installaties en eco-adviseur: Deerns Raadgevende Ingenieurs b.v., Rijswijk

Library Delft University of Technology
Bibliotheek Technische Universiteit Delft

Location/Locatie: Prometheusplein 1
Programme/Programma: University library of 15,000 m² with underground book archive, reading rooms, offices, Trésor for historical books and exhibitions, study spaces, book binder and bookshop/ Universiteitsbibliotheek van 15.000 m² met ondergronds boekenarchief, leeszalen, kantoren, Trésor voor historische boeken en tentoonstellingen, studieruimtes, boekbinderij en bookshop
Design/Ontwerp: 1993–1995
Execution/Uitvoering: 1996–1998
Client/Opdrachtgever: ING Vastgoed Ontwikkeling b.v., The Hague, TU Delft Vastgoedbeheer, Delft
Structural engineer/Constructeur: ABT bv, Delft
Mechanical engineer/Adviseur W- installaties: Ketel Raadgevende Ingenieurs b.v., Delft
Electrical engineer/Adviseur E- installaties: Deerns Raadgevende Ingenieurs b.v., Rijswijk
Contractor/Aannemer: Van Oorschot Versloot Bouw b.v., Boele van Eesteren V.O.F., Rotterdam
Contractor facade/Aannemer klimaatgevel: Scheldebouw architectural components, Middelburg
Landscaping/Hovenier: Van Ginkel b.v., Veenendaal

Municipal offices and train station, Delft
Stadskantoor en station, Delft

Location/Locatie: Stationsplein, Delft
Programme/Programma: Municipal offices with public lobby of 30,000 m²; station with shops, ticket office and restaurants in the station hall and underground platforms of 4,500 m², 1st prize competition/Stadskantoor met publiekshal en kantoren van 30.000 m², station met winkels, ticket office en restaurants in de stationshal en ondergrondse perrons van 4.500 m², 1e prijs competitie
Design/Ontwerp: 2006–2007
Execution/Uitvoering: 2010–2014
Client/Opdrachtgever: Ontwikkelingsbedrijf Spoorzone, ProRail, Gemeente Delft
Structural engineer/Constructeur: ABT bv, Delft
Building physics and building services consultant/Adviseur bouwfysica en installatieadviseur: Deerns Raadgevende Ingenieurs B.V., Rijswijk
Building cost advisor/Adviseur bouwkosten: Basalt Bouwadvies bv, Nieuwegein
Risks analyses consultant/Adviseur risico-analyse: Aboma Keboma, Ede
Facade systems consultant/Adviseur gevelsystemen: Permasteelisa Central Europe, Heerlen
Facade material consultant/Adviseur gevelmateriaal: 360 glas, Tilburg

Museum for Fashion and Fashion School MOdAM, Milan, Italy
Modemuseum en modeschool MOdAM, Milaan, Italië
Location/Locatie: Park Giardini di Porta Nuova
Programme/Programma: Multifunctional building of 11,125 m² with a fashion school of 3,910 m², a fashion museum of 5,215 m² and a subterranean archive of 2,000 m²/Multifunctioneel gebouw van 11.125 m² met een modeschool van 3.910 m², een modemuseum van 5.215 m² en een ondergronds archief van 2.000 m²
Local architect/Lokale architect: Cerasi & De Agostini Architetti, Luca Molinari
Client/Opdrachtgever: Milan Local Authority/Gemeente Milaan
Structural engineer/Constructeur: ABT bv, Delft, Politecnica – Ingegneria ed Architettura, Milan
Electrical and Mechanical engineer/Adviseur E- en W- installaties: Politecnica – Ingegneria ed Architettura, Milan

National Heritage Museum, Arnhem
Nederlands Openluchtmuseum, Arnhem
Location/Locatie: Schelmseweg 89
Programme/Programma: Entrance building with museum and panoramic theatre 'HollandRama' of 3,185 m²/Entreegebouw met binnenmuseum en panoramatheater 'HollandRama' van 3.185 m²
Design/Ontwerp: 1995–1998
Execution/Uitvoering: 1999–2000
Client/Opdrachtgever: Nederlands Openluchtmuseum, Arnhem, Rijksgebouwendienst Directie-oost, Arnhem
Structural engineer/Constructeur: Goudstikker-de Vries/ACN b.v., Capelle a/d IJssel
Project management/Projectmanagement: Arba Minch projectmanagement b.v., Den Haag
Mechanical engineer/Adviseur W-installaties: Technical Management, Amersfoort
Contractor/Aannemer: Strukton Bouwprojekten b.v., Maarssen

National Performing Arts Center, Kaohsiung, Taiwan
Programme/Programma: Theatre complex of 100,000 m² with a concert hall of 2,300 seats, an opera house with 2,000 seats, a theatre hall with 1000 seats, an experimental Black Box with 500 seats, an open-air theatre, and landscape design of the 65 ha. Wei-Wu-Ying Metropolitan Park, 1st prize competition/Theatercomplex van 100.000 m² met een concertzaal met 2.300 plaatsen, een operahuis met 2.000 plaatsen, een theaterzaal met 1000 plaatsen, een experimenteel vlakkevloertheater met 500 plaatsen, een openlucht theater en parkontwerp voor 65 ha., 1e prijs competitie
Design/Ontwerp: 2007–2009
Execution/Uitvoering: 2009–2012
Client/Opdrachtgever: Council for Cultural Affairs, Taiwan
Acoustic advisor/Adviseur akoestiek: Xu Acoustique, Paris, France
Theatre advisor/Theateradviseur: Theateradvies, Amsterdam
Structural engineer: Arup, Amsterdam
Local architect/Lokale architect: Hsing-Hua Lo Architects and Associates, Taipei, Taiwan

Office villa Maliebaan, Utrecht
Kantoorvilla Maliebaan, Utrecht
Location/Locatie: Maliebaan 16
Programme/Programma: Underground extension and interior design of an 980 m² office villa/Ondergrondse uitbreiding en interieurontwerp van kantoorvilla van 980 m²
Design/Ontwerp: 1996–1999
Execution/Uitvoering: 1998–2000
Client/Opdrachtgever: Andersson Elffers Felix, Utrecht
Representative owner/Vertegenwoordiging eigenaar: M.O.G. groep, Utrecht
Structural engineer/Constructeur: ABT bv, Delft
Electrical and Mechanical engineer/Adviseur E- en W- installaties: Adviesbureau Hendriks b.v., Voorthuizen
Contractor/Aannemer: Aannemersbedrijf Van Zoelen bv, Utrecht
Landscaping/Hovenier: Van Ginkel Veenendaal b.v., Veenendaal
Artist/Kunstenaar: Linda Verkaaik, Nijkerk

Palace of Justice, Córdoba, Spain
Paleis van Justitie, Córdoba, Spanje
Location/locatie: Figueroa neighbourhood, Calle Isla Mallorca, Calle Isla Formentera, Calle Isla Gomera
Programme/Programma: Courthouse with over 20 courtrooms, a wedding room, a Forensic Institute, offices, a café, an archive, a prison and a car park. 48,000 m², 1st prize competition/Gerechtsgebouw met ruim 20 rechtszalen, een trouwzaal, een Forensisch Instituut, kantoren, een café, een archief, een gevangenis en een parkeergarage van 48.000 m², 1e prijs competitie
Design/Ontwerp: 2006
Execution/Uitvoering: 2008–2011
Client/Opdrachtgever: Consejería de Justicia y Administración Pública, Sevilla, Spain
Structural engineer, consultant installations and acoustics/Constructeur installatie- en akoestisch adviseur: Grupo Ayesa, Sevilla, Spain

Primary schools, multifunctional centre, day-care centre and sports hall Hogeveld, The Hague
Basisscholen, multifunctioneel centrum, kinderdagverblijf en sporthal Hogeveld, Den Haag
Location/Locatie: Panamaplein 30
Programme/Programma: Multifunctional complex totaling 13,500 m² with 2 elementary schools, a multifunctional centre of 1,500 m², a sports hall of 2,800 m², a daycare centre of 1,400 m² and 6 apartments of 115 m² within the urban plan of 'Hoge Veld'/Brede school van totaal 13.500 m² met 2 basisscholen van 7.100 m², een multifunctioneel centrum (buurthuis, peuterspeelzaal, ontmoetingsruimte, jongerencentrum met cursusruimte en welzijnswerk, activiteitenzaal) van 1.500 m², een sporthal van 2.800 m², een kinderdagverblijf van 1.400 m² en 6 woningen van 115 m² in het stedenbouwkundig plan 'Hoge Veld', Den Haag
Design/Ontwerp: 2000–2002
Execution/Uitvoering: 2003–2004
Client/Opdrachtgever: OCW vastgoed, The Hague (schools and mfc), HEVO bouwmanagement, Den Bosch (sports hall, daycare centre, apartments)
Project management/Projectmanagement: Deloitte en Touche, Rotterdam, HEVO Bouwmanagement, Den Bosch
Structural engineer/Constructeur: Aronsohn Raadgevende Ingenieurs bv, Rotterdam
Electrical and Mechanical engineer/Adviseur E- en W- installaties: Valstar Simonis Raadgevende Ingenieurs, Rijswijk (schools), Hellebrekers, Nunspeet (daycare centre, sports hall)
Building physics engineer/Adviseur bouwfysica: Dorsserblesgraaf buro voor bouwen & milieu bv, Den Haag (schools), Peutz en Associes Adviesbureau, Mook (daycare centre, sports hall)
Building cost advisor/Adviseur bouwkosten: Basalt Bouwadvies bv, Nieuwegein
Contractor/Aannemer: BAM Utiliteitsbouw, regio West, Capelle a/d IJssel (schools) WEBA, Naaldwijk (daycare centre, sports hall, housing)

Residential area Herdenkingsplein, Maastricht
Woonbuurt Herdenkingsplein, Maastricht
Location/Locatie: Herdenkingsplein
Programme/Programma: 52 dwellings and a square within the historic city centre of Maastricht/52 woningen en een plein op een historische locatie in het centrum van Maastricht
Design/Ontwerp: 1990–1992
Execution/Uitvoering: 1993–1994
Client housing/Opdrachtgever woningen: Stichting Pensioenfonds Rabobank, Utrecht
Client square/Opdrachtgever plein: Maastricht Local Authority/Gemeente Maastricht
Structural engineer/Constructeur: ABT bv, Delft
Contractor/Aannemer: Bouwmaatschappij Keulen b.v., Geleen

Residential area Nieuw Terbregge, Rotterdam
Woonbuurt Nieuw Terbregge, Rotterdam
Location/Locatie: Willy Lagermanstraat, Marie Baronstraat, Zus Braunstraat, Willy den Oudenstraat, Piet van de Polsingel
Programme/Programma: Urban plan and design for 107 'double-deckers' and 48 waterfront houses of 24,655 m²/Stedenbouwkundig plan en ontwerp van 107 dubbeldekkers en 48 waterwoningen van 24.655 m²
Design/Ontwerp: 1998
Execution/Uitvoering: 1999–2001
Client/Opdrachtgever: Proper-Stok Woningen BV, Rotterdam

Structural engineer/Constructeur: Adviesburo J.J. Datema b.v., Woudenberg

Consultant energy efficiency/EPC- adviseur: W/E Adviseurs Duurzaam Bouwen, Gouda

Residential area Prinsenland, Rotterdam
Woonbuurt Prinsenland, Rotterdam

Location/Locatie: Jacques Dutilhweg, Ariana Noorlandensingel, Geertrui
  Henningstraat, Neeltje Griffijnstraat, Klaas Dullemondstraat, Geertruida
  Breurstraat, Clazina Kouwenbergzoom

Programme/Programma: Urban plan with 550 dwellings on 10 ha./
  Stedenbouwkundig ontwerp met 550 woningen van 10 ha.

Design/Ontwerp: 1988–1991

Execution/Uitvoering: 1991–1993

Client/Opdrachtgever: Stichting Volkswoningen, Rotterdam

Structural engineer/Constructeur: Groenendijk en Poot, Rotterdam

Contractor/Aannemer: Volker Bouwmaatschappij, Rotterdam

Residential area Vondelparc, Utrecht
Woonbuurt Vondelparc, Utrecht

Location/Locatie: Vondellaan

Programme/Programma: Urban plan for the design of 19,600 m² of public
  space and the design of 203 dwellings and apartments/
  Stedenbouwkundig plan voor de inrichting van 19.600 m² openbare
  ruimte en ontwerp van 203 woningen en appartementen

Design/Ontwerp: 1998–1999

Execution/Uitvoering: 1999–2002

Client/Opdrachtgever: Proper-Stok Woningen BV, Rotterdam i.c.w. Utrecht
  Local Authority/Proper-Stok Woningen BV, Rotterdam i.s.m. Gemeente
  Utrecht

Structural engineer/Constructeur: ABT bv, Delft

Building physics engineer/Adviseur bouwfysica: DGMR Raadgevende
  Ingenieurs b.v., Arnhem

Contractor/Aannemer: Reinbouw b.v., Dieren

Retail Park Westermaat Square, Hengelo
Retailpark Plein Westermaat, Hengelo

Location/Locatie: Plein Westermaat

Programme/Programma: Urban plan for a retail park with Ikea store of
  25,000 m², advertisement towers, commercial space of 25,000 m²
  and McDonalds of 470 m²/Stedenbouwkundig plan voor retailpark
  met Ikea-winkel van 25.000 m², reclametorens, bedrijfsgebouwen van
  25.000 m² en McDonald's van 470 m²

Design/Ontwerp: 1999–2002

Execution/Uitvoering: 2001–2004

Client/Opdrachtgever: IKEA Beheer b.v., Amsterdam, TCN Property Projects,
  Nieuwegein, McDonald's Nederland B.V., Amsterdam

Project management/Projectmanagement: Brink Groep Eindhoven b.v., Eindhoven

Structural engineer/Constructeur: Aveco de Bondt, Adviesbureau Duisters BV,
  Eindhoven

Electrical engineer/Adviseur E- installaties: Scheepjens Installatietechniek,
  Den Bosch, Halmos B.V. Adviseurs

Mechanical engineer/Adviseur W- installaties: Jacobs projekten bv, Breda,
  Halmos B.V. Adviseurs, Den Haag

Consultant infrastructure/Adviseur infrastructuur: Oranjewoud Bouw en
  Vastgoed, Heerenveen

Fire safety consultant/Adviseur brandveiligheid: Adviesbureau Van Hooft b.v.,
  Rijkevoort

Contractor/Aannemer: Van Wijnen Eibergen b.v., Eibergen, Bouwbedrijf
  Wessels, Rijssel

Skyscraper Montevideo, Rotterdam
Wolkenkrabber Montevideo, Rotterdam

Location/Locatie: Wilhelminapier, Landverhuizersplein

Programme/Programma: Tower of 152,317 m² in height with total floor area
  of 57,530 m² of which are 36,867 m² apartments, 905 m² pool,
  fitness and service space, 6,129 m² offices, 1,608 m² retail and a
  parking garage of 8,413 m²/Woon/werktoren van 152,317 meter
  hoog en in totaal 57.530 m² met 36.867 m² appartementen, een
  zwembad, fitness- en serviceruimten van 905 m², kantoren van
  6.129 m² retail van 1.608 m² en een parkeergarage van 8.413 m²

Design/Ontwerp: 1999–2002

Execution/Uitvoering: 2003–2005

Client/Opdrachtgever: ING Real Estate, The Hague

Structural engineer/Constructeur: ABT bv, Delft

Building physics engineer/Adviseur bouwfysica: Adviesbureau Peutz &
  Associes b.v, Zoetermeer

Electrical and Mechanical engineer/Adviseur E- en W- installaties: De Boer en
  Post technisch adviesbureau b.v, Heerhugowaard

Contractor/Aannemer: Besix, Brussel

Stage design for opera, Brussels
Operadecor, Brussel

Programme/Programma: Décor for the opera *Triumph of Spirit over Matter*/
  Decor voor de operavoorstelling *Triumph of Spirit over Matter*

Design/Ontwerp: 1999

Execution/Uitvoering: premiere 10 March 2000/première 10 maart 2000

Client/Opdrachtgever: Theater Group Hollandia/Theatergroep Hollandia

Swimming pool and sports centre het Marnix, Amsterdam
Zwembad en sportcentrum het Marnix, Amsterdam

Programme/Programma: Sports complex of 5,400 m² with two indoor
  swimming pools (competition pool of 25 m and recreational pool of
  20 m), a sports hall, a café and a fitness centre/Sportcentrum van
  5.400 m² met 2 binnenzwembaden (wedstrijdbad van 25 x 12,5 m. en
  analysebad van 20 x 10 m.), een sporthal, een café en een fitness centrum

Design/Ontwerp: 2002–2003 Mecanoo architecten i.c.w./i.s.m. Wind Groep
  Architecten

Execution/Uitvoering: 2004–2006

Client/Opdrachtgever: Gemeente Amsterdam

Structural engineer/Constructeur: Pieters Bouwtechniek, Delft

Electrical and Mechanical engineer/Installatieadviseur: Herman de Groot
  Projekttechniek, Leusden

Project management/Projectmanagement: SRO Bouwmanager, Amersfoort

Building cost advisor/Adviseur bouwkosten: Basalt bouwadvies b.v., Nieuwegein

Advisor building physics and accoustics/Adviseur bouwfysica en akoestiek:
  Climatic Design Consult, Amsterdam

Contractor/Hoofdaannemer: Bot Bouw, Heerhugowaard

Theatre and congress centre La Llotja, Lleida, Spain
Theater en congrescentrum La Llotja, Lleida, Spanje

Location/Locatie: l'Avenida de Tortosa

Programme/Programma: Theatre and congress centre of 37,500 m² with
  two congress halls (1,000 and 400 seats), the largest of which
  functions also as a theatre as well, a multifunctional space, a lounge,
  9,500 m² parking space and a square, 1st prize competition/
  Theater en congrescentrum van 37,500 m² met twee congreszalen
  (1.000 en 400 plaatsen), waarvan de grootste ook als theater dienst
  doet, een multifunctionele ruimte, 9.500 m² parkeren en een plein,
  1e prijs competitie

Design/Ontwerp: 2004–2005

Execution/Uitvoering: 2006–2008

Client/Opdrachtgever: Centre de Negocis i de Convencions S.A., Lleida
  (project), Municipality of Lleida, Department of Tourism (competition)

Local architect/Locale architect: LABB architectura S.L., Barcelona

Technical architect/Technisch architect: I-T Ardèvol i Associats S.L., Barcelona

Structural engineer/Constructeur: ABT bv, Delft, BOMA S.L., Barcelona

Electrical and Mechanical engineer/Adviseur E- en W- installaties: Deerns
  Raadgevende Ingenieurs b.v., Rijswijk, Einesa, Lleida

Acoustic engineer/Adviseur akoestiek: Higini Arau, Barcelona (project),
  Peutz b.v., Zoetermeer (competition)

Theatre de Toneelschuur, Haarlem
Theater de Toneelschuur, Haarlem

Location/Locatie: Lange Begijnestraat 9

Programme/Programma: Theatre in the city centre of Haarlem with 2 theatre
  halls, 2 cinemas, a foyer, offices, technical space and a loading bay of
  5,400 m²/Theater in de binnenstad van Haarlem met 2 theaterzalen,
  2 filmzalen, een foyer, kantoorruimten, opslagruimten, technische ruimten
  en een garage voor laden/lossen van 5.400 m²

Design/Ontwerp: Sketch design 1996 by Joost Swarte, 1998–1999 Joost
  Swarte i.c.w. Mecanoo architecten/Schetsontwerp 1996 door Joost
  Swarte, 1998–1999 ontwerp Joost Swarte i.s.m. Mecanoo architecten

Execution/Uitvoering: 2001–2003

Client/Opdrachtgever: Haarlem Local Authority/Gemeente Haarlem, de
        Toneelschuur, Haarlem

Structural engineer/Constructeur: ABT bv, Delft

Electrical and Mechanical engineer/Adviseur E- en W-installaties: Halmos b.v., Den Haag

Building physics engineer and Acoustic engineer/Adviseur bouwfysica en
        Adviseur akoestiek: Dorsserblesgraaf, Den Haag

Building cost consultant/Adviseur bouwkosten: Basalt bouwadvies bv,
        Nieuwegein

Contractor/Aannemer: Bouwbedrijf M.J. de Nijs en Zonen b.v., Warmenhuizen

Theatre de Trust, Amsterdam
Theater de Trust, Amsterdam

Location/Locatie: Kloverniersburgwal 50

Programme/Programma: Alteration of a former church into a theatre of
        2,700 m²/Verbouwing van voormalige Lutherse kerk tot theater
        van 2.700 m²

Design/Ontwerp: 1995

Execution/Uitvoering: 1996

Client/Opdrachtgever: Trusttheater, Amsterdam

Project management/Projectmanagement: J. van Rijs, Amsterdam

Structural engineer/Constructeur: ABT bv, Delft

Electrical and Mechanical engineer/Adviseur E- en W- installaties: Ketel
        Raadgevende Ingenieurs, Delft

Building physics engineer/Adviseur bouwfysica: Peutz & Associés b.v., Mook

Contractor/Aannemer: Aannemingsmaatschappij Konst en Van Polen b.v.,
        Westwoud

World Health Organization offices, Geneva, Switzerland
Kantoor Wereldgezondheidsorganisatie, Genève, Zwitserland

Location/Locatie: 20 Avenue Appia

Programme/Programma: Competition for a new headquarters of 30,000 m²,
        1st prize competion/Prijsvraag voor een nieuw hoofdkantoor van
        30.000 m², 1e prijs competitie

Design/Ontwerp: 2002

Client/Opdrachtgever: OMS-ONUSIDA, Geneva

World Trade Center renovation, Rotterdam
Renovatie World Trade Center, Rotterdam

Location/Locatie: Beursplein, Rotterdam

Programme/Programma: Building study on the future development for
        70,000 m² and the interior redesign for 11,000 m², including as the
        entrance area, the circulation, 3 café-restaurants, offices, conference
        rooms, shops, daycare nursery, security and parking garage; pavilion
        of 800 m² in the main hall of the WTC for workshops on the
        applications of IT in businesses/Toekomstvisie op het gehele gebouw
        van 70.000 m² en herinrichting van 11.000 m², zoals het entreegebied,
        routing, 3 café-restaurants, kantoren, vergaderruimtes, winkels,
        kinderdagverblijf, bewakingsruimte en parkeergarage, paviljoen van
        800 m² in de hal van WTC voor workshops over de toepassing van ICT
        in bedrijven

Design/Ontwerp: 2002–2004

Execution/Uitvoering: 2003–2004

Client/Opdrachtgever: Beurs Rotterdam N.V., Rotterdam (WTC), Digital Port
        Rotterdam

Structural engineer/Constructeur: DHV (D3BN), Rotterdam (WTC), Hypsos
        Leisure, Soesterberg (DP)

Project management/Projectmanagement: Hypsos Leisure, Soesterberg (DP)

Electrical and Mechanical engineer/Adviseur E- en W- installaties: De Blaay-
        Van den Boogaard Raadgevende Ingenieurs b.v., Rotterdam

Contractor/Aannemer: Van Omme & De Groot b.v. Bouw- en
        Aannemingsbedrijf, Rotterdam (WTC), Hypsos Leisure, Soesterberg (DP)

Consultant computer installation/Adviseur computerinstallatie: Sand Fire,
        Amsterdam (DP)

Consultant lighting/Adviseur licht: Erco Lighting b.v., Naarden (DP)

Bibliography
Bibliografie

Mecanoo books
Mecanoo boeken

Bilò, Federico, *Mecanoo*, Rome 2003

Cusveller, S., ed., *Mecanoo, vijfentwintig werken*, Rotterdam 1987

Houben, F., *Mecanoo House of Cards*, Rotterdam 2006

Houben, F., Luyn S.D.B., Mgr. A.H. van., Adrichem, J. van, Rooy, M. van, Tack, F., *En het eeuwige licht verlichte haar, R.K. Kapel Heilige Maria der Engelen*, Rotterdam 2003

Houben, F., Calabrese, L., eds., *Mobility: A Room with a View*, Rotterdam 2003

Houben, F., Busker, A., Hollander, H., eds., *Masterplan Delft University of Technology/TU Delft Masterplan*, Delft 2002

Houben, F./Mecanoo architecten, *Composition, Contrast, Complexity/Compositie, Contrast, Complexiteit*, Rotterdam 2001

Houben, F., *Maliebaan, een huis om in te werken*, Utrecht, Delft, 2000

Houben, F., 'Ingenieurskunst en mobiliteitsesthetiek', in: *Architectuur en de openbare ruimte, de dynamische delta 2*, Den Haag, 1999

Houben, F., Vollaard, P., Waaijers, L., *Mecanoo architecten, Bibliotheek Technische Universiteit Delft*, Rotterdam, 1998

LeCuyer, A., *Radical Tectronics*, London 2001, p. 74–97

LeCuyer, A.W., ed., *Mecanoo*, Michigan 1999

Mecanoo architecten, *Holland Avenue, Research Road Atlas; Holland Avenue, Design Road Atlas*, Den Haag 2003

Mecanoo architecten, *Delft University of Technology/Bibliotheek Technische Universiteit*, Rotterdam 2000

Melet, E., *Het architectonische detail*, Rotterdam 2002, p. 88–101

Rood, L., Prat, N.T., *Mecanoo architekten*, Madrid, 1994

Swarte, Joost, Mecanoo architects, *Toneelschuur*, Rotterdam 2003

Somer, K., *Mecanoo*, Rotterdam, 1995

Columns Francine Houben

All columns can be found on: www.mecanoo.nl./Alle columns zijn te vinden op www.mecanoo.nl.

Houben, F., 'Urban planning is top-down and bottom-up'/'Stedenbouw is top-down en bottom-up', in: *Het Financieele Dagblad*, 21 May 2007

Houben, F., 'Almere, city of water, wind and clouds'/'Almere, stad van water, wind en wolken', in: *Het Financieele Dagblad*, 16 April 2007

Houben, F., 'Everything of value has to be maintained'/'Alles van waarde moet onderhouden worden', in: *Het Financieele Dagblad*, 12 March 2007

Houben, F., 'The success of a campus is more than just grass and trees'/'Het succes van een campus is meer dan gras en bomen', in: *Het Financieele Dagblad*, 12 February 2007

Houben, F., 'Lackeys of power'/'Lakeien van de macht', *Het Financieele Dagblad*, 8 January 2007

Houben, F., 'High-rise is like acupuncture for the city'/'Hoogbouw is als acupunctuur van de stad', *Het Financieele Dagblad*, 27 November 2006

Houben, F., 'Housing development is a European, cultural task'/'Woningbouw is een Europese, culturele opgave', in: *Het Financieele Dagblad*, 23 October 2006

Houben, F., 'Shrinkage is not simply the opposite of growth'/'Krimp is niet simpelweg het tegenovergestelde van groei', in: *Het Financieele Dagblad*, 25 September 2006

Houben, F., 'What's in a name', in: *Het Financieele Dagblad*, 28 August 2006

Houben, F., 'Back to Basics', in: *Het Financieele Dagblad*, 24 July 2006

General publications

Abitare 'Speciale Olanda', No. 417, May 2002, p. 86–87, 156–159, 183, 216–217, 236–241

Bastian, W., 'Mestres da Arcquistectura', in: *Arc Design*, No. 43, 2005

En mes de Holanda en el Museo de Bellas Artes, Buenos Aires 2001, pp. 27–31

Greco, L., 'Mecanoo 2001, Composition Contrast Complexity', in: *Controspazio*, No. 5, 2001, pp. 42–49

Houben, F., 'Experiencing the Randstad: mobility as an architectural matter', in: *Rassegna*, No. 82, March 2006, pp. 42–53

Kortárs Hollands Építészet, Budapest 2005, pp. 120–129

Mimarlik, No. 04, 2006, pp. 64–87

Spijker, Jaakko van 't, '"I am not a jetlag-architect", A conversation with Mecanoo's frontwoman Francine Houben', in: *Dialogue*, No. 102, 2006, pp. 42-51

Other Media

Dag van de Architectuur (Architecture Day), about several projects in Rotterdam such as House with Studio and Chapel St. Mary of the Angels, Moois TV, broadcasted on TV Rijnmond 1 July 2000 and www.mecanoo.nl

De Kans om te Bouwen (An Opportunity to Build), a documentary of Rob Klaasman and Maarten Kloos in which four architects tell about the past, present and future of Dutch architecture, broadcasted by the VPRO 17 March 1985

De Plantage, VPRO, 28 maart 1999

Focussed insight/Scherp Zicht, a documentary of Ireen van Ditshuyzen about Francine Houben, on occasion of the Culture Award of the Provence of South Holland 2005, broadcasted 2006 by AVRO

Holland Avenue, documentary in 5 parts by AVRO/Palazzina Productions about mobility as the mirror of society, in which Francine Houben travels to Los Angeles, Tokyo, Djakarta, the Ruhr Area and the Randstad, broadcasted in 2003 and 2007 by AVRO

Jeugddromen (Childhood dreams), EO, 11 January 1997

Nachtgedachten, part/aflevering 3, KRO, 26 September 1999

Nieuw Nederlands Peil, part/aflevering 13, ID TV Amsterdam, 3 May 1998

Nu is verleden tijd (Now is the past), KRO, 25 November 2000

Panorama Vrijdag, about the Trust Theatre, NPS, 1996

Voor en Tegen, Humanistische Omroep, 22 October 1999

Project publications/Projectpublicaties

Business – and innovation centre FiftyTwoDegrees, Nijmegen
Business – en innovation centre FiftyTwoDegrees, Nijmegen

Crone, J., 'Zwarte Dame met modulaire pixelgevel, Kantoor met horecavoorzieningen FiftyTwoDegrees, Nijmegen', in: Bouwwereld, No. 01, 2007, pp. 38–45

Fabris, L.M.F., 'Faccia d'Angelo, FiftyTwoDegrees, Nijmegen (NL)', in: *Costruire*, Feb. 2007, pp. 46–51

'Fiftytwodegrees, Mecanoo', in: *Pasajes arquitectura critica*, No. 81, November 2006, pp. 10–12

Fitzgerald, A., 'A leaning tower', in: *Icon Magazine*, No. 046, April 2007, p. 36

Haan, M. de, 'Technologie in elegante verschijning, FiftyTwoDegrees in Nijmegen door Mecanoo Architecten', in: *Architectenweb Magazine*, No. 08, March 2007, pp. 44–51

Hannema, K., 'Imposante toren met gevel als computerbeeld, Architectuur Kennistoren Nijmegen', in: *de Volkskrant*, 22 February 2007

'Hoogste kantoortoren Nijmegen helt naar de stad toe', in: *Cobouw*, No. 77, 21 April 2006, p. 9

'Knikkende Kantoortoren op de 52ste breedtegraad, Fiftytwodegrees', in: *Stedenbouw*, No. 635, March 2006, pp. 100–103

'La ricerca in pixel', in: *Progettare*, No. 29, November 2006, pp. 42–47

'Mecanoo Architecten, Philips City Centre, Nijmegen', in: *Next, 8th International Architecture Exhibition*, Venice 2002, pp. 398–399

'Nijmeegse broedplaats voor de nieuwe iPod', in: *Het Financieele dagblad*, 23 October 2006

'Philips Business Innovation Centre/FiftyTwoDegrees', in: *ATD*, No. 02, 2006, pp. 78–85

'Torenkolos FiftyTwoDegrees knikt vriendelijk', in: *Stedenbouw*, No. 644, December 2006, pp. 22–33

Campus Delft University of Technology
Campus Technische Universiteit Delft

Kroeze, R., 'Mekelpark en mekelworkshop', in: *Pantheon*, No. 5, p. 3

Panhuysen, J., 'Flaneren langs de trambaan', in: *Delta*, No. 17, 18 May 2006, pp. 12–13

Houben, F., Busker, A., Hollander, H., eds., *Masterplan Delft University of Technology/TU Delft Masterplan*, Delft 2002

'Mecanoo, Masterplan Delft University of Technology', in: *GA Documents*, No. 70, 2002, pp. 42–45

'Mecanoo, masterplan per la TU Delft', in: *Abitare*, No. 417, May 2002, pp. 183–185

Canadaplein Cultural Centre and Theatre de Vest, Alkmaar
Cultureel Centrum Canadaplein en Theater De Vest, Alkmaar

'Centro Culturale Canadaplein, Alkmaar', in: *The Plan, Architecture & Technologies in Detail*, No. 2, 2003, pp. 20–33

'Il rinnovamento', in: *L' Industria Italiana del Cemento*, No. 781, 2002, pp. 844–859

'Mecanoo, Cultural Center Canadaplein, Alkmaar', in: *GA Document*, No. 67, 2001, pp. 67–75

'Publieke herkenbaarheid, Openbare gebouwen in stedelijke context', in: *De Architect*, December 2001, pp. 42–47

'Renewal', in: *L' Industria Italiana del Cemento*, No. 781, 2002, pp. 844–859

'Sehen und gesehen werden, Theater und Kulturzentrum in Alkmaar/NL', in: *DBZ, Deutsche Bauwzeitschrift*, No. 9, 2002, pp. 58–63

'Zien en gezien worden, Cultureel centrum en theater De Vest', in: *PI, Projekt & Interieur*, No. 6, 2001, pp. 32–36

Castle ruins with museum, Deurne
Kasteelruïne met museum, Deurne

'Meurs, P., 'Nieuw: Re-Arch.' in: *De Architect*, No. 10, October 1995, pp. 24–25

Provoost, M., ed., 'Kasteel Deurne', in: *RE-ARCH nieuwe ontwerpen voor oude gebouwen*, Rotterdam 1995, pp. 106–113

Chapel Saint Mary of the Angels, Rotterdam
Kapel Heilige Maria der Engelen, Rotterdam

'8-ing, Kapel Rotterdam, Mecanoo architecten Delft', in: *Bouw*, No. 11, 2001, pp. 44–47

'Chapelle Sainte-Marie-des-Anges, Rotterdam, Pays-Bas', in: *l'Architecture d' Aujourd'hui*, No. 337, 2001, pp. 46–47

'Chapel of Saint Mary of the Angels, Rotterdam, The Netherlands, 2001', in: *WA World Architecture*, No. 181, 2005, pp. 76–80

'Ciagta niebieska linia, Francine Houben', in: *A&B Architektura & Biznes*, No. 12, 2002, pp. 58–61

'Een kapel voor de Rooms-Katholieke Begraafplaats Crooswijk', in: *Architectuur Agenda*, VVV/Archicenter, September 1999

Goossens, J., 'Een kapel in Rotterdam', in: *Slow up*, Rotterdam, 2004, pp. 103–106

'Mecanoo, Chapel of Saint Mary of Angels, Rotterdam', in: *Kenchiku Bunka*, No. 671, June 2004, p. 74

Houben, F., Luyn, A.H. van, '*En het eeuwige licht verlichte haar, R.K. Kapel Heilige Maria der Engelen*', Rotterdam 2003

'Impression lumineuse, Chapelle, Rotterdam (Pays-Bas)', in: *Techniques & architecture*, No. 84, 2002, pp. 81–83

'Luminous impression', in: *Techniques & Architecture*, No. 84, 2002, pp. 81–83

'Mecanoo costruisce una cappella', in: *Domus*, No. 844, 2002, p. 25

'Mecanoo: Pragmatics & Poetics', in: *Azure*, Sep/Oct 2002, pp. 96–97

'Mecanoo, R.C. Chapel St. Mary of the Angels', in: *GA Document*, No. 67, 2001, pp. 60–66

'Mecanoo, R.C. Chapel St. Mary of the Angels/R.K. Kapel Heilige Maria der Engelen', in: *Yearbook, Architecture in the Netherlands 2001–2002/ Architectuur in Nederland Jaarboek 2001–2002*, Rotterdam 2002, pp. 96–97

'Mecanoo, The Netherlands', in: *Nikkei Architecture*, No. 8–4, 2003, pp. 72–75

'Precious Palimpsest', in: *Architectural Review*, No. 1257, 2001, pp. 41–43

'St. Maria der Engelen, Rotterdam' in: *Architektur + Wettbewerbe*, No. 192, 2002, pp. 34–37

'St Mary of the Angels, St Lawrence roman catholic cemetery Rotterdam, Netherlands', in: *Church building*, No. 72, 2001, pp. 4–8

'Vegtelen kekseg, St. Mary of the Angels romai katolius kapolna, Rotterdam', in: *Alaprajz*, July-August 2003, pp. 24–27

'Winged spirit, In an old Dutch cemetery, an ethereal chapel draws people together', in: *Architectural Record*, No. 07, 2002, pp. 98–101

The Citadel, Alexander military barracks, The Hague
De Citadel, Alexanderkazerne, Den Haag

'Officiershotel voortzetting van traditie', in: *Haagsche Courant ed. Den Haag*, 28 May 2004, p. 3

Courthouse, Trento, Italy
Gerechtsgebouw, Trento, Italië

'New Judicial Pole of Trento', in: *Archiworld*, No. 135, 2006, pp. 192–195

Faculty for Economics and Management, Utrecht
Faculteit voor Economie en Management, Utrecht

'Auf dem Campus von Utrecht, Ein Masterplan und drei Neubauten für den "Uithof"', in: *Bauwelt*, No. 43/44, 1997, pp. 2470–2471

Coppola Pignatelli, P., 'Facolta'di Economia aziendale dell 'universita' di Utrecht, Olanda', in: *l'Architettura delle università*, Roma 1997, pp. 140–144

'Die Innenhoffe der Wirtschaftsfakultät in Utrecht.', in: *Topos*, No. 12, 1995, pp. 70–76

'Ekonomi ve İşletme Fakültesi, Utrecht, Hollanda', in: *Mimarlik*, No. 11, 1999, pp. 57–59

'Faculty Building/Faculteitsgebouw.', in: *Yearbook, Architecture in the Netherlands 1995–1996/Architectuur in Nederland, Jaarboek 1995–1996*, Rotterdam 1996, pp. 62–67

'Faculty of Economics and Management, Mecanoo architekten', in: *International Architecture Yearbook*, No. 3, Mulgrave 1997, pp. 80–81

'Faculty of Economics and Management, Utrecht Polytechnic, Mecanoo', in: *Space Design*, No. 389, 1997, p. 21

'Faculty of Economics and Management. Utrecht Polytechnic University, The Netherlands', in: *5th Mies van de Rohe Pavilion Award for European Architecture*, 1997, pp. 112–115

'Informell, Fakultät für Wirtschaftswissenschaften und Magagement Utrecht College', in: *AIT Architektur Innenarchitektur Technischer Ausbau*, No. 5, 1996, pp. 41–45

'Kasbah Quads', in: *The Architectural Review*, No. 1192, 1996, pp. 63–67

'Mecanoo, Facoltà di economia aziendale, Utrecht, Faculty of economics and management, Utrecht', in: *Domus*, No. 785, 1996, pp. 16–23

'Mecanoo Architects, Handelshøjskole I Utrecht, 1993–95', in: *Architekten magasin*, No. 11, 1996, pp. 23–26

'Mecanoo, Faculty of Economics and Management, Utrecht Polytechnic Utrecht, The Netherlands 1991–1995', in: *A+U Architecture and Urbanism*, No. 312, 1996, pp. 20–35

Mos, P. de, 'Hogeschool – Architectuur, Mecanoo', in: *OntwerpDossier*, Doetinchem 1997

Schittich, Staib, Balkow, Schuler, Sobek, 'Faculty building of University of Utrecht, The Netherlands', in: *Glass Construction Manual*, Munich 1999, pp. 249–253

'Spirit of Netherlands: Three Buildings in Utrecht University', in: *Time + Architecture*, No. 2, 2002, pp. 40–44

Cerver, Francisco Asensio, 'Faculty of Economics, Mecanoo', in: *The Architecture of Glass: Shaping Light*, Barcelona 1997, pp. 20–31

'Un claustro abierto, Facultad de Económicas y Empresariales, Utrecht', in: *Arquitectura Viva*, No. 53, 1997, pp. 90–97

'Wirtschaftsfakultät der Universität Utrecht, Niederlände', in: *Architectur + Wettbewerbe*, No. 182, 2000, pp. 26–29

'Wirtschaftfakultät in Utrecht', in: *Baumeister*, No. 11, 1996, pp. 34–39

'Zoeken naar het afschuwwekkende Schone', in: *De Architect*, No. Themanummer 60, 1995, pp. 16–25

Headquarters BBC Scotland, Glasgow, U.K.
Hoofdkantoor BBC Schotland, Glasgow, Groot-Brittannië

'Mecanoo design woos BBC, Dutch architecture group finds favour with integrated building concept', in: *het Financieele Dagblad*, No. 13, 16 January 2001, p. 12

House with studio, Rotterdam
Woonhuis met studio, Rotterdam

'A house in Rotterdam, the Netherlands', in: *European Contemporary Houses*, Paris 1998, pp. 47–51

'Architecten van deze eeuw, Mecanoo – Eigen Woonhuis, Rotterdam (1989–1991)', in: *Cobouw*, 14 April 1999

Asensio, P., Kliczkowski, H., 'House and studio, Rotterdam, Netherlands', in: *New Generation Houses*, Barcelona 2006, pp. 38–43

'Cañas y vidrio, Vivienda y estudio en Rotterdam', in: *Arquitectura Viva*, No. 31, July/August 1993, pp. 50–53

Colenbrander, B., 'Modernistische rijkdom', in: *Stijl, Norm en handschrift in de Nederlandse architectuur*, Rotterdam 1993, pp. 87, 304–307, 318–321

Confurius, G., 'Clair Obscur, Wohnhaus Mecanoo in Rotterdam', in: *Bauwelt*, No. 23, 12 June 1992, pp. 1266–1275

'Elegante Randerscheinung, Rotterdam', in: *Raum & Wohnen*, No. 1, 1993, pp. 32–35

'En verre et en bambous entre lac et canal', in: *Archicréé*, No. 249, September 1992, pp. 98–101

Koster, E., 'Modernisme als stijl, Woonhuis met studio van Mecanoo', in: *De Architect*, No. 4, 1992, pp. 104–111

Zabalbeascoa, Anatxu, 'Mecanoo', in: *The house of the architect*, Barcelona 1995, pp. 110–117

'Maison-atelier à Rotterdam', in: *Architecture Aujourd'hui*, No. 286, 1993, pp. 26–31

'Mecanoo: "Banale materialen moeten door context 'edel' worden"', in: *Architectuur/Bouwen*, No. 9, 1992, pp. 28–30

'Mecanoo', in: *Building Design*, 24 April 1992, pp. 16–17

'Mecanoo', in: *Contemporary European Architects*, volume II, pp. 126–133

'Mecanoo: Ein Hauch von Japan, Mecanoo: A touch of Japan', in: *Daidalos*, No. 54, 15 December 1994, pp. 30–33

'Mecanoo, House with studio, Kralingse Plaslaan, Rotterdam, the Netherlands',
in: *GA Houses*, No. 40, 1994, pp. 45–57

'Moderne architectuur in Nederland, toonaangevende projecten uit de hedendaagse
woningbouw', in: *Moderne architectuur in Nederland*, Kerkdriel, 2005,
pp. 42–49

'Modernisme als stijl, Woonhuis met studio van Mecanoo', in: *De Architect*, No. 4,
1992, pp. 104–111

'Modernistische rijkdom', in: *Stijl, norm en handschrift in de Nederlandse
architectuur*, Rotterdam 1992, pp. 318–321

Oxenaar, A., 'Een nieuwe jas voor het modernisme', in: *Yearbook, Architecture in
the Netherlands 1991–1992/Architectuur in Nederland, Jaarboek
1991–1992*, Rotterdam 1993, pp. 104-111

'Residence with studio in Rotterdam. Mecanoo Architekten b.v.', in: *Architectural
Houses, architecture and interior design*, No. 2, 1997, pp. 116–129

'Rotterdam: At Home With Houben', in: *Dwell Magazine*, April/May, 2004,
pp. 72, 74

Weston, R., 'Private house Rotterdam, the Netherlands, 1991, Mecanoo',
in: *The house in the twentieth century*, London 2002, pp. 236–237

'Wohnhaus mit Studio in Rotterdam', in: *Konvention Architectur-Foren,
Deubau-Kongress, Essen* 1998, pp. 150–151

Zalingen, M. van, 'Heel bewust gebouwd en toch vrij', in: *Eigen Huis & Interieur*,
March 1995, pp. 70–77

Isala College, Silvolde

'Floating objects', in: *Bauwelt*, No.14, April 1995, pp. 780–785

Groenhart, L., 'Silvolde: Karaktervolle nieuwbouw Isala College', in: *Stedenbouw*,
No. 516, 1994, pp. 15–16

Hulsman, B., 'Renaissance in scholenbouw ondanks geldgebrek', in: *NRC
Handelsblad*, 29 September 1999, p. 11

'Inspiratie uit Oude IJssel en jong publiek', in: *Bouwdetail*, No. 2, March 1997,
pp. 40–45

'Isala College', in: *International Architecture Yearbook*, No. 3, Mulgrave 1997, p. 87

'Isala College Silvolde', in: *Zodiac*, No. 18, pp. 170–173

Mecanoo, 'Inspiratie uit Oude IJssel en jong publiek', in: *Bouwdetail*, No. 2, March
1997, pp. 40–45

'Secondary School/Middelbare School', in: *Yearbook, Architecture in the
Netherlands 1995–1996/Architectuur in Nederland, Jaarboek
1995–1996*, Rotterdam 1996, pp. 56–61

'Nederland naar school. Twee eeuwen bouwen voor een veranderend onderwijs',
in: *De Architectuurkrant*, No. 20, December, January, February 1996–1997

Rodermond, J., 'Vreemd en toch zo vertrouwd, Isala College in Silvolde van
Mecanoo', in: *De Architect*, October 1995, pp. 78–83

Sintnicolaas, Drs. J., 'Nieuwe scholen vaak slecht gebouwd', in: *Utrechts
Nieuwsblad*, 28 January 1997, p. 9

'Silvolde: Karaktervolle nieuwbouw Isala College', in: *Stedenbouw*, No. 516, 1994,
pp. 15_16

Veenendaal, A., 'Scholenbouwprijs 1996', in: *Schooldomein*, No. 3, January 1997,
pp. 31_34

'Vreemd en toch zo vertrouwd, Isala College in Silvolde van Mecanoo',
in: *De Architect*, October 1995, pp. 78_83

Werner, F.R., 'Floating objects', in: *Bauwelt*, No.14, April 1995, pp. 780_785

Laboratory building and knowledge centre Novartis, Basle, Switzerland
Laboratoriumgebouw en kenniscentrum Novartis, Bazel, Zwitserland

'Novartis, Basle, Switzerland', in: *WA World Architecture*, No. 181, 07/2005,
pp. 72–74

Learning Centre, École Polytechnique Fédérale de Lausanne, Switzerland/Zwitserland

'Concurso Learning Center, Lausanne', in: *AV proyectos*, No. 006, 2004, pp. 44–45

'Learning Center of École Polytechnique Fédérale de Lausanne', in: *ATD
Architecture Technology & Design*, No. 04, 2006, pp.86–91

Library Delft University of Technology
Bibliotheek Technische Universiteit Delft

Assche, P. van, 'Frog Needs Grass, Universitätsbibliothek in Delft', in: *Bauwelt*,
No. 9, April 1998, pp. 752–757

'Aufbruch, Mecanoo bauen eine High-Tech-Bibliothek mit Abluftfassade auf Delft's
Uni-Campus', in: *AIT Architektur Innenarchitektur Technischer Ausbau*,
No. 8, Spezialausgabe Intelligente Architektur, March 1997, p. 16

Betsky, A., 'Through the roof, In Delft, Mecanoo builds a library for the digital age',
in: *Architecture*, October 1998, pp. 124–133

'Bibliotheek TU Delft, Library Delft University of Technology', in: *Yearbook
Architecture in the Netherlands 1997–1998/Architectuur in Nederland,
Jaarboek 1997–1998*, Rotterdam 1998, pp. 130–135

Bouwens, C., 'Delft, Bibliotheek Technische Universiteit', in: *Duurzaam Bouwen*,
No. 2, March 1998, pp. 40–43

'Bücher am Bahnhof', in: *Neue Zürcher Zeitung*, 23 August 1999, pp. 25–26

'Dutch Divergence, Comment', in: *The Architectural Review*, March 1999, p. 35

Englert, K., 'Grass über die Moderne wachsen lassen, Ein intimes Bücherdrama:
Die neue Universitätsbibliothek von Delft', in: *Frankfurter Allgemeine
Zeitung*, No. 270, 20 November 1998, p. 43

Ganapati Raman, P., 'Iconfini di una practica riflessiva, The limits of a reflective
practice', in: *Spazio e società*, January/March 2000, pp. 62–75

'Grandes nomes da arquitetura holandesa do pos-guerra', in: *Projeto Design*,
No. 239, January 2000, pp. 80–81

Haan, H. de, 'Een bibliotheek als een enorme luchthavenhal', in: *de Volkskrant*,
30 December 1997, p. 14

Hoete, A., 'The Hillding, From the recent crop of Dutch public architecture
emerges a curious building', in: *Monument*, No. 31, August/September 1999

Jap Sam, E., 'Grass, glass and cyberspace', in: *Frame*, May/June 1999,
pp. 42–47

Koster, E., 'Bibliotheek als sculptuur, architectonische vrijheid in het tijdperk
van de electronische snelweg', in: *Het Financieele Dagblad*, 21–23
February 1998, p. 29

Krijgsman, ir. H.G., 'Toppunt van leesplezier, Centrale Bibliotheek TU Delft',
in: *Bouwen met Staal*, November/December 1997, pp. 30–37

Krol, J., 'Intensieve interactie tussen architect en betrokkenen staat centraal',
in: *Bibliotheekblad*, No. 12, 16 June 2000, pp. 18–19

'Library Technical University, Delft', in: Top Architects Europe, Seoul 2006,
pp. 227–235

Lootsma, B., 'University library, Delft, the Netherlands', in: *Domus*, No. 812,
February 1999, pp. 22–29

'Mecanoo architecten, Bibliotheek Technische Universiteit, Delft', in: *Zodiac*,
No. 18, September 1997, pp. 162–173

'Mecanoo architekten, Library of the Delft University of Technology',
in: *GA Document*, No. 55, June 1999, pp. 90–103

Melet, E., 'Zoeken naar het Afschuwwekkende Schone', in: *De Architect*, No. 60,
October 1995, pp. 16–25

Prack, F., 'Mecanoo holandeses e innovatores', in: *Arquitectura*, No. 316,
19 April 2000, pp. 4–5

Rodermond, J., 'Hybride Architectuur, Bibliotheek van Mecanoo in Delft',
in: *De Architect*, No. 2, February 1998, pp. 50–61

Schweighüfer, K., 'Delfter Spitze', in: *Häuser*, No. 3, 1999, pp. 48–52

Seron-Pierre, C., 'La cinquieme facade, Delft, Pays-Bas, Bibliothèque universitaire',
in: *AMC Le Moniteur Architecture*, No. 102, November 1999, pp. 84–85

'Sustainable Design in the Netherlands', in: *Architectural Design, Green
architecture*, July 2001, pp. 76–81

'Teknik Üniversite Kütüphanesi, Delft, Hollanda', in: *Mimarlik*, November 1999,
pp. 51–54

'Vegetatiedak op driehoog achter', in: *Groen*, No. 9, September 1998, pp. 8–9

Vollaard, P., 'Een driehoek van glas en gras', in: *Architectuur & Bouwen*, jrg. 12,
No. 2, February 1997, pp. 30–33

Vries, T. de, 'Intellectueel ruimteschip veilig geland', in: *Architectuur & Bouwen*,
No. 10, October 1998, pp. 34–39

Weiss, K.D., 'Bücher hinter Glas und Gras, Organisations des Wissens: Die neue
Bücherei der Universität Delft setzt Massstabe im Bibliotheksbau',
in: *Berliner Zeitung*, 20 November 1998, p. 13

Weiss, K.D., 'Zauberberg der Wissenschaften, Hochschulebibliothek der TU Delft,
Niederlände', in: *Architektur Aktuell*, No. 223, December 1998, pp. 50–63,118

Wöhler, T., 'Lichtes Lernen, Bibliothek Technische Universität Delft/NL', in:
Deutsche Bauzeitschrift, No. 11, November 1999, pp. 52–57

Wortmann, A., 'De louteringsberg van Mecanoo, Universiteitsbibliotheek in Delft',
in: *Archis*, No. 3, March 1998, pp. 66–73

Municipal offices and train station, Delft
Stadskantoor en station, Delft

Bockma, H., K. Hannema, 'Een baken voor de stad, De nieuwe stadhuizen
mogen weer extravert zijn', in: *De Volkskrant*, 23 August 2007

Broos, J., R. Verstegen, 'Het "Delftste" ontwerp wint opdracht, "Ontwerp
Mecanoo is bijna experimenteel"', in: *AD Haagsche Courant ed. Delft*,
13 July 2007

'Mecanoo, Intercambior de transportes y oficinas municipales, Delft',
in: *AV Proyectos*, no. 016, 2006, pp 18–19

Tilborg, R. van, 'Mecanoo: spelen met ratio', in: *Identity Matters*, no. 6, 2007,
pp. 68–73

Museum for fashion and fashion school MOdAM, Milan, Italy
Modemuseum en modeschool MOdAM, Milaan, Italië

'Museum und Modeshule in Mailand', in: *Wettbewerbe Aktuell*, No. 6, 2006, p.39

National Heritage Museum, Arnhem
Nederlands Openluchtmuseum, Arnhem

'Beweging in het landschap, Uitbreiding Openluchtmuseum in Arnhem door
Mecanoo', in: *De Architect*, July–August, 2000, pp. 42–47

'Building materials', in: *Architectural Review*, April 2005, p. 1

'Copper crowned', in: *The Architectural Review*, March 2001, p. 27

Dirks, B., 'Een openluchtmuseum is meer dan nostalgie alleen', in: *de Volkskrant*,
11 April 1998, p. 3

'Double Dutch', in: *Interior Design*, May 2003, pp. 304–310, 322

'Een kathedraal van rust: A room with a view', in: *PI Projekt & Interieur*, No. 4,
2000, pp. 48–51

'Een eigentijds panorama', in: *Vitrine*, No. 4, 2000, pp. 34–39

'Eingangsgebäude und HollandRama des Freilichtmuseum in Arnheim',
in: *Baumeister*, No. 8, 2000, pp. 40–45

'Esencias propias, Ampliación del Museo Nacional Etnográfico, Arnhem',
in: *Arquitectura Viva*, No. 77, pp. 60–63

'Figures in a landscape', in: *The Architectural Review*, No. 8, 2000, pp. 61–65

'Freilichtmuseum: Dinosaurier-Ei und Flusslandschaften', in: *Brick '04*, 2004,
pp. 109–113

Futugawa, Y., 'Mecanoo. Dutch Open-air Museum, Arnhem, the Netherlands',
in: *GA Document*, No. 58, April 1999, pp. 59–63

Groot, H. de, 'Landschap met bol en streep', in: *Het Houtblad*, No. 4, June 2000,
pp. 32–37

Houben, F., 'Die muur is de trots van de Nederlandse bouw', in: *Cobouw*, 19 May
2000

Houben, F., 'Een gebouw als een gebaar in het bos', in: *Nederlands
Openluchtmuseum*, 2000, pp. 6–11

Huisman, J., 'De muur en de kei', in: *Vrij Nederland*, 20 May 2000

Hulsman, B., 'Humorvolle nieuwbouw van Openluchtmuseum', in: *NRC
Handelsblad*, 31 May 2000

Ibelings, H., 'Een poëtische staalkaart van baksteen', in: *de Volkskrant*, 26 May
2000

'Jan Vaessen: markante, eigenwijze cultuurheld', in: *Bouw*, No. 6, June 2000,
pp. 13–14

'Kollage i murvaerk', in: *Tegl*, No. 4, 2002, pp. 6–9

'Landschap met bol en streep', in: *Het Houtblad*, No. 4, 2000, pp. 32–37

'Mecanoo, Dutch Open-air museum, Arnhem, the Netherlands, Design: 1995–98,
Construction: 1999–2000', in: *GA Document*, No. 58, 1999, pp. 59–63

'Mecanoo', in: *Kenchiku Bunka*, No. 59, 2004, pp. 72–75

'Mecanoo, National Heritage Museum, Arnhem', in: *GA Document*, No. 62, 2000,
pp. 96–105

Melet, E., 'Zoeken naar het afschuwwekkende Schone', in: *De Architect*, October
1995, pp. 16–25

Meyer-Bohe, W., 'Freilichtmuseum in Arnheim/NL', in: *Atlas Gebäudegrundrisse*,
Stuttgart 2002, p. 266

'Museo del patrimonio nacional', in: *Quaderns*, No. 233, 2002, pp. 154–161

'Museumsleitfaden, Eingangsgebäude des Freiluftmuseums Arnheim, Mecanoo
Architekten, Delft', in: *Deutsche BauZeitschrift*, No. 9, 2000, p. 8

'National Heritage Museum and Seepark Wannen', in: *Domus*, 841, October
2001, p. 20–21

'Nederlands Openlucht Museum Arnhem', in: *Abstract magazine*, March-April
2002, pp. 40–47

Nauta, H., 'Vogelvlucht door Nederlandse geschiedenis in koperen ei', in: *Trouw*,
26 May 2000

'Ova take', in: *Riba Journal*, June 2000, pp. 8–9

Rodermond, J., 'Beweging in het landschap', in: *De Architect*, July/August 2000,
pp. 42–47

Rodermond, J., 'Heterogeen, maar gelijksoortig, De onopgemerkte doorbraak van
het postmodernisme', in: *De Architect*, January 1999, p. 31

Schmidt, M., 'Het ei en de muur als concept', in: *Het Parool*, 29 May 1996, p. 13

Slessor, C., 'Figures in a landscape', in: *The Architectural Review*, No. 8, August
2000, pp. 61–65

Stungo, N., 'Ova take', in: *Ribajournal*, June 2000, pp. 8–9

Vries, T. de, 'Mecanoo werpt koperen (k)ei', in: *Detail in Architectuur*, No. 5, May
2000, pp. 20–25

Wind, H., 'Koperen kei', in: *Bouwwereld*, No. 5, 6 March 2000, pp. 16–19

Winkler, O., 'Eingangsgebäude und HollandRama des Freilichtmuseums in
Arnheim', in: *Baumeister*, No. 8, August 2000, pp. 40–45

National Performing Arts Center, Kaohsiung, Taiwan

'Mecanoo projecta para Taiwan', *Construir*, no. 99, 20 April 2007, p. 12

'Mecanoo win in Taiwan', in: *The Architectural Review*, May 2007, p. 31

'Mecanoo wint ontwerp voor grootste theater van Taiwan', *Cobouw*,
27 March 2007, p. 1

Office villa Maliebaan, Utrecht
Kantoorvilla Maliebaan, Utrecht

'Extension des bureaux de la villa Maliebaan, Utrecht, Pays Bas', in: *l'Architecture
d'aujourd'hui*, No. 337, 2001, pp. 44–45

Houben, F., 'Maliebaan 16, een huis om in te wonen', Utrecht 2000

Jester, K., Schneider, E., 'Fragen an Francine Houben', in: *Weiterbauen*, Berlin
2002, pp. 159–160

Jester, K., Schneider, E., 'Unter grund', in: *Weiterbauen*, Berlin 2002, pp. 161–164

'Kantoorinrichters behoren tot wegwerpmaatschappij, Het gebouw als
landschap', in: *Inside information*, No. 1, 2000, pp. 14–16

Knirsch, J., 'Ein Haus zum Arbeiten, Bürohaus, Utrecht, NL', in: *Büroräume,
Bürohäuser*, Stuttgart 2002

'Maliebaan 16, Utrecht', in: Kenchiku Bunka, No. 671, 2004, p. 73

Motta, F., 'Mecanoo', in: *Uffici*, Milan 2002, pp. 248–259

'Ondergrondse uitbreiding kantoorvilla, winnaar Schreudersprijs', in: *COB Nieuws*,
No. 12, 2001, pp. 12–14

'Transformatie van villa tot villa, uitbreiding en renovatie kantoor A.E.F. in Utrecht
van Mecanoo', in: *De Architect*, September 2000, pp. 50–55

'Werken onder de wortels, monumentale stadsvilla Utrecht verrijkt met onder
grondse uitbreiding', in: *PI, Projekt & Interieur*, No. 5, 2000, pp. 70–73

Palace of Justice, Córdoba, Spain
Paleis van Justitie, Córdoba, Spanje

'Ciudad de la Justicia, Córdoba', in: *AV proyectos*, No. 014, 2006, pp. 36–37

'Córdoba – Mecanoo Muri di filigrana/Walls of lace', in: *Domus*, No. 893, p.7

'Spain Reigns', in: *The Architectural Review*, May 2006, p. 30

Primary schools, multifunctional centre, day-care centre and sports hall Hogeveld, The Hague
Basisscholen, multifunctioneel centrum, kinderdagverblijf en sporthal Hogeveld, Den Haag

'Dorpsgevoel in strakke vinex-wijk', in: *Stedenbouw*, No. 616, August 2004,
pp. 13–15

'Prachtig plein voor handvol bewoners', in: *Haagsche Courant ed. Den Haag*,
16 April 2005

Residential area Herdenkingsplein, Maastricht
Woonbuurt Herdenkingsplein, Maastricht

'Abstecher nach Maastricht', in: *Daidalos – Urbane Behausung*, No. 60, 1996,
pp. 92–93

Brouwers, R., 'Herdenkingsplein', in: *Yearbook, Architecture in the Netherlands
1994–1995/Architectuur in Nederland, Jaarboek 1994–1995*, Rotterdam
1995, pp. 124–127

Cercer, F. A., 'Maastricht Historic Quarter Apartments', in: *The architecture of
Multiresidential Buildings*, New York 1997, pp. 76–83

'Épuré, 40 appartments à Maastricht, Pays-Bas', in: *Techniques & Architecture*,
No. 425, 1995, pp. 85–88

'Herdenkingsplein Maastricht', in: *Lotus international*, No. 92, 1997, pp. 56–58

'Herdenkingsplein in Maastricht, Niederlände', in: *Architektuur + Wettbewerbe*,
No. 161, 1995, pp. 22–23

'Maßstabswechsel, Wohnungen am Herdenkingsplein in Maastricht', in: *Bauwelt*,
No. 18, 1995, pp. 1040–1043

'Mecanoo, 40 Apartments in Maastricht, Netherlands', in: *AV Vivienda Europea,
European Housing*, No. 53, 1995, pp. 88–91

'Modern Departures', in: *PA Progressive Architecture*, June 1995, pp. 96–101

Oosterman, A., 'Maastricht: Herdenkingsplein 1990–1994', in: *Woningbouw in
Nederland, Voorbeeldige architectuur van de jaren negentig*, Rotterdam
1996, pp. 116–117

'Rezidenza su una piazza a Maastricht, Olanda', in: *Housing 7/8*, 1997, pp. 60–61

Stamm-Teske, W., 'Mecanoo', in: *Preiswerter Wohningsbau in den Niederlanden 1993–1998*, Düsseldorf 1998, pp. 108–111

'Wohnanlage 'Herdenkingsplein' in Maastricht, Niederlande', in: *Architektur + Wettbewerbe*, No.167, 1996, pp. 8–9

Residential area Nieuw Terbregge, Rotterdam
Woonbuurt Nieuw Terbregge, Rotterdam

Boer, H. de, 'Water-, land- en singelpracht. Vinex-locatie Nieuw-Terbregge Rotterdam', in: *Het Houtblad*, No. 5, September 2000, pp. 4–9

'De Landjes', in: *Plan Nieuw Terbregge te Rotterdam – Hillegersberg*, Rotterdam 2000

'Duurzaam en energiezuinig bouwen a/d Rotte', in: *Stedebouw & Architectuur*, No. 1, February 1999, pp. 4–5

'Een hedendaagse typologie, 47 woningen van Kingma Roorda architecten in IJsselstein', in: *De Architect*, No. February 2002, pp. 54–57

'Mecanoo, Insediamento Nieuw Terbregge', in: *l'architettura naturale*, No. 21, 2003, pp. 2–9

'Mecanoo: Pragmatics & Poetics', in: *Azure*, Sep/Oct 2002, pp. 92–95

Moscoviter, H., 'De dubbele straat als oplossing', in: *Rotterdams Dagblad*, 12 July 2000

'Nieuw Terbregge: houses on the river', in: *Abitare*, No. 417, 2002, pp. 216–217

'Nieuw Terbregge, Rotterdam', in: Dutch, No. 101, 2003, pp. 136–137

'Quartiere Nieuw Terbregge, Rotterdam', in: *Costruire in laterizio*, No. 109, 2006, pp. 34–39

'Sustainable Design in the Netherlands', in: *Architectural Design, Green architecture*, July 2001, pp. 76–81

'Waterwoningen', in: *Plan Nieuw Terbregge te Rotterdam – Hillegersberg*, Rotterdam 2000

'Nieuw Terbregge Housing/Woningbouw Nieuw Terbregge', in: *Yearbook, Architecture in the Netherlands 2000-2001/Architectuur in Nederland, Jaarboek 2000-2001*, Rotterdam 2001, pp.82–83

Residential area Prinsenland, Rotterdam
Woonbuurt Prinsenland, Rotterdam

Adriaansz, E., 'Mecanoo bouwt Tuinstad Prinsenland', in: *Het Financieele Dagblad*, 20 February 1993, p. 15

'De architect als koning in Prinsenland', in: *De Architect*, No. 41, 1990, pp. 40–45

'Die Architektengruppe Mecanoo in Holland', in: *Element*, No. 31, 1994, pp. 99–101

'Die Leere zwischen den Häusern, zweimal Wohnungsbau in Hollands *Randstad*', in: *Neue Bürcher Zeitung*, No. 255, 2 November 1993, p. B11

'Ein Siedlung tanzt aus der Reihe', in: *Das Bauzentrum*, No. 1, January 1994, pp. 18–25

'El pais de los infante, hoe stedelijk is de nieuwe tuinwijk van Mecanoo', in: *De Architect*, No. 6, June 1993, pp. 67–75

'Fassaden, Ansichten aus den Niederlanden', in: *Das Bauzentrum*, No. 1, January 1994, pp. 4–11

Gool, R. van, Hertelt, L., Bertholt Raith, F., Schenk, L., 'Ringvaartbuurt Oost', in: *Das Niederländische Reihenhaus, Serie und Vielfalt*, Stuttgart 2000, pp. 128–139

Grünhagen, H., 'Een groene buurt met een hoge dichtheid', in: *Woningraad Magazine*, No. 1, 1993, pp. 20–23

Huber, J., 'Die Architektengruppe Mecanoo in Holland', in: *Element*, No. 31, 1994, pp. 99–101

Koschany, A., 'Ein Siedlung tanzt aus der Reihe', in: *Das Bauzentrum*, No. 1, January 1994, pp. 18–25

Looise, W., 'De architect als koning in Prinsenland', in: *De Architect*, No. 41, 1990, pp. 40–45

Luca, G., 'Mecanoo Quartierre Prinsenland, Rotterdam', in: *Domus*, No. 745, January 1993, pp. 38–47

'Mecanoo, Cio che è realmente importante è unire alla forma l'emozione', in: *Controspazio*, No. 2, 1994, pp. 38–45

'Mecanoo', in: *Space Design*, February 1999, pp. 24–27

'Mecanoo Quartierre Prinsenland, Rotterdam', in: *Domus*, No. 745, January 1993, pp. 38–47

Oosterman, A., 'Prinsenland. Voorbeeldige architectuur van de jaren negentig', in: *Woningbouw in Nederland*, Rotterdam 1996, pp. 118–119

Primas, U., *Die Leere zwischen den Häusern*, No. 255, 2 November 1993, p. 11

'Prinsenland Wohnprojekt', in: *Debau-Kongress 1998*, 1998, pp. 154–156

Reijnddorp, A., 'El pais de los infante, hoe stedelijk is de nieuwe tuinwijk van Mecanoo', in: *De Architect*, June 1993, pp. 67–75

Stipa, A., 'Mecanoo, Cio che è realmente importante è unire alla forma l'emozione', in: *Controspazio*, No. 2, 1994, pp. 38–45

'Residential neighbourhood Prinsenland/Woonbuurt', in: *Yearbook, Architecture in the Netherlands 1993–1994/Architectuur in Nederland, Jaarboek 1993–1994*, Rotterdam 1994, pp. 66–69

Residential area Vondelparc, Utrecht
Woonbuurt Vondelparc, Utrecht

Harsema, H., 'Vondelparc - Utrecht: An imaginative inner world/Fantasierijke binnenwereld', in: *Landscape architecture and town planning in the Netherlands/Landschap architectuur en stedebouw in Nederland, 99–01*, Bussum 2002, pp. 40–43

'Open en dicht, Woningbouw, supermarkt en kantoren Utrecht', in: *Bouw*, No. 2, 2003, pp. 38–41

Retail Park Westermaat Square, Hengelo
Retailpark Plein Westermaat, Hengelo

'Een andere taakverdeling, Privaatrechtelijke regels voor bedrijventerreinen', in: *S&RO*, No. 03, 2006, pp. 40–43

'Plein Westermaat is een aangenaam keurslijf', in: *de Volkskrant*, 8 June 2004, p. 17

'Retailpark Plein Westermaat Hengelo, Mecanoo Architecten, Delft', in: *Bouw*, No. 12, December 2003, pp. 28–31

'Sportlich einkaufen, Retail-Park in Hengelo/NL', in: *DBZ Deutsche BauZeitschrift*, No. 2, 2005, pp. 42–45

Skyscraper Montevideo, Rotterdam
Wolkenkrabber Montevideo, Rotterdam

'Constructieve vrijheid, Strategieën voor flexibiliteit', in: *de Architect*, No. 10, 2005, pp. 78–81

'The magic of high living/De magie van het hoge wonen', in: *High above Rotterdam/Hoog boven Rotterdam*, June 2004, pp. 43–45

'Fragment van Fragmenten', in: *de Architect*, No. 37, March 2006, pp. 56–61

'Gestapelde Hoogbouw, Hybride constructie van staal en beton optimaal benut in een gestapelde opbouw', in: *Bouwen met staal*, 31 August, 2006, pp. 2–19

Hark, S., Yi, 'Montevideo, Mecanoo Architecten', in: *WAWA, housing diversity*, Seoul 2006, pp. 344–357

'Montevideo, Rotterdam, Netherlands', in: *Concept, International Magazine of Competition*, December 2006, pp. 23–31

'Montevideo, the height of elegance', in: *Concrete Engineering International*, No. 2, Summer 2006, pp. 8–9

'Montevideo, vertikale Stadt in Rotterdam', in: *Architektur + Wettbewerbe, Wohnturme*, No. 196, December 2003, pp. 60–61

'Montevideo, vertical city in Rotterdam', in: *Architektur + Wettbewerbe, Wohnturme*, No. 196, December 2003, pp. 60–61

'Toren met gestapelde constructies, Hoofdrol voor staaldetails in Rotterdamse Montevideo', in: *Bouwwereld*, No. 1, 2005, pp. 6–8

'Torre Montevideo, Rotterdam, Montevideo Tower, Rotterdam (Netherlands)', in: *AV Monografias Monographs*, No. 116, 2005, pp. 21–24

Wells, M., 'Montevideo', in: *Skyscrapers, structure and design*, London 2005, pp. 116–119

'Goed voor de skyline én het straatbeeld', in: *de Volkskrant*, 20 December 2005

'Woontoren Montevideo, Rotterdam', in: *Bouwen met Staal*, No. 186, October 2005, pp. 24–31

Stage design for opera, Brussels
Operadecor, Brussel

'Gezocht: een sterkere componist en een veel sterkere librettist', in: *De Morgen*, 13 March 2000

'Houben maakt operadecor', in: *Detail in architectuur*, No. 6, June 2000, pp. 7

'Tussen de stoelen van Rietveld', in: *Trouw, de Verdieping/kunst*, 14 March 2000, p. 15

Swimming pool and sports centre het Marnix, Amsterdam
Zwembad en sportcentrum het Marnix, Amsterdam

Meershoek, P., 'Het mooiste bad van Nederland', in: *het Parool*, 24 June 2006

Vermeulen, R., 'Zwemmen met uitzicht', in: *de Architect*, No 5, May 2007, pp. 68–71

Theatre and congress centre La Llotja, Lleida, Spain
Theater en congrescentrum La Llotja, Lleida, Spanje

'Concurso Palacio de Congresos, Llérida', in: *AV proyectos*, No. 008, 2005, pp. 42–43

'Equipamiento La Llotja de Lleida', in: *Mimarlik*, No. 06, 2005, pp. 44–47

'Equipamiento La Llotja de Lleida', in: *Top Architects Europe*, Seoul 2006,
pp. 236–239

'Gewonnen', in: *AIT Architectur Innenarchitectur Technischer Ausbau*, No. 5,
2005, p. 18

Houben, F., Theatre and congress centre, Spain/Theater und Kongresszentrum,
Spanien, in: *Grow!, Edition Topos*, Munich 2007, pp. 15–19

'La Llotja Palace and conference center in Lleida', in: *Azulejo*, No. 130, pp. 120–121

'Teatro y Palacio de Congresos La Llotja de Lleida', in: *ROC maquina*, No. 95, July
2005, pp. 14–19

Theatre de Toneelschuur, Haarlem
Theater de Toneelschuur, Haarlem

'Een theater als uit een stripverhaal, Toneelschuur in Haarlem door Joost Swarte
en Mecanoo architecten', in: *de Architect*, June 2003, pp. 52–57

'Cadeautjes voor Haarlem', in: *PI Project & Interieur*, No. 4, 2003, pp. 32–36

'Haarlem, Theater und Kino "Toneelschuur"', in: *Bauwelt*, No. 15, 2003, p. 15

'Joost Swarte / Mecanoo', in: *Yearbook, Architecture in the Netherlands 2003–
2004/Architectuur in Nederland Jaarboek 2003–2004*, Rotterdam
2004, pp. 36–37

'Kleinschalige gevels maskeren bouwvolume', in: *Bouwwereld, Vakblad voor
bouwtechniek en praktijk*, No. 8, 2003, pp. 4, 8–11

Swarte, J., Mecanoo Architects, *Toneelschuur*, Rotterdam 2003

'The city as theatre, this theatre complex has a rich, eclectic spirit that reflects the
vitality of the city', in: *The Architectural Review*, No. 1285, 2004, pp. 68–71

Theatre de Trust, Amsterdam
Theater de Trust, Amsterdam

'De Trust Tiyatrosu, Amsterdam, Hollanda', in: *Mimarlik*, No. 11, 1999

'Eerste theaterontwerp van Mecanoo', in: *PI Projekt & Interieur*, No. 2, 1997,
pp. 42–44

Flagge, Prof. Dr. I., 'De Trust Theater, Amsterdam', in: *Jahrbuch Licht und
Architectur 2001-2002*, Köln 2002, pp. 100–101

'Homoopathischer eingriff, Umwandlung einer ehemaligen Kirche zum Theater',
in: *Bausubstanz*, January 2000, pp. 14–17

Jester, K., Schneider, E., 'Ideenreichtum – aus der Not geboren', in: *Weiterbauen*,
Berlin 2002, pp. 125–128

'Trust-Theater, Amsterdam', in: *Architectur-Foren*, 1998, pp. 158–159

'Von der Kirche zur City-Kirche? Umbau und Nutzung historischer
Kirchengebäude', in: *Bauwelt*, No. 8, 1997, p 353–359

World Trade Center renovation, Rotterdam
Renovatie World Trade Center, Rotterdam

Groenedijk, P., 'Digital Port Rotterdam, Mecanoo architecten, Delft', in: *Bouw*,
No. 01, 2005, pp. 38–41

'Pyrasied, Extreme Acrylic', in: *Shops Limited*, No. 6, Autumn 2004, pp. 60–61

'Routing bepaalt interieurontwerp, Digital Port Rotterdam door Mecanoo architecten',
in: *De architect*, No. April 2005, pp. 94–95

Prizes

2006

International Highrise Award 2006 Commendation for Montevideo, Rotterdam
International Prize Dedalo Minosse 2005/2006 Jury Commendation
for Montevideo, Rotterdam
National Steel Construction Prize 2006 Nomination for Montevideo, Rotterdam
City of Rotterdam *Building Quality Prize 2006* for Montevideo, Rotterdam

2005

City of Rotterdam, *Building Quality Award 2005* for Montevideo, Rotterdam
Province of South Holland *Culture Award* for Francine Houben
Real Estate Society of Nieuwe Maas in Rotterdam *Golden Boulder 2005 Prize*
for Montevideo, Rotterdam

2004

Ministry of Education, Culture and Science *Best School Building Prize 2004*
for primary school Het Braambos, Hoofddorp (design Mecanoo i.c.w.
N2 architecten)

2003

Dutch Building Prize Foundation *Dutch Building Prize 2003* for the National
Heritage Museum, Arnhem
Foundation Het Zeeuwse Gezicht *Zeeuwse Architecture Prize 2003* Second prize
for Psychiatric Hospital, Goes
5 Dutch Ministries *Egg of Columbus* prize for innovation and sustainability
for the Glass House as Energy Source

2002

Association Stadswerk Nederland *Extraordinary Idea 2002* Second prize
for The Glass Village, Zuidplaspolder
Foundation of Attention to Architecture for the city of Arnhem *Heuvelink Public
Prize 2002* for residential area The Bastion, Rijkerswoerd, Arnhem
City of Hilversum *Architecture Prize 2002, Public Prize* Nomination for Oude
Torenstraat, Hilversum

2001

Wood Centre, Almere *Wood Prize* Nomination for National Heritage Museum,
Arnhem
The A.M. Schreuders Foundation *A.M. Schreuders Prize 2001* for best
underground building for Office Villa Maliebaan 16, Utrecht

2000

Fundaçao Bienal de São Paulo, Brazil *4a Bienal Internacional de Arquitectura's
Award* for the exhibition *Mecanoo Blue – Composition, Contrast, Complexity*
Corus Construction Award for the Millennium for the Library Delft University of
Technology
KM Europa Metal Aktiengesellschaft Osnabrück, Germany *'TECU' Architecture
Award 2000* for the National Heritage Museum, Arnhem
City of Rotterdam *Building Quality Award 2000* for residential area Nieuw
Terbregge, Rotterdam

1998

Dutch Steel Building Institute *National Steel Construction Prize 1998* for the
Library Delft University of Technology

1997

Achterhoek Promotion Prize for Isala College, Silvolde

1996

Ministry of Education, Culture and Science *Best School Building Prize 1996*
for Isala College, Silvolde
Prize for Public Space Nomination for residential area Herdenkingsplein, Maastricht
Mies van der Rohe Pavilion Award for European Architecture 1996 Nomination
for Faculty of Economics and Management, Utrecht

1995

Design Prize Rotterdam 1995 Nomination for Nationale Nederlanden
Headquarters and ING-bank in Budapest, Hungary

Prijzen

2006

Eervolle vermelding *International Highrise Award 2006* voor Montevideo, Rotterdam
Eervolle vermelding *Dedalo Minosse 2005/2006* voor Montevideo, Rotterdam
Nominatie *Nationale Staalprijs 2006* voor Montevideo, Rotterdam
Bouwkwaliteitsprijs 2006 van de Gemeente Rotterdam voor Montevideo, Rotterdam

2005

Bouwkwaliteitsprijs 2005 van de gemeente Rotterdam voor Montevideo, Rotterdam
Cultuurprijs voor Francine Houben van de Provincie Zuid-Holland
Gouden Kei 2005 van Vastgoed Sociëteit de Nieuwe Maas, Rotterdam, voor
Montevideo, Rotterdam

2004

Scholenbouwprijs 2004 van het Ministerie van Onderwijs, Cultuur en Wetenschappen
voor basisschool Het Braambos, Hoofddorp (ontwerp Mecanoo i.s.m.
N2 architecten)

2003

Nederlandse Bouwprijs 2003 van de Stichting Nederlandse Bouwprijs voor het
Nederlands Openluchtmuseum, Arnhem
Zeeuwse Architectuurprijs 2003, 2e prijs, van de Stichting Het Zeeuwse Gezicht voor
Langdurige Zorg en Wonen, Goes
Het Ei van Columbus 2003, prijs voor innovatie en duurzaamheid, van Ministeries EZ,
VROM, OCW, SZW en V&W voor De Kas als Energiebron

2002

Tweede prijs BuitenGewoon Idee 2002 van Vereniging Stadswerk Nederland voor
Het Glazen Dorp, Zuidplaspolder
Heuvelink Publieksprijs 2002 van Stichting Aandacht voor Arnhemse Architectuur voor
woonbuurt Het Bastion, Rijkerswoerd, Arnhem
Architectuurprijs 2002, Nominatie Publieksprijs van de Gemeente Hilversum voor
de Oude Torenstraat, Hilversum

2001

Nominatie *Houtprijs* voor Nederlands Openluchtmuseum Arnhem van Centrum voor
Hout, Almere
A.M Schreudersprijs 2001 van de A.M. Schreudersstichting voor ondergronds
bouwen, voor kantoorvilla Maliebaan 16, Utrecht

2000

4ª Bienal Internacional de Arquitectura's Award voor de tentoonstelling *Mecanoo Blue
– Composition, Contrast, Complexity* van Fundaçao Bienal de São Paulo, Brazilië
Corus Construction Award for the Millennium voor Bibliotheek Technische Universiteit
Delft
'TECU' Architecture Award 2000 van KM Europa Metal Aktiengesellschaft voor
Nederlands Openluchtmuseum te Arnhem
Bouwkwaliteitsprijs 2000 van de gemeente Rotterdam voor woonbuurt Nieuw
Terbregge, Rotterdam

1998

Nationale Staalprijs 1998 van het Nederlands Staalbouw Instituut voor de Bibliotheek
Technische Universiteit Delft

1997

Achterhoek Promotieprijs voor het Isala College, Silvolde

1996

Scholenbouwprijs 1996 van het Ministerie van Onderwijs, Cultuur en Wetenschappen
voor het Isala College, Silvolde
Nominatie *Omgevingsarchitectuurprijs* voor woonbuurt Herdenkingsplein, Maastricht
Nominatie *Mies van der Rohe Pavilion Award for European Architecture 1996* voor de
Faculteit voor Economie en Management, Utrecht

1995

Nominatie *Designprijs Rotterdam 1995* voor Hoofdkantoor Nationale
Nederlanden en ING-bank, Budapest, Hongarije

1994

Prize for Public Space Nomination for residential area Prinsenland, Rotterdam

City of Maastricht *Jhr. Victor de Stuerspenning Prize* for residential area
Herdenkingsplein, Maastricht

Bund Deutscher Architekten Experimental *Housing Hugo Häring Prize B.D.A.*
for Internationale Gartenbau Ausstellung, Stuttgart, Germany

Ministry of Education, Culture and Science *Best School Building Prize 1994*
Nomination for school 'de Brug', Leiden

1993

Bund Deutscher Architekten for Experimental Housing *Auszeichnung Guter
Bauten Prize B.D.A. 1993* for Internationale Gartenbau Ausstellung,
Stuttgart, Germany

City of The Hague *Berlagevlag Prize* for the offices for Gravura Lithographers,
The Hague

1990

City of Rotterdam *New Maas Prize* for residential area Hillekop, Rotterdam

1987

Foundation Rotterdam Maaskant *Rotterdam Maaskant Prize for Young Architects*

1994

Nominatie *Omgevingsarchitectuurprijs* voor woonbuurt Prinsenland, Rotterdam

Jhr. Victor de Stuerspenning van de gemeente Maastricht voor woonbuurt
Herdenkingsplein, Maastricht

Hugo Häringprijs B.D.A. van de Bund Deutscher Architekten voor Experimentele
Woningbouw Internationale Gartenbau Ausstellung, Stuttgart, Duitsland

Nominatie *Scholenbouwprijs 1994* van het Ministerie van Onderwijs, Cultuur en
Wetenschappen voor school 'de Brug', Leiden

Nominatie *Bronzen Bever, Rijksprijs voor Bouwen en Wonen 1994* van het Ministerie
van Volkshuisvesting voor woonbuurt Park Haagseweg, Amsterdam

1993

Auszeichnung Guter Bauten B.D.A. 1993 van de Bund Deutscher Architekten voor
Experimentele Woningbouw Internationale Gartenbau Ausstellung, Stuttgart,
Duitsland

Berlagevlag van de gemeente Den Haag voor lithografisch bedrijf Gravura, Den Haag

1990

Nieuwe Maasprijs van de gemeente Rotterdam voor woonbuurt Hillekop, Rotterdam

1987

Rotterdam-Maaskantprijs voor Jonge Architecten van de Stichting Rotterdam Maaskant

Exhibitions

2007
Dutch Mountains, Casa CASLa, Almere

2006
British Pavilion, *10th International Architecture Biennale*, Venice, Italy
Mecanoo in Nijmegen, Architecture Centre, Nijmegen
Mecanoo in Rotterdam, World Trade Center, Rotterdam

2005
A Royal Exhibition, Netherlands Architecture Institute, Rotterdam
KansRijk, SenterNovum, Business Center, Nieuwegein

2004
Hotel Architecture, City Hall, Den Haag
School Buildings, office CPS, Amersfoort

2003
At Home in Rotterdam, a City in Models, Netherlands Architecture Institute, Rotterdam
Toneelschuur in the Vishal, De Vishal, Haarlem
Sky High: Vertical Architecture, Royal Academy of Arts, London, U.K.
First International Architecture Biennale Rotterdam, Netherlands Architecture Institute, Rotterdam
Building for stages, Koninklijke Schouwburg, Den Haag
Skyscrapers on the Skyline, Galleria Vittorio Emanuele, Milan, Italy

2002
Big projects, Netherlands Architecture Institute, Rotterdam
Summer of Architecture, Weekend of Architects Francine Houben, Parkhotel, Rotterdam
Works in progress, GA Gallery, Tokyo, Japan
Next, 8th International Exhibition of Architecture, Venice, Italy
International exhibition on spaces linked with city mobility, Institut pour la Ville en mouvement, Paris, France

2001
Mecanoo architects, Composition, Contrast, Complexity, Netherlands Architecture Institute, Rotterdam
New gold in the city, Las Palmas, Rotterdam
Old buildings, new challenges, Kunst op kamers, De Rijp
Hillekop, strategic renewal in the Afrikaanderwijk, architect Mecanoo, 1989, as part of 'Rotterdam home-city'
Architectural Freehand Drawing, GA Gallery, Tokyo, Japan

2000
Mecanoo Blue, Composition, Contrast, Complexity, Museo Nacional de Belles Artes, Buenos Aires, Argentina
The image of the city, De Gele Rijder, Arnhem
Mecanoo Poetics, City Hall, Apeldoorn
Mecanoo, the reflective architect, travelling exhibition through the U.S.A. starting at the College of Architecture + Urban Planning, The University of Michigan, Ann Arbor, U.S.A.

1999
The Debut, ARCAM, Foundation Architecture Centre Amsterdam
Sensitive architecture, Aorta, Utrecht
GA International, GA Gallery, Tokyo, Japan
Mecanoo, National Heritage Museum – a narrative wall and a mystical boulder, Netherlands Architecture Institute, Rotterdam
Mecanoo architecten, 1:20 – 1:200 – 1:200.000, Chair, Shed, Region, ABC Architecture Centre, Haarlem
Mecanoo, Opere e progretti, Pinacoteca Civica, Como, Italy
Mecanoo, 'A covered open-air project', Architecture Centre Nijmegen
Mecanoo Blue, Composition, Contrast, Complexity, 4th International Biennal of Architecture, São Paulo, Brazil

1998
Constructs, design for city and land, The Pavillions, Almeers Centrum Hedendaagse Kunst, Almere
'Women's Day' – Women and Science, Techniek Museum Delft

Tentoonstellingen

2007
Dutch Mountains, Casa CASLa, Almere

2006
Brits Paviljoen, *10e Internationale Architectuur Biënnale*, Venetië, Italië
Mecanoo in Nijmegen, Architectuurcentrum, Nijmegen
Mecanoo in Rotterdam, World Trade Center, Rotterdam

2005
Een Vorstelijke Tentoonstelling, Nederlands Architectuurinstituut, Rotterdam
KansRijk, SenterNovum, Business Center, Nieuwegein

2004
Hotelarchitectuur, Gemeentehuis, Den Haag
Schoolgebouwen, kantoor CPS, Amersfoort

2003
Wonen op z'n Rotterdams, Stad in Maquettes, Nederlands Architectuurinstituut, Rotterdam
Toneelschuur in de Vishal, De Vishal, Haarlem
Sky High: Vertical Architecture, Royal Academy of Arts, Londen, Groot-Brittannië
Eerste Internationale Architectuurbiënnale Rotterdam, Nederlands Architectuurinstituut, Rotterdam
Bouwen voor podia, Koninklijke Schouwburg, Den Haag
Skyscrapers on the Skyline, Galleria Vittorio Emanuele, Milaan, Italië

2002
Grote Projecten, Nederlands Architectuurinstituut, Rotterdam
Architectuurzomer, Architectenweekend Francine Houben, Parkhotel, Rotterdam
Works in progress, GA Gallery, Tokio, Japan
Next, 8e Internationale Architectuurbiënnale van Venetië, Italië
International exhibition on spaces linked with city mobility, Institut pour la Ville en mouvement, Parijs, Frankrijk

2001
Mecanoo architecten, Compositie, Contrast, Complexiteit, Nederlands Architectuurinstituut, Rotterdam
Nieuw goud in de stad, Las Palmas, Rotterdam
Oude gebouwen, nieuwe uitdagingen, Kunst op kamers, De Rijp
Hillekop, strategische vernieuwing in Afrikaanderwijk, architect Mecanoo, 1989, in het kader van Rotterdam thuisstad
Architectural Freehand Drawing, GA Gallery, Tokio, Japan

2000
Mecanoo Blue, Composition, Contrast, Complexity, Museo Nacional de Belles Artes, Buenos Aires, Argentinië
Het beeld van de stad, De Gele Rijder, Arnhem
Mecanoo Poetics, Stadhuis, Apeldoorn
Mecanoo, the reflective architect, door de U.S.A. reizende tentoonstelling, start in College of Architecture + Urban Planning, The University of Michigan, Ann Arbor, U.S.A
GA International, GA Gallery, Tokio, Japan

1999
Het Debuut, ARCAM, Stichting Architectuur Centrum Amsterdam
Gevoelige architectuur, Aorta, Utrecht
GA International, GA Gallery, Tokio, Japan
Mecanoo, Nederlands Openluchtmuseum – een verhalende muur met een mystieke zwerfkei, Nederlands Architectuurinstituut, Rotterdam
Mecanoo architecten, 1:20 – 1:200 – 1:200.000, Stoel, Schuur, Streek, ABC Architectuurcentrum, Haarlem
Mecanoo, Opere e progretti, Pinacoteca Civica, Como, Italië
Mecanoo, 'Een overdekt openluchtproject', Architectuurcentrum Nijmegen
Mecanoo Blue, Composition, Contrast, Complexity, 4e Internationale Architectuurbiënnale', São Paulo, Brazilië

1998
Constructen, ontwerpen voor stad en land, de Paviljoens, Almeers Centrum Hedendaagse Kunst, Almere

Vᵉ Prix Européen d'Architecture, **Pavillon Mies van der Rohe**, Paris, France
Women and architecture, perspective on Haaglanden, The Hague
The 'Uithof', University campus of Utrecht, Aorta, Utrecht

1997
Eminent Library buildings in NWR, Bibliotheca 97, Dortmund, Germany
New Harvest, City Hall The Hague
Mas as a mole, Techniek Museum Delft
Continuitá, Sperimentazione, Innovazione, SAIE 97 – Cuore Mostra, Bologna, Italy

1996
National Identity, Aspects of European Design, Louisiana Museum of Modern Art, Humlebaek, Denmark
Architecture in the Netherlands, Haus der Architekten, Stuttgart, Germany
House-building in the Netherlands, Museum am Ostwal, Dortmund, Germany
Architects without Borders, 19ᵗʰ international UIA congress, Colegio Oficial de Aparejadores y Arquitectos Técnicos de Barcelona, Spain
Architects without Borders Belgium, Brussels, Belgium

1995
Design Prize Rotterdam 1995, Kunsthal, Rotterdam
Design NOW!, Design from the Netherlands, Centre de design de l'Université du Québec à Montréal, Canada

1994
Prinsenland, Netherlands Embassy, Lima, Peru

1993
Mecanoo: a young team of architects from Delft, Architektur Forum, Zürich, Switzerland
A new impulse for the garden city, the gardens of Prinsenland, Netherlands Architecture Institute, Rotterdam
Style, standard and signature in Dutch architecture of the nineteenth and twentieth centuries, Netherlands Architecture Institute, Rotterdam

1992
Overview exhibition 'Obra Reciento', Colegio Oficial de Arquitectos de Madrid, Madrid, Spain

1991
International Architecture Biennale, Venice, Italy

1990
Stadstimmeren, Rotterdam

1989
Mecanoo, overview exhibition, Gallery Puntgaaf, Groningen
La Biennal de Barcelona, Young Architects in Europe, Barcelona, Spain

1988
Reweaving the Urban Fabric; International Approaches to Infill Housing, Thomas Paine Gallery, New York, U.S.A.

1987
Seaside landscape for the New Netherlands, 'Nieuw Nederland' exhibition, Beurs van Berlage, Amsterdam

1985–1989
Architecture is a magnificent game, travelling exhibition, start Centre Pompidou, Paris, France

1985
Biennale Young Architects 1985, Beurs van Berlage, Amsterdam

1984
Architecture and Planning 1940-1980, Palace on the Dam, Amsterdam

1983
Space for space, Van Reekmuseum, Apeldoorn

'Vrouwendag' - Vrouwen en Wetenschap, Techniek Museum Delft
Vᵉ Prix Européen d'Architecture, Pavillon Mies van der Rohe, Parijs, Frankrijk
Vrouwen en architectuur, perspektief op Haaglanden, Den Haag
De Uithof. Een overzicht van de jongste stedenbouwkundige en architectonische ontwikkelingen in het universiteitscentrum van Utrecht, Aorta, Utrecht

1997
Vorbildlicher Bibliotheksbauten in NWR, Bibliotheca 97, Dortmund, Duitsland
Nieuwe Oogst, Stadhuis, Den Haag
De mens als mol, Techniek Museum Delft
Continuitá. Sperimentazione. Innovazione, SAIE 97 – Cuore Mostra, Bologna, Italië

1996
National Identity. Aspects of European Design, Louisiana Museum of Modern Art, Humlebaek, Denemarken
Architectur in den Niederlanden, Haus der Architekten, Stuttgart, Duitsland
Wohnungbau in den Niederlanden, Museum am Ostwal, Dortmund, Duitsland
Arquitectos Sin Fronteras. 19ᵗʰ international UIA congress, Colegio Oficial de Aparejadores y Arquitectos Técnicos de Barcelona, Barcelona, Spanje
Architectes Sans Frontières Belgique. Architekten zonder grenzen België, Brussel

1995
Designprijs Rotterdam 1995, Kunsthal, Rotterdam
Design NOW!. Design from the Netherlands, Centre de design de l'Université du Québec à Montréal, Canada

1994
Prinsenland, Netherlands Embassy, Lima, Peru

1993
Mecanoo: ein junges Architektenteam aus Delft, Architektur Forum, Zürich, Zwitserland
Een nieuwe impuls voor de tuinwijk. de tuinen van Prinsenland, Nederlands Architectuurinstituut, Rotterdam
Style, standard and signature in Dutch architecture of the nineteenth and twentieth centuries, Nederlands Architectuurinstituut, Rotterdam

1992
Overzichtstentoonstelling 'Obra Reciento'. Colegio Oficial de Arquitectos de Madrid, Madrid, Spanje

1991
Internationale Architectuur Biënnale, Venetië, Italië

1990
Stadstimmeren, Rotterdam

1989
Mecanoo, overzichtstentoonstelling, Galerie Puntgaaf, Groningen
La Biennal de Barcelona. Young Architects in Europe, Barcelona, Spanje

1988
Reweaving the Urban Fabric; International Approaches to Infill Housing, Thomas Paine Gallery, New York, U.S.A.

1987
Seaside landscape for the New Netherlands. 'Nieuw Nederland' exhibition, Beurs van Berlage, Amsterdam

1985-1989
l'Architecture est un jeu magnifique, reizende tentoonstelling, start Centre Pompidou, Parijs, Frankrijk

1985
Biënnale Jonge Architecten 1985, Beurs van Berlage, Amsterdam

1984
Architectuur en Planning 1940-1980, Paleis op de Dam, Amsterdam

1983
Ruimte voor ruimte, Van Reekmuseum, Apeldoorn

Colophon/Colofon

mecanoo architecten/Francine Houben

Concept and editing/Concept en redactie: Mecanoo architecten –
Francine Houben, Hanneke Hollander, Machteld Schoep

Aaron Betsky, Mecanoo – from fragmentation to the molding of form/
Mecanoo - van fragmentarisch naar monumentaal
Ruud Brouwers, Francine Houben's well-spoken modernism/
Francine Houben's welsprekende modernisme
Ruud Brouwers, Project texts/Projectteksten
Francine Houben, Analysis and intuition, dreams about innovation/
Analyse en intuïtie, dromen over innovatie
Francine Houben, Twelve houses and a hotel/Twaalf huizen en een hotel

Translation/Vertaling: Bookmakers – Rob Kuitenbrouwer (introduction/inleiding
Betsky), Gerard Forde, Donald Gardner, Michael Gibbs, Ayla Ryan

Graphic design/Grafische vormgeving: Via Vermeulen – Rick Vermeulen,
Rotterdam, the Netherlands

Digital production: Splitting Image Colour Studio Pty Ltd, Australia

Printing: Wai Man Book Binding (China) Ltd.

Photography/Fotografie: Christian Richters

Other photographs/Overige foto's:
Fotografische Dienst TU Delft p. 143 top/boven, Francine Houben p. 61
bottom/onder, p. 147 bottom/onder, p. 243, Gelderland Media Groep,
Nijmegen p.168-169, Ger v.d. Vlugt p. 246-247, Jannes Linders p. 90,
Machteld Schoep p. 19, p. 56, p. 189 top/boven, p. 190-191, p. 227
top/boven, p. 248-256, Mecanoo architecten p. 118 right/rechts, Nederlands
Openluchtmuseum, Arnhem p. 159 right/rechts, Nelson Kon p. 244-245,
Pieter Vandermeer p. 67 bottom/onder, p. 99 top/boven, Scagliola/Brakkee
p. 69 top/boven, p. 225, Theater de Trust, Amsterdam p. 118 middle/midden,
Zoutmuseum/Salt Museum, Boekelo p. 174 left/links

Illustrations/Illustraties: Mecanoo architecten

Published in Australia in 2008 by
The Images Publishing Group Pty Ltd
ABN 89 059 734 431
6 Bastow Place, Mulgrave, Victoria 3170, Australia
Tel: +61 3 9561 5544 Fax: +61 3 9561 4860
books@imagespublishing.com
www.imagespublishing.com

© 2008 Mecanoo architecten and The Images Publishing Group Pty Ltd
The Images Publishing Group Reference Number: 746

National Library of Australia Cataloguing-in-Publication entry:

Houben, Francine.

Mecanoo architects / author, Francine Houben.

Mulgrave, Vic. : The Images Publishing Group, 2008.

ISBN: 9781864701425 (hbk.)

Master architect series

Bibliography.

Mecanoo (Firm)
Architectural firms – Netherlands.
Architects – Netherlands.

720.9492

IMAGES has included on its website a page for special notices in relation to
this and our other publications. Please visit www.imagespublishing.com.

The information and illustrations in this publication have been prepared and supplied by Mecanoo architecten. While all reasonable efforts have been made to ensure accuracy, the publishers do not, under any circumstances, accept responsibility for errors, omissions and representations expressed or implied.